QUAND FAIRE C'EST DIRE...

PSYCHOLOGIE ET SCIENCES HUMAINES

Gabriel Argentin

quand faire c'est dire...

PIERRE MARDAGA, EDITEUR
LIEGE - BRUXELLES

© Pierre Mardaga, éditeur
Rue Saint-Vincent 12 - 4020 Liège
Galerie des Princes 2-4 - 1000 Bruxelles
D. 1989-0024-9

« C'est une belle chose quand le faire et le dire vont ensemble… »
Montaigne, *Essais*.

Avant-propos

Afin de lever toute ambiguïté, il convient de préciser trois points importants à une bonne compréhension de cet ouvrage.

De prime abord, le titre peut paraître étrange. En fait, il ne l'est pas ; outre le clin d'œil adressé à J.L. Austin[1] qui approche la communication à travers les mots, il illustre l'approche qui est la nôtre : les gestes constituent une part importante de la communication interpersonnelle, donc *faire* (des gestes) *c'est dire...*

Ensuite, le but envisagé n'est pas d'aborder — systématiquement — de façon exhaustive tous les aspects du problème évoqué. Il existe pour cela un certain nombre d'ouvrages de références auxquels le lecteur intéressé pourra se reporter à l'aide de la bibliographie qu'il trouvera en fin de volume.

Par contre, si la tentative d'approche systémique et la mise en relation de faits ou d'idées qui n'ont pas toujours été rapprochés précédemment peuvent être considérées comme des sujets dignes de réflexions ultérieures, capables de faire progresser la connaissance de chacun, alors notre but sera atteint.

Enfin on a pris le pari d'écrire un ouvrage où chacun — sans exclusive culturelle — puisse accéder à ce qui l'intéresse sans être rebuté par l'utilisation d'un vocabulaire par trop technico-spécifique, en essayant toutefois de ne pas tomber dans une vulgarisation bêtifiante.

Ainsi, l'approche «culturelle» de la première partie ne fait pas référence aux connaissances intellectuelles de l'individu mais à l'ensemble des activités soumises à des normes socialement différenciées, propre à un groupe social déterminé. En tant que telle, elle s'adresse à tout un chacun et vise donc à rendre accessible à un lecteur non averti des notions qui lui sont peu familières. Le fil d'Ariane de cette première partie c'est le rapport de force qui s'est établi entre le corps et l'esprit, que l'on va suivre au fil des siècles et des sociétés ; rapport de force qui se perpétue sous une forme plus symbolique, en non-verbal/verbal.

La seconde partie tentera une approche qui pour être scientifique souhaite ne pas être trop rebutante pour un lecteur profane, sans pour autant céder à une facilité qui nuirait à la rigueur de la démonstration.

Si cet ouvrage contribue à apporter quelque lumière à tous ceux que la communication concerne ou tout simplement intéresse, de l'étudiant à l'homme de la rue, nous aurons atteint notre objectif : tenter une approche diachronique de la communication qui soit accessible à un public de plus en plus large.

NOTE

[1] Auteur d'un ouvrage traduit de l'anglais sous le titre français *Quand dire c'est faire...*

Introduction

La littérature de ces trente dernières années a mis à la mode un certain nombre de concepts et de vocables tels que : langage du corps, communication totale, communication non-verbale, comportement non-verbal, etc. tous plus ou moins pervertis — souvent plus que moins — et dévoyés de leur sens initial par quelques auteurs et éditeurs moins sourcilleux sur le charabia que la rentabilité.

Voici les premières lignes de l'avant-propos d'un ouvrage publié en France[1] : «son caractère, chacun de nous l'étale... à son insu. Parce qu'il ne lui vient pas un instant à l'esprit que tout le trahit : ses gestes, sa démarche, son comportement, et mille autres petites choses. (...) Mais vous, connaissez-vous ces signes qui vous donnent le pouvoir, inappréciable en vérité, de saisir au premier coup d'œil, le caractère de votre prochain? (...) Pour qui veut porter un jugement sain sur autrui, ce don est essentiel ; il l'est pour le patron qui reçoit un candidat à un emploi ; il l'est pour un amoureux qui s'interroge sur sa compagne ; il l'est pour une fiancée un peu angoissée face à son futur mari. Il l'est pour nous tous...», etc.[2]

Certains éditeurs anglo-saxons vont encore plus loin dans la surenchère par des jaquettes racoleuses, tel celui de Fast (1970)[3] : Vous y apprendrez : comment faire des avances sans risque? Comment, entrant dans une salle emplie d'inconnus, par un inventaire des attitudes corporelles détecter les gens importants? Comment utiliser le langage du corps pour être à même de devenir le meneur d'un groupe ?», etc.

Ce qui nous a paru intéressant dans ces deux exemples, c'est qu'ils illustrent le rapport de force qui existe entre verbal et non- verbal : rapport de force très ambigu puisque le non-verbal, pour démontrer qu'il est en mesure de révéler ce que le verbal ne dit pas, doit utiliser ce même verbal cependant que ce dernier se sert de la gestuelle pour lever l'incertitude issue de la polysémie langagière... Le rapport de force dont il est question ici n'est pas une spécificité de notre époque, tant s'en faut comme on pourra le voir tout au long de la première partie. Considérant le geste comme production du corps et la parole comme celle de l'esprit, on a tenté de restituer leurs rapports à travers l'histoire et de resituer la place qui est la leur, ainsi que les enjeux dont ils sont les objets dans la société, ainsi que celle de la communication non verbale symbolique à laquelle ils donnent lieu. A l'inverse, considérant le corps comme substitut de la parole et le geste comme production de l'esprit, on abordera leurs relations antagonistes et les moyens d'y remédier que proposent les thérapies corporelles ou analytiques, ces dernières souvent assimilées à «divan le terrible»...

Dans la seconde partie, on abordera la communication dans ses composantes verbales de manière plus cognitiviste que celle de nombreuses études antérieures, plus comportementales, où l'influence de l'environnement sur le sujet et l'interaction qui en résulte sont rarement prises en compte.

En 1967, Watzlawick écrivait «on ne peut pas ne pas communiquer...» et posait de ce fait simultanément une triple question : qu'est-ce que communiquer ? Qui communique ? Comment ? Et un postulat en forme de réponse : chaque individu transmet en permanence, volontairement ou non, des informations en direction de son environnement, qu'elles soient perçues ou non.

Pour ce qui nous concerne, on laissera de côté la question polémique de l'intentionnalité de la communication, qui présente autant d'intérêt qu'une question de type : le rocher qui tombe de la montagne fait-il du bruit s'il n'y a personne pour l'entendre ?

A la première question posée, la réponse la plus globalement satisfaisante serait de type étymologique : c'est mettre en commun, partager, en d'autres termes être en relation avec quelqu'un, tant il est vrai qu'on communique *quelque chose* et qu'on communique *avec* quelqu'un.

A la seconde question on aimerait pouvoir apporter une réponse de type «tout le monde», ce qui serait ignorer tout un pan, malheureusement important, de la pathologie des relations humaines dont cependant on ne traitera pas ici.

On n'abordera pas non plus les aspects linguistique, psycholinguistique, sociolinguistique ou psychosociolinguistique du problème, déjà traités par ailleurs (cf. Ghiglione, R., 1986). Ces précisions étant apportées, on répondra néanmoins : tout le monde... Qu'on se rassure, il ne s'agit pas d'une contradiction, mais d'une simple anticipation à la réponse de la troisième question. En effet, si l'on veut bien considérer que chaque individu est partie intégrante d'un système, il est en relation avec les autres parties composantes du système et par là-même *en communication* avec elles.

Qu'on le veuille ou non, l'environnement communique en permanence des informations. Lorsqu'une pierre dépasse du sentier sur lequel je marche, elle ne me dit pas : attention, je vais te faire tomber! pourtant cette information existe ; si je la perçois j'évite la pierre, sinon je risque de tomber.

Cet exemple est une partie de la réponse à la troisième question, et la réciproque du postulat : l'environnement transmet en permanence des informations, qu'elles soient perçues ou non, en direction de chaque individu. Avec cet exemple, on espère faire apparaître que dans la problématique posée par Watzlawick la question ne devait pas porter sur le pourquoi mais sur le comment. Or il semble que ce *comment* ait généré tout un courant de recherches, malheureusement polarisé sur une idée — centrale en linguistique structurale — qui veut que toute production linguistique soit nécessairement décomposable en sous-systèmes, eux-mêmes fractionnables jusqu'au plus petit élément identifiable. L'analogie sur laquelle s'est appuyé ce type de recherche est flagrante et repose sur la démonstration *linguistique* qu'un énoncé contient des signes au moyen desquels ses unités internes sont délimitées. C'est pourquoi on a assisté à une multiplication des recherches qui se sont scindées en deux grandes branches, verbale et non-verbale. Cette dernière, de division en fractionnement, en morcellement, en éparpillement, en émiettement du champ aboutit à une aporie théorique[4].

On connaît la limite des analogies, la carte n'est pas le terrain ; une représentation n'étant pas l'objet, la similitude n'implique pas de structures identiques ; la linguistique n'étant pas le non-verbal pourquoi la grille de lecture et d'analyse de l'une serait-elle adaptées à l'autre ?

Il ressort de tout cela un certain nombre d'explications ponctuelles relevant davantage de l'interprétation probabilistique que de l'explication systématique issue d'un cadre théorique cohérent. Il semble, à l'évidence, que cette façon de procéder introduise un certain nombre d'ambiguïtés liées à l'absence d'un questionnement permettant de rendre compte des différents types de relations verbales/non verbales, à la fois au plan systémique et au plan de l'interaction situationnelle. Plusieurs causes sont à l'origine des lacunes relevées dans les études descriptives : recours à des théories mal adaptées à l'objet de l'étude, recouvrements conceptuels, mais surtout absence de théorie spécifique et intégratrice de l'interaction des différents systèmes en présence dans un environnement donné.

Est-ce à dire que l'ensemble des travaux et de la littérature consacrés au comportement non-verbal soit totalement dépourvu d'intérêt?

Certainement pas. Certaines d'entre elles nous ont fourni des axes de réflexion concernant les relations verbales/non-verbales qui y sont énoncées — sans que pour autant on ne reprenne les notions ou concepts tels quels — et fait émerger un certain nombre de points de convergence avec nos hypothèses. De cet ensemble on a dégagé les deux grandes lignes de force qui structurent notre approche.

A. La gestuelle concourt avec le langage à la production du sens;

B. La communication est un fait global dans lequel sont impliqués différents systèmes de signes utilisés par des sujets en interaction.

Dès lors, au lieu d'aborder le non-verbal par le biais de la notion de comportement — qui implique souvent l'existence de conduites et de réactions stéréotypées — faisant abstraction de toute possibilité d'interaction, donc de sujet communiquant, on a préféré se recentrer sur le non-verbal gestuel dans un champ mieux cerné : celui de la communication interpersonnelle. Ce faisant, on a introduit un concept plus heuristique : celui de communication non-verbale gestuelle ou gestualité de communication.

Ainsi qu'on peut le percevoir, la gestualité de communication n'est pas un système isolé de production de sens mais un sous-système — au même titre que le verbal, le paraverbal ou la proxémique — du système global de signes qu'est la communication.

Cela étant posé, on pourra parler de système gestuel sans que cela ne constitue un abus de langue, restant entendu qu'il s'insère dans un macro-système interactif. Les résultats des séries de vérifications expérimentales exposés ensuite sont de nature à valider le cadre théorique général précédemment proposé.

NOTES

[1] KURTH, H., *Connais-toi toi-même pour connaître les autres*. Paris, Tchou Ariston, 1979, 208 pages.
[2] «Cet ouvrage écrit par un éminent psychologue» (*sic*) tendrait à prouver qu'en l'absence de statut reconnu et appliqué — donc de niveau de qualification défini — on peut être tenté, telle l'administration fiscale, d'assimiler psychologue et tireuse de cartes...
[3] FAST, J., *Body language*, New York, Evans, 1970.
[4] Ainsi que l'a reconnu Birdwhistell...

PREMIERE PARTIE
LA COMMUNICATION DANS SES COMPOSANTES VERBALES ET NON VERBALES : UNE APPROCHE CULTURELLE

Chapitre I
Le rapport de force
des systèmes de représentations
selon les cultures

Aborder le phénomène communication sous l'angle de la culture semble a priori aussi malaisé que tenter de résoudre le problème bien connu de l'œuf et de la poule. S'il semble convenable de penser que la communication soit à la base de la culture, il n'est pas déraisonnable de supposer que la culture soit à la base de la communication. En plein XVIIe siècle, Pascal le pensait déjà : «le plus souvent on ne veut savoir que pour en parler; autrement on ne voyagerait pas sur la mer, pour ne jamais en rien dire et pour le seul plaisir de voir, sans espérance d'en jamais communiquer» (1670).

Par ailleurs si le thème communication est relativement récent dans la recherche en Sciences Humaines, le fait communication quant à lui, est probablement aussi ancien que la manifestation de la vie elle-même. «La communication chimique par l'intermédiaire de la forme des molécules représente donc le système de communication le plus ancien utilisé par des systèmes vivants» (Rosnay, 1975, p.175). Il n'est pas de notre intention d'entrer dans des polémiques de type : le premier moyen de communication était-il non-verbal ou verbal? Ecrit ou oral? Inné ou acquis? Etc. Il apparaît beaucoup plus judicieux d'initier cette approche à partir du sens étymologique du vocable communication; communiquer : du latin *communis*, mettre en commun, mettre en relation. C'est dans ce sens qu'on le trouve utilisé dans la littérature française «classique» :

«Telles délectations esquelles autres bestes communiquent avec l'homme». (ORESME, *Ethique du ciel et du Monde*, ch. III, 1377).
«Je n'aime pas la communication des personnes sottes et ignorantes». (Charles SOREL, *La vraie histoire comique de Francion*, 1622).
«Par le moyen de la charité et de la communication fraternelle». (BOSSUET, *Sermons sur l'éminente dignité des pauvres dans l'église*, 1659).
«Quand les dieux se communiquent aux mortels». (FENELON, *Télémaque*, ch. II, 1699).
«Je me communique fort peu». (MONTESQUIEU, *Les Lettres persannes*, 1721).

Ce faisant, on observe que la littérature rend compte de la culture d'une société, mais que cette même culture se différencie, se subdivise en fonction de son caractère général ou spécialisé.

Sans autre précision, la culture[1] fait référence à l'éducation et aux productions de l'esprit. Si par contre on lui accole le qualificatif physique, elle implique le développement rationnel du corps. C'est pourquoi par une opération analogue à la translittération[2] — bien que le terme soit ici impropre — dans la culture, puis dans la littérature, le corps sera le paradigme du non-verbal; un phénomène analogue identifiera esprit à parole — ou verbal.

1.1. LE RAPPORT DE FORCE VERBAL/NON-VERBAL : UN RAPPEL HISTORIQUE

Ce que nous appelons aujourd'hui rapport verbal/non-verbal pourrait et devrait être transposé — dans un contexte historique — en rapport esprit-parole/corps-gestuelle. C'est sous cette forme que s'est présenté, pendant des siècles, le combat (le mot n'est pas trop fort) que se sont livrés les «promoteurs» de l'un ou l'autre système de représentation[3] pour en assurer la suprématie. Entre les phases alternatives de domination du corps ou de l'esprit sont venues parfois s'intercaler des pauses, des périodes que nous nommerions aujourd'hui de cohabitation pacifique. Puis chaque société, chaque époque, chaque religion, chaque école philosophique voulant imposer son système, les polarités s'inversaient de nouveau[4]....

Considérant la parole comme vecteur de l'esprit et le geste comme paradigme du corps, on assiste tout au long de l'histoire à l'alternance du décours du corps face à l'esprit, et inversement.

Il est à noter que ce phénomène pendulaire est exclusivement lié à la culture occidentale et ne se retrouve pas dans d'autres cultures. Il a semblé plus congruent et peut-être — paradoxalement — plus logique de suivre une chronologie qui ne relève pas d'un processus social mais culturel. On tentera de saisir des filiations, de dégager des idées maîtresses, de noter la naissance de concepts plutôt que de ramener l'histoire du corps au corps de l'histoire...

1.1.1. La Grèce antique et l'Occident

Très schématiquement, la civilisation grecque procède de deux grands courants : l'un venu du Nord avec les Doriens après la chute de Troie, l'autre représenté par les Ioniens du Sud. A cette époque (XIIe s. av. J.C.) les guerriers au repos consacrent leur temps au tir à l'arc, au lancer du disque ou du javelot. Nous dirions aujourd'hui qu'ils s'entraînaient ou qu'ils entretenaient leur «condition physique». Quelques siècles plus tard, si l'on en croit la date présumée de sa naissance, Homère décrira les exercices physiques avec une telle perfection qu'ils ne peuvent être le fruit de sa seule imagination. Les vases et les coupes crétoises parvenues jusqu'à nous, attestent du haut degré atteint par les compétitions physiques, réservées toutefois à une élite aristocratique. La démocratisation, de ce qui deviendra ultérieurement le sport, n'interviendra à Athènes que bien plus tard alors que sa grande rivale, Sparte, confère volontairement et systématiquement aux exercices du corps un caractère populaire à vocation consciemment sociale. Les citoyens sont formés par et pour l'Etat dans une éducation qui prépare au sacrifice suprême pour la Patrie... Boxe, lutte, pancrace et même flagellation ne visent qu'à endurcir le corps. Les femmes pratiquent également la lutte, le lancer du disque et du javelot, ainsi que la natation[5] afin d'engendrer des enfants robustes et vigoureux. On connaît le sort réservé aux malheureux enfants difformes, débiles ou chétifs, que les Spartiates jetaient dans le gouffre des Apothètes.

Fortifier le corps, le préparer à la bataille, tel est le but que les Spartiates ont assigné de façon consciente et systématique à la culture «physique». Un certain nombre d'habitudes ou de recommandations datent de cette époque. C'est à Sparte que l'on doit de s'enduire le corps d'huile après le déshabillage afin d'éviter les brûlures dues à une longue exposition au soleil, onction qui permet de régler la sécrétion sudorale. Il semble que cet usage ne se soit pas perdu... La diététique ou science des régimes de nourriture citée par Platon dans la République montre l'importance de la manière de se nourrir dans la qualité de la vie. Mais c'est avec Hippocrate que la préparation de la condition physique prend pour la première fois un aspect médical. Diététique et gymnastique constitueront le plus clair de ses moyens — car il n'utilise ni médicament ni drogue — et seront également partie intégrante des médecines préventive et curative. Rappelons que pour Hippocrate «l'état de bonne santé est préférable à celui de condition athlétique qui n'est point naturelle». «Quiconque est en bon état physique doit faire de l'exercice, mais sans excès, avec le genre de vie de chacun, suivant les saisons, sans oublier l'équilibre entre exercices physiques et nourriture»[6]. Avec lui prend naissance le concept de conditionnement de l'homme par son milieu. La Nature joue chez Hippocrate un rôle essentiel : sans qu'il soit besoin d'apprentissage, elle guide le corps et grâce à elle le corps malade se défend contre les maladies. «Par la nature, la santé se restaure et tend à sa propre conservation». C'est la première apparition du concept d'homéostasie. L'idée maîtresse hippocratique est que l'on ne doit ni heurter ni brusquer la nature, mais simplement l'aider.

Ultérieurement, la démocratie athénienne engendrera une éducation collective qui se présentera sous forme de deux systèmes différents :
- le premier, le plus répandu, ne s'attache qu'au corps et néglige à peu près complètement la formation de l'esprit ;
- le second — le plus aristocratique — animé par les sophistes, sème dans l'esprit de ses élèves une culture plus politique que physique.

La dialectique de Platon le conduira à tenter une synthèse de ces deux formes. Jusqu'alors la distinction esprit/corps était du domaine de l'intuition. Platon, à l'encontre des éducateurs, pédotribes, gymnastes et surtout sophistes — qui s'en soucient fort peu — va la prendre en compte. C'est pourquoi on trouve dans son œuvre de nombreuses références à la gymnastique dans les conséquences qu'elles peut avoir sur le corps et sur l'esprit, sans omettre la fonction sociale de sauvegarde de la cité.

N'oublions pas que — toujours sur le qui-vive, en guerre les unes contre les autres et face aux invasions perses — l'ambition des cités est de se doter de citoyens-soldats courageux et résistants. En conséquence, la doctrine gymnique prédominante est à tendance militaire : entraînement à la dure et au froid (le corps nu) comportant courses de vitesse, de fond, sauts, lancers, lutte, pugilats et courses de chars. En fait, ce sont les épreuves que l'on retrouvera aux Jeux Olympiques — rétablis au IXe s. av. J.C. par le roi d'Elide Iphitos — auxquels ne participent que les hommes.

Pour Platon, la gymnastique «militaire» n'est pas à remettre en cause, mais sa grande préoccupation est de l'empêcher de submerger toutes les autres manifestations «culturelles». Il va donc tenter de les coordonner pour mettre un terme à leur hostilité. C'est à partir de cette époque que l'éducation grecque va approcher la perfection. On peut donc s'étonner qu'Aristote n'ait pas tenté de reprendre et de poursuivre la tentative de son maître Platon de donner un statut à l'éducation[7]. Il est vrai que la verve puissante et satirique du plus grand poète comique grec, Aristophane, ne s'était pas privée de décocher des traits acérés contre l'éducation nouvelle... Pourtant c'eût été une ambition tout à fait adaptée à l'idée aristotélicienne du juste milieu «non définissable selon l'objet, mais en fonction du sujet»... Mais il n'en fut rien.

Dans l'«Ethique à Nicomaque» et dans l'«Ethique à Eudème», il expose que le corps n'est que l'instrument de la pensée puisque «la vertu tout entière réside dans la pensée». Ne songeant pas, selon toute vraisemblance, à exclure le corps de l'éducation mais cependant en n'en ajustant pas les différentes formes, Aristote contribuera — involontairement sans doute — à transformer l'éducation en études exclusivement intellectuelles.

A la suite de l'imprudence fatale commise par la ligue Eolienne, appelant les Romains à son secours, la Grèce devient la province romaine d'Achaïe. C'est à cette époque que naît Galien qui va devenir le plus grand spécialiste de la gymnastique gréco-romaine. L'athlétisme professionnel, constitué en Grèce depuis le VIe s. av. J.C., prend un essor important avec l'occupation romaine et les jeux du cirque mettent en valeur les «professionnels du corps». Galien, comme Philostrate, Euripide et même Solon bien avant lui, critiquera l'athlétisme professionnel, en étayant son dire par son statut de médecin des Jeux du Cirque. Voici le portrait qu'il trace des gladiateurs morts dans l'arène. «Comme ils amassent une grande quantité de chair et de sang, leur âme est comme noyée dans un vaste bourbier; elle ne peut avoir aucune pensée nette, elle est aussi stupide que celle des brutes. Ils ne savent pas s'ils ont une âme, et d'ailleurs ne s'en inquiètent pas.» Une telle acrimonie trouve sa justification dans le but véritable de ses critiques acerbes, précisé dans son traité «A Thrasybule» : arracher la gymnastique à l'«incompétence» des pédotribes pour la ramener à la médecine, reprenant en cela l'idée de Platon. Dans le même ordre d'idée, pour démontrer l'incapacité des pédotribes, Erasistrate invente le mot *hygiène* — littéralement : relatif à la santé — afin de prouver qu'ils n'ont aucune notion de ce qui est sain.

Cependant, Galien ne sera pas suivi dans sa tentative. Gymnastique « éducative » et athlétisme professionnel poursuivront leurs destins parallèles. On les retrouve à Rome, bien que les vieux patriciens tentassent de réfréner la pénétration et l'adoption d'habitudes importées de Grèce, pour n'en retenir que certaines pratiques destinées à embellir le corps ou à occuper le temps de ces oisifs. C'est ainsi qu'ils se mettent à porter un goût immodéré aux jeux violents, voire mortels, pourvu qu'ils fussent pratiqués par d'autres...

C'est une attitude qui bientôt se développe partout où règne la « paix romaine » et qui transparaît chez les Stoïciens. Sénèque décrit l'absurdité d'une gymnastique consacrant tant de soins aux exercices physiques car ils accaparent inutilement l'esprit. « Accordons à notre corps ce qu'il faut pour bien se porter et procurons à notre esprit un serviteur obéissant »[8].

Ce ne sont pourtant ni ses écrits, ni ceux de Cicéron — dont les préceptes éducatifs vont persister à travers la culture occidentale — qui vont porter un coup fatal au développement de la culture « physique ». C'est l'avènement du christianisme qui, en jetant l'opprobre sur les excès du culte rendu au muscle, manifestera une hostilité sans réserve aux soins exagérés consacrés à mettre en valeur un corps qui doit retourner à la poussière. « Vanitas vanitatum et omnia vanitas »[9]...

Il convient de préciser cependant que l'éthique chrétienne n'a jamais combattu l'exercice qui relève de l'éducation, mais manifeste une réprobation sans limite aux soins consacrés à mettre en valeur une chair qui, au contraire, doit se faire humble.

Par ailleurs, l'avènement du divin et du sacré ne peut coexister avec la manifestation de fêtes populaires ayant vocation de célébrer un culte païen : celui du corps. Le christianisme va donc tout reformuler ; le laïque va devenir sacré : c'est le gigantesque combat du Bien et du Mal, de la Lumière de Dieu contre les puissances des Ténèbres. Il faudra attendre quelques siècles pour qu'avec Aurelius Augustinus (saint Augustin) — et son effort de conciliation[10] entre l'idée platonicienne et l'idée de la Sagesse de Dieu — disparaisse l'anathème lancé sur le corps.

Mais entre-temps, telle la Belle au bois dormant, la culture « physique » s'est endormie dans un sommeil de plusieurs siècles.

1.1.2. L'Inde et le bouddhisme

Opérons un retour en arrière au siècle de Socrate et de Platon pour essayer de discerner ce qui se passe en Orient au siècle de Bouddha[11].

C'est l'époque du foisonnement des idées. De très nombreuses écoles ou sectes se créent en toute liberté dans un pays foncièrement tolérant. La pensée est très diversifiée, du matérialisme le plus déterministe à l'idéalisme le plus total. Un courant de pensée religieux va cependant finir par s'imposer et créera les «Upanishads»[12], sorte de récits épiques d'une très grande beauté poétique. Parallèlement à cette époque d'une grande richesse intellectuelle, correspond un éclatement de la société. Les causes en sont profondément sociales : débiteurs insolvables, esclaves en fuite, paysans ruinés ou expulsés, contribuables ne pouvant acquitter leurs impôts et parfois princes chassés de leurs terres. Un nombre considérable d'hommes de toutes conditions quittent donc groupes sociaux et familles et mènent une vie vagabonde. Certains vont vivre en solitaire dans les forêts, mais la plupart s'organisent en communauté et cherchent selon des doctrines différentes — telles que l'ascétisme ou la méditation — la paix de l'âme. Détachés du quotidien et libérés de tout souci matériel — puisque vivant de la charité[13] — ils passent leur temps en discussions et organisent de véritables joutes oratoires et dialectiques. Assez souvent même, les vaincus deviennent les compagnons et les disciples des vainqueurs.

Quoi d'étonnant, dès lors, que se fassent jour dans un tel bouillon de cultures[14] toutes les spéculations philosophiques... Ce sont en général des hommes jeunes. Ils ont leur propre folklore et préconisent une compassion universelle. (Comment ne pas faire le rapprochement avec le mouvement hippie de la Californie des années soixante, auquel tout ce qui vient d'être dit pourrait parfaitement s'appliquer).

A la différence du contexte gréco-romain, on ne parle pas ici de gymnastique, mais de gymnosophie[15]. C'est par ce vocable que le monde occidental désigne la pratique et la culture «physique» hindoue. L'environnement indien est très différent de celui de Rome ou d'Athènes et pourtant on pratique la lutte, l'équitation, l'escrime. Mais ces exercices n'ont jamais atteint l'importance publique qu'ils ont dans la vie sociale occidentale. Il faut dire que les motivations sont fondamentalement différentes. Si la Grèce s'enflamme pour le héros qui parvient au-delà de la condition humaine par son courage ou son éloquence, l'idéal indien tend vers la méditation, le repli sur soi-même. Son ambition suprême n'est pas de dominer l'univers, mais de se fondre dans l'âme cosmique par l'extase et d'égaler les dieux, non par des exploits retentissants, mais par la concentration de l'esprit. Parvenir à cette finalité implique une longue initiation auprès d'un maître (Guru), une retraite totale du monde extérieur, un régime alimentaire très strict assorti de pratiques corporelles (Yoga); en réalité une ascèse absolue [16]. Cependant, les Indiens ne négligent pas pour autant les soins corporels. Le thermalisme, qui atteindra son apogée à Rome, existait en Inde près de vingt siècles avant!... Les villes de Karappa et de Mohenjo-Daro sur l'Indus, étaient le siège d'une très brillante civilisation. Il y existait des salles de bains avec des douches comportant un pavage incliné vers l'orifice d'évacuation des eaux, ainsi que des tuyauteries d'alimentation en eau. On y trouvait également des bains de vapeur avec canalisations incorporées aux murs, ainsi que des chambres de repos, des vestiaires et des fontaines. Un réseau d'égouts constitué de briques cuites, liées au mortier, recueillait les eaux usées. Vraisemblablement les Romains en ont eu connaissance et copié ces techniques. Historiquement c'est tout à fait possible, car l'Inde était «visitée» périodiquement par des conquérants venus de l'actuel Proche-Orient — Aryens, Turcs, Afghans, etc. — eux-mêmes en «relation» avec le monde hellène. Plus tard (IIIe s. av. J.C.), il y eut des rois grecs en Bactriane (partie nord de l'Afghanistan actuel). A la même époque en Inde, le roi Ashoka dépêcha des missionnaires bouddhistes aux «quatre coins du monde», notamment jusqu'au bassin méditerranéen. Dans le *Hinayana* — textes sacrés exposant la doctrine bouddhique — on trouve la relation d'entretiens entre le roi grec Milinda et le missionnaire bouddhiste Nagasana. La *Rgveda*, recueil de livres sacrés brahmaniques, porte également témoignage sur la société hindoue. On y décrit les vertus bienfaisantes et purificatoires de l'eau, en particulier celle des douze fleuves sacrés. Chacun avait même une spécificité thérapeutique, comme les cures thermales. Ainsi le Godavâri est bon pour les agités, le Gange arrête la suppuration des plaies, l'Indus guérit les douleurs, etc. Le bain doit être suivi de massages, frictions et pétrissage du corps.

Le corps qui se situe dans un contexte social chez les grecs, évolue ici dans une ambiance mystique car la pensée indienne est hantée par la crainte d'une réincarnation sans fin. La doctrine bouddhique[17] va donc être un baume efficace contre l'angoisse métaphysique du *Samsara*[18] en laissant percevoir une issue : le *Nirvana*[19]. Celui-ci est atteint lorsque toute pensée, toute volonté, toute action, toute sensation sont abolies, éteintes. Ce concept de Nirvâna, près de vingt siècles plus tard, Schopenhauer le reprendra et le développera avec l'immanence et l'impermanence de la vie qui la rendent tolérable[20].

Pour faciliter l'approche du Nirvâna, le bouddhisme préconise la pratique du Yoga[21]. Il s'agit d'exercices corporels qui mettent en jeu simultanément un certain nombre de fonctions, organiques et psychiques, visant à la maîtrise du corps et de l'esprit. Contrairement à nombre d'idées reçues, le yoga doit être une méthode modérée facilitant l'équilibre de l'être humain et non une contrainte hors nature :

« Le yoga n'est pour qui mange trop ni pour qui ne mange pas du tout, ni pour qui a l'habitude de trop dormir ou qui demeure éveillé.

Qui règle convenablement ses repas et ses délassements, ses efforts dans l'action et la part qu'il fait au sommeil et à la veille, à celui-là appartient le yoga destructeur de la souffrance »[22].

Aristote soi-même n'aurait assurément pas désavoué de tels conseils. A l'encontre de la maïeutique socratique, au lieu d'apprendre à se connaître, le yoga apprend à se faire. Il n'oppose pas le corps à l'esprit, puisque la régulation et le contrôle de la respiration préparent l'avènement de l'harmonie corps/esprit. Cette exploration du corps et du comportement corporel a naturellement diversifié le yoga en quatre branches[23] ayant chacune leur spécificité, malgré certaines interférences.

Ouvrons ici une parenthèse pour constater que les fonctions de conscience telles que Jung les a définies : la pensée, le sentiment, la sensation et l'intuition se traduisent respectivement en sanskrit par : Jnana, Bhakti, Hatha et Samadhi, qui sont les états de conscience auxquels mène le yoga... Ainsi donc par la pratique du yoga, le corps est entraîné à contrôler ses fonctions et à augmenter sa résistance[24] par la maîtrise de la respiration. Selon la tradition bouddhiste, la progression sur le chemin spirituel doit viser à la maîtrise de l'état de veille qui est la condition originelle de l'esprit.

Le bouddhisme tibétain, quant à lui, préconise une forme de yoga ayant pour but la domination du corps par l'esprit. Mais c'est surtout l'importance donnée au Mantra qui est caractéristique.

1.1.3. La Chine et le Taoïsme

Il est surprenant de constater à quel point les VIe et Ve s. av. J.C. ont été importants — sinon déterminants — pour l'histoire de l'humanité dans des cultures aussi différentes que celles d'Orient et d'Occident. Tout s'est passé comme si, à l'aube culturelle sociale, des « philosophes-phares » balisaient le parcours du devenir humain. Il est extraordinaire de constater que Socrate, Platon, Aristote, le Bouddha,

Confucius, Lao-Tseu, Tchouang-Tseu étaient quasiment contemporains, alors que pendant plus de vingt siècles il ne va plus rien se passer de notable — pratiquement — avant le XVIe siècle avec Rabelais, Montaigne, Paracelse ou Wang-Yang-Ming.

A l'époque où le bouddhisme s'est développé en Chine, coexistaient déjà le Confucianisme et le Taoïsme. Les raisons de l'introduction du bouddhisme en Chine ont toujours été un peu mystérieuses. On peut se demander comment une éthique aussi éloignée, a priori, de l'esprit chinois a pu pénétrer, s'implanter et s'y développer. Vraisemblablement les causes en sont diverses.

1. D'abord on peut constater que la progression du bouddhisme correspond géographiquement à la route que suivaient les caravanes des marchands de soie. Hiun-Tsang[25] qui emprunta cette voie dans les deux sens fournit des indications précises sur l'établissement des différents monastères qui la jalonnaient.

2. Le confucianisme avait établi les normes d'une société féodale, défini les rapports sociaux, juridiques et économiques mais également les concepts religieux et philosophiques où les comportements humains étaient censés influencer la nature. Il s'ensuivait une série de règles de vie très strictes, très astreignantes et très compliquées.

Ouvrons ici une parenthèse pour noter à quel point cependant la pensée confucéenne est proche de la philosophie occidentale à bien des aspects. La question se pose même de savoir dans quelle mesure elle n'en est pas l'inspiratrice, compte tenu d'un certain nombre d'analogies.

– L'enseignement de Confucius, recueilli par ses disciples, est regroupé en quatre livres; l'enseignement du Christ recueilli par ses disciples est regroupé dans les quatre évangiles.

– Le second livre s'intitule *L'invariable milieu* et développe un concept curieusement proche d'Aristote et de sa notion de juste milieu.

Voici deux citations à titre d'exemple :

* Confucius : «L'homme vertueux reste dans l'invariable milieu».
* Aristote : «La vertu est au milieu des extrêmes».

– Le troisième livre du confucianisme a pour titre : «Entretiens avec les disciples» que l'on peut rapprocher de l'enseignement de Socrate tel que l'a rapporté Platon dans ses *Dialogues*.

– Le quatrième livre, quant à lui, révèle une pensée étonnamment proche de celle des philosophes français du XVIIe siècle. Quoi de

LE RAPPORT DE FORCE DES SYSTEMES DE REPRESENTATIONS   27

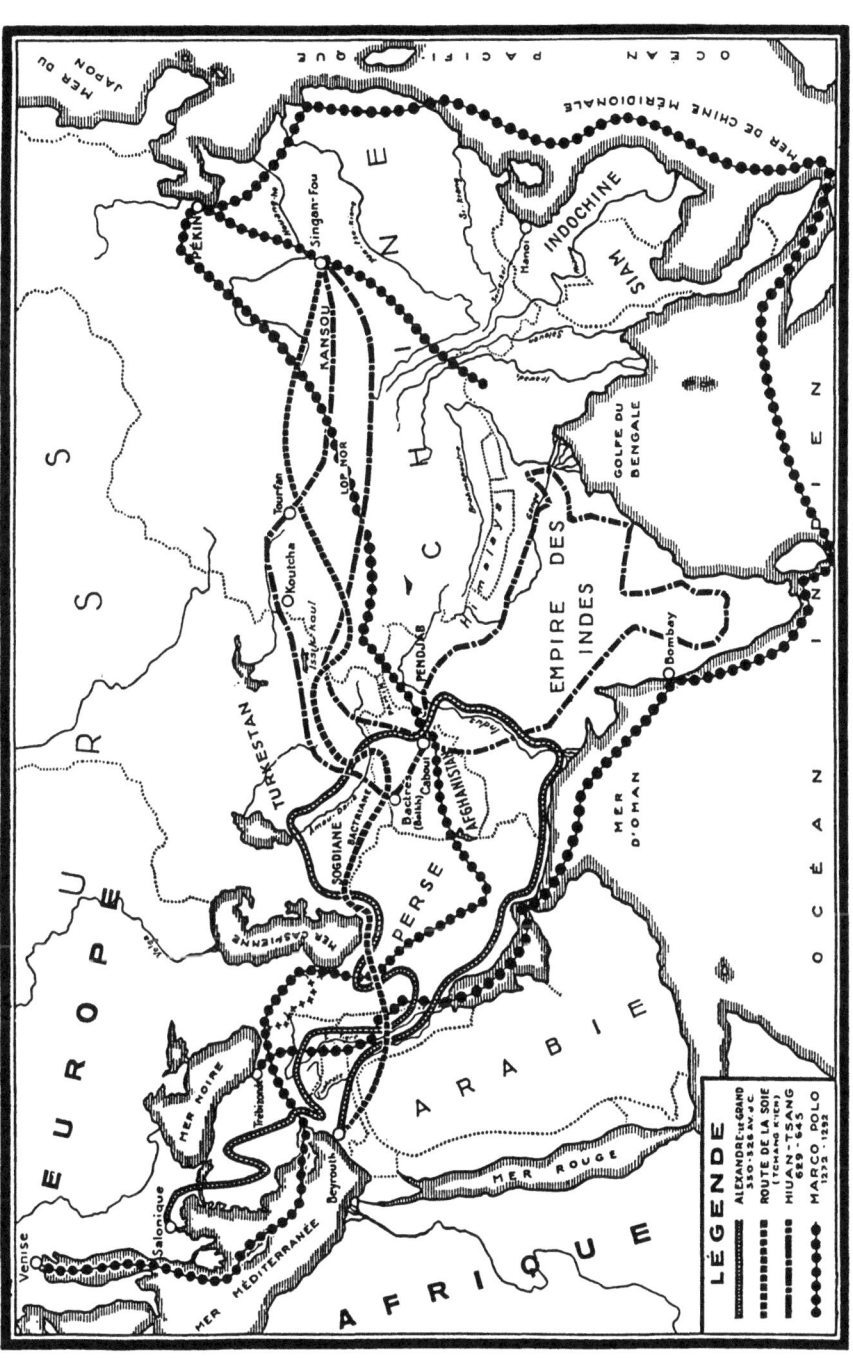

surprenant à cela, si l'on se souvient que les premiers missionnaires jésuites qui prirent pied en Chine envoyèrent en Europe des rapports laudatifs sur la doctrine issue de l'enseignement d'un sage vivant au VIe s. av. J.C.

— L'attitude humaniste qui assimile la propreté corporelle à la propreté de l'esprit, étrangement proche de la célèbre maxime de Juvenal[26] : «Mens sana in corpore sano».

3. Le taoïsme, qui est une religion de salut individuel — empêtré dans un concept d'immortalité du corps — impose à ses fidèles d'innombrables et fastidieuses pratiques d'hygiène et d'alimentation, très prégnantes, pénibles et onéreuses, difficilement compatibles avec la vie quotidienne.

Et pourtant Lao-Tseu — père du taoïsme — lorsqu'on sait lire entre les lignes[27] développe une philosophie très voisine de la démarche socratique : «Celui qui connaît les autres est savant. Celui qui se connaît soi-même est éclairé»[28].

Le taoïsme, censé être un ensemble de pratiques physiques, — capable de mener le corps à une vie éternelle — est basé sur trois points principaux :

* a. L'ataraxie[29] empêchant la déperdition d'énergie par le désir d'agir.

* b. L'absorption/circulation des souffles permettant de nourrir le principe vital.

* c. La pratique diététique interdisant surtout les grains et la viande[30].

Le dogme principal du taoïsme étant de conduire le corps à l'immortalité par la recherche de Longue-Vie, on peut bien imaginer que même pour le plus fervent taoïste il devait être difficile d'expliquer la mort de ses semblables... C'est pourquoi, afin de ne pas perturber la société humaine — où la mort est désespérément courante — le taoïste immortel devra se donner l'air de mourir[31]...

Puisque la vie éternelle est une vie dans un corps — toujours le même — c'est au fidèle lui-même d'en assumer la responsabilité et d'y pourvoir par les exercices adéquats.

Ici se situe un des points de contact entre pratiques gymniques taoïstes et pratiques yogiques bouddhistes : l'importance accordée par chacune à la maîtrise de la respiration. Pour le taoïste, la vie pénètre dans le corps avec le souffle qui descend dans le ventre par la respiration, s'unit à l'Essence et produit l'Esprit qui donne à l'homme sa personnalité[32].

Ce qui est Yang monte, donc ce qui est Yin descend... D'où il s'ensuit que l'expiration — qui est montée de l'air — est Yang et appartient à la partie Yang (supérieure) du corps. L'inspiration — qui descend dans le corps — est Yin et remonte par la force du Yang... On conçoit que la circulation du souffle et son union avec l'Essence ait posé quelque problème à l'adepte... En outre, la respiration est étroitement liée à la circulation et à la digestion. Celui qui maîtrise parfaitement la technique de la respiration n'a pas besoin de nourritures terrestres... Il réalise l'idéal taoïque — se nourrir de souffle.

1.1.4. La Renaissance

Le christianisme a fait disparaître les «jeux» physiques, mais peut-on dire pour autant qu'il professe le mépris du corps? Non, car ce serait l'enfermer dans une contradiction. La conception de saint Augustin est assez voisine de celle de Confucius.

Puisque le corps est appelé à ressusciter et que Dieu a créé l'homme à son image, ne serait-ce pas blasphémer que le mépriser?

Donc rien de méprisable dans ce qui peut aider à conserver la santé, à condition que les exercices «physiques» ne détournent pas de leur objet les exercices dus au culte.

Consécutivement à la levée de l'interdit sur la culture «physique» apparaît le premier «jeu» à tendance collective : le jeu de paume. L'engouement de ce jeu, né au Moyen Age, s'emparant de tous — du plus noble au plus roturier — n'est pas prêt de s'éteindre et va envahir l'Europe tout entière[33].

La Renaissance et le XVIe siècle vont redécouvrir la culture et la littérature de l'Antiquité[34]. Avec elles vont resurgir les pratiques corporelles ainsi que les thérapeutiques hippocratique et galénique. C'est dans ce contexte néo-hellénisant que va paraître l'œuvre la plus marquante de son temps[35]. C'est une véritable encyclopédie (avant la lettre) en six volume d'une rare érudition. Son but est de rendre à la culture «physique» tout son lustre passé. Mercurialis décrit de nombreux exercices et s'attache à en montrer les effets. Si ses sources sont nombreuses, la principale est incontestablement Galien dont il s'inspire largement. Son œuvre contient également des dessins reproduisant les appareils utilisés en gymnastique ainsi que les plans détaillés de gymnases, dont il ne restera à ses successeurs qu'à déterminer les moyens de mise en œuvre. Il fournit en outre les indications sur l'influence des exercices par rapport aux lieux, à la saison, à l'heure, à l'âge. Si elles ne sont pas toutes exactes, elles ont le mérite de témoigner d'un bel esprit de recherche associé à une approche expérimentale.

Le XVIe siècle, avec Rabelais, pourra s'enorgueillir de l'un des hommes les plus érudits de son temps. C'est le type parfait de l'humaniste qui lutte avec enthousiasme pour renouveler l'idéal philosophique de son époque. Malgré la satire virulente qu'il y développe, ses écrits ne sont pas pris au sérieux. On se contente d'une lecture au premier degré. Dans le propos qui est le nôtre, il est le premier à associer — à sa manière — corps et esprit[36].

On se souvient du désarroi qu'entraîne la naissance de Gargantua[37] qui « entra en la vene creuse, et, gravant par le diaphragme jusques au-dessus des espaules, print son chemin et sortit par l'aureille senestre. »

Ses idées sur l'éducation sont néanmoins empreintes d'un solide bon sens. Pour mener le combat contre la bêtise, l'inertie, la routine, il a choisi l'arme — quasi absolue — la plus corrosive : le rire.

Ainsi la force de la dialectique rabelaisienne vient de ce que ses écrits ne sont pas destinés aux seuls érudits. Son époque — comme la nôtre — est celle de grandes mutations et il a le premier perçu que le changement ne peut se faire que de l'intérieur.

Est-ce l'intuition du médecin qu'il était, appliqué à un autre champ théorique, qui a fait de lui un grand précurseur de la communication et de la polémique politique ? Nous ne le saurons sans doute jamais. Qu'il nous soit permis cependant de regretter que les usages politiques contemporains ne s'inspirent pas davantage des pratiques rhétoriques rabelaisiennes... Tout autre est l'approche de Montaigne. Il étudie l'être humain à travers Plutarque, Sénèque, Platon. Ainsi qu'on le sait, il préfère « une tête bien faite à une tête bien pleine ». C'est la santé du corps qui explique la rigueur de l'esprit tant il est vrai que « l'extrême fruict de la santé c'est la volupté ». Il fait une large part au corps : les jeux et les exercices physiques doivent être intégrés à l'étude afin de développer l'homme dans son intégralité.

Le XVIIe siècle, avec Descartes, s'inscrit dans le mouvement pendulaire qui anime la dialectique corps/esprit en prônant la prépondérance de l'esprit. Le dualisme cartésien établit une distinction radicale entre l'esprit et la matière. Celle-ci — y compris le corps humain — est régie par des mécanismes dont l'esprit peut formuler les lois qui les régissent, en termes mathématiques. Pour y parvenir, l'esprit doit s'appuyer sur l'intuition et la déduction, c'est-à-dire la raison[38]. C'est pourquoi il «raisonne» en matérialiste dans ses travaux scientifiques et en idéaliste dans ses recherches métaphysiques, sans que cela ne constitue une contradiction pour autant...

L'important c'est de pouvoir tout remettre en question. «Pour atteindre à la vérité, il faut une fois dans sa vie se défaire de toutes les opinions que l'on a reçues et reconstruire de nouveau, et dès le fondement, tous les systèmes de ses connaissances». Sauf ce qui concerne les vérités de la Foi, bien entendu...

Le goût des idées nouvelles fait du XVIIIe siècle un vaste mouvement scientifique et philosophique, car on cherche à tout comprendre.

Les adeptes des théories nouvelles sur la culture «physique» se font de plus en plus nombreux; et parmi eux un ancien musicien, qui connut quelque fortune dans la littérature, un certain Jean-Jacques Rousseau...

Il soutient que la bonté naturelle de l'homme primitif a été corrompue par la vie sociale et tente de démontrer qu'on pourrait — à travers une éthique individuelle et collective — faire renaître une partie de cette vertu naturelle. On pourrait presque dire qu'avec lui achève de se constituer une conception «globale» de l'éducation qui se cherchait depuis longtemps mais pour des raisons diverses n'arrivait pas à prendre «corps»... Dès sa formulation, elle va recueillir de très nombreux suffrages.

La Nature étant le meilleur guide, il faut la favoriser, non la contrarier[39]. L'éducation sera donc naturelle et fonctionnelle, c'est-à-dire adaptée à un développement physique et mental harmonieux de l'individu.

1.1.5. L'époque moderne

Si le XVIIIe siècle était celui de l'évolution, le XIXe est au contraire un siècle d'oppositions. La culture «physique» n'étant plus remise en cause, on va devenir beaucoup plus sensible à l'idéologie conceptuelle, d'où source de conflits. La démonstration du rôle que peuvent jouer les philosophes dans l'élaboration des théories sur la culture «physique» n'étant plus à faire, on n'est pas surpris[40] d'assister en Allemagne à une résurgence du corps à vocation sociale, de type spartiate. Il est donc aisé de comprendre que le mouvement de Jahn[41] ait été repris et théorisé par Kant et Fichte. Pour sa part, Kant déclare que le but de l'éducation est de «conduire toute l'espèce humaine à sa destination». Il insiste particulièrement sur le fait que l'exercice doit procurer force, habileté, vitesse et sûreté. «Nulle action morale ne saurait s'exercer si elle n'utilise l'action physique».

Fichte, reprenant les thèses de Kant, puis évoluant vers l'idéalisme absolu, affirme les droits de l'esprit à la domination de l'Univers. Cette idéologie amènera l'éclosion d'une forme de «culture» physique, tantôt secrète, tantôt agressive, qui aboutira aux «Deutsches Volkstum» et «Hitler Jügend». On sait, malheureusement à corps défendant, que la doctrine «aryenne» du troisième Reich, qui en est issue, a non seulement marqué d'une pierre noire l'histoire du corps, mais celle du monde.

On arrêtera là ce rappel historique qui loin d'être exhaustif — ce n'est pas son propos — ne s'est voulu qu'un survol qui permette de tenter une approche culturelle de la communication dans ses composantes non-verbales/verbales à travers leurs substrats respectifs : le corps et l'esprit. Il convient de constater, pour terminer, que le problème de culture ou d'exercices physiques ne s'est pas posé de la même manière, aux mêmes époques, ni aux mêmes hommes, mais qu'il a toujours été résolu — bien que trop souvent de manière plus ou moins bien adaptée aux questions posées. Notons enfin que ce problème est incontestablement lié à la société, à la civilisation et à la mécanisation. Il a surgi dans l'Antiquité, au moment où l'esclavage constituait un palliatif du manque de moyens mécaniques. Il réapparaît de manière paradoxale, au moment où les esclaves mécaniques et cybernétiques élaborés par le progrès technologique constituent à leur tour un palliatif de l'effort musculaire. Fasse l'évolution que dans quelques siècles elle ne confirme, dans les faits, l'aphorisme de Pascal[42] : «L'homme n'est qu'un roseau, le plus faible de la nature, mais c'est un roseau pensant».

1.2. LES SIGNES NON-VERBAUX DE LA COMMUNICATION SELON LES CULTURES

Il semble admis de façon générale que la communication — tant dans ses aspects verbaux que non-verbaux — n'a de sens qu'au sein des sociétés, des ethnies, des cultures où elle est produite et utilisée, chacune ayant la sienne en propre. Si cette idée a toujours été acceptée pour le verbal, c'est que la différence est manifeste et irréfutable car facile à constater.

Il en va tout autrement pour la partie non-verbale de la communication. Si l'on doit reconnaître à Darwin le génie d'avoir ouvert la voie dans ce domaine, on peut simultanément le lui reprocher...
Débroussaillant un territoire totalement inconnu, il a en même temps embrouillé les pistes. Pendant près d'un siècle, on a tenu pour acquis que les signes non-verbaux ne servaient qu'à exprimer les émotions, de manière innée et universelle, bloquant ainsi tout un pan de la recherche. Ce n'est que récemment que les études dérivées du courant anthropologiste ont permis de soulever un coin du voile qui masquait la réalité.

On peut dire que dans toute société humaine, même les plus «primitives», le corps a toujours été — et reste — soit le substrat, soit le moyen de communication d'informations de différentes natures. Pour illustrer on citera pêle-mêle, les tatouages, les scarifications, les peintures corporelles, le vêtement, l'uniforme, la hiérarchie, l'automobile, les signaux routiers, les enseignes commerciales, l'habitat, etc.[43]

En cela on rejoint la conception de Leach (1966) définissant le rituel[44] comme faisant partie d'un système de signalisation communiquant des informations «non par un quelconque lien causal direct entre la conception exprimée et la forme empruntée, mais par l'existence d'un code de communication défini par une culture».

1.2.1. L'ornementation corporelle et ses fonctions : esthétique, symbolique et sociale

Les «marques» corporelles remontent, semble-t-il, aussi loin que l'histoire des sociétés archaïques et la coutume des marques tribales. Le rôle essentiel de celles-ci est de signifier une appartenance à un groupe social. Ce signe distinctif marque également l'introduction des canons de la beauté au sein d'une culture, par la capacité de reproduire ou de modifier à volonté un aspect extérieur par opposition au monde animal qui n'a pas — sauf transformation cyclique saisonnière — cette possibilité. C'est aussi la marque de la subjectivité et de la différenciation de l'individu au cœur d'un ensemble. C'est enfin l'émergence de la créativité artistique. Ainsi l'homme manifeste son identité, en tant qu'élément constitutif d'une société, par des formes ornementales permanentes telles que scarifications, tatouages, voire même déformations du corps. Il a recours également à des formes ornementales non-permanentes qui permettent d'indiquer le statut social (qui peut changer) par l'utilisation du corps comme «vitrine publicitaire», c'est-à-dire le moyen de montrer sa richesse et de marquer son pouvoir. Par parenthèse, on peut noter que de telles pratiques ne constituent pas un privilège exclusif des sociétés dites primitives mais qu'elles sont également largement en usage dans les sociétés dites civilisées, même si elles sont d'apparences plus «raffinées» ou plus symboliques.

Les scarifications sont les modifications corporelles les plus communément répandues. Dans les sociétés tribales, l'enfance est nettement séparée de l'état d'adulte par une période où l'individu n'a pas de statut social — l'initiation — à l'issue de laquelle on fait sur le visage et sur le corps une série de scarifications, marquant ainsi aux yeux de tous, en même temps que la modification (physiologique et sociale) du corps, l'acquisition d'un statut définitif : celui d'adulte membre de la communauté.

Dans de nombreuses cultures, le corps est marqué de manière définitive, cela pouvant aller jusqu'à la transformation de la forme naturelle du corps, voire même la mutilation. La coutume de l'insertion de pièces de bois (plateaux) dans les lèvres est en vigueur chez certaines ethnies du Centre et de l'Ouest Africain, mais aussi chez certains Indiens du Brésil. Dans les Nouvelles-Hébrides, on déforme la tête des jeunes garçons en l'enserrant dans des bandeaux pour obtenir l'élongation du crâne. C'est un usage identique qui était utilisé par les Indiens d'Amérique de la Côte Ouest, car un front très haut était le signe d'une grande beauté. Les variations opérationnelles donnaient des formes de tête légèrement différentes permettant aux individus de s'identifier clairement. Les dents sont également l'objet de modifications selon les cultures. Chez les aborigènes australiens, on fait sauter toutes les dents lors de l'initiation avec une pièce de bois... Dans de nombreuses ethnies africaines, on lime les dents en pointe ; par contre à Bali, ces mêmes dents en pointe sont l'apanage de monstres, c'est pourquoi on doit se limer les dents afin de les avoir bien plates. Enfin rappelons la pratique chinoise qui consistait à déformer les pieds des femmes par application de ligatures et de bandelettes, provoquant un pied-bot creux qui, n'autorisant qu'un équilibre précaire au cours de la marche, transformait les femmes en «hirondelles volantes...». Ces pieds miniaturisés se voyaient chargés d'une grande valeur érotique. Montrer ses pieds à un homme était une audace inqualifiable que ne commettait pas même une prostituée...

Le tatouage constitue un message de même type que les scarifications mais d'un caractère plus élaboré, plus raffiné et en tant que tel est destiné aux dieux pour solliciter leur aide afin de triompher des mauvais esprits. C'est pourquoi leur caractère esthétique est plus marqué, plus personnalisé.

Chez les Maori, les tatouages faciaux, privilège des chefs, étaient si individualisés qu'ils les reproduisaient en guise de signature (Ebin, 1979). Dans d'autres ethnies de l'Océan Pacifique, les guerriers portaient des tatouages, localisés sur et sous les bras, destinés à renforcer l'effet optique des bras en mouvements constituant un message de menace ou d'agressivité. De même les tatouages sur la poitrine et les épaules soulignaient la musculature pour augmenter l'impression de force. Il convient de rapprocher cela des «artifices» dont la nature a doté un certain nombre d'insectes, coléoptères, papillons et petits animaux pour tenter de décourager leurs prédateurs... Cela a été traduit symboliquement par la décoration corporelle, qui donne à l'homme les armes nécessaires pour évoquer les puissances magiques de la nature sans lesquelles rien n'est possible. Dans les sociétés dites primitives, les signes extérieurs de la maturation physique étant insuffisants car variés, une des fonctions dévolues au corps est de permettre l'identification du statut social de l'individu, ainsi que sa position chronologique dans l'échelle des générations. La modification de ces signes est accompagnée d'actes rituels marquant l'évolution dans le cycle de la vie et dans le cycle social.

On notera que dans les sociétés dites civilisées, si le corps n'est plus le seul vecteur utilisé, le processus de «marquage» reste identique. Les cérémonies religieuses ou familiales rythmant le cycle de la vie et la possession d'attributs[45] définissant l'évolution dans le cycle social.

La fonction principale des ornementations corporelles est de signaler clairement l'homme comme être social différent des hommes d'autres groupes sociaux — indiquant ainsi son appartenance à un certain groupe — et également différent des animaux sociaux. Les modifications possibles de décoration, ainsi que l'auto-ornementation marquent essentiellement la différenciation d'avec l'animal.

Les Bafia du Cameroun disent que sans leurs scarifications ils ne se distingueraient pas des chimpanzés. Au Soudan, les Nouba prétendent que s'ils ne se rasaient pas entièrement le corps, on ne pourrait pas les distinguer, puisqu'il fut un temps où le langage était commun aux hommes et aux singes (Faris, 1972). (Remarquons en passant combien ces Africains auraient comblé d'aise Charles Darwin...).

Tout ce qui sert à se distinguer de l'animal est utilisé à cette fin : le visage, les mains et les pieds sont le plus fréquemment l'objet de ces marques sociales. Ces modifications répondent à une double signification : appartenance comme membre à part entière de la communauté et conformité à ses normes esthétiques, normes que l'on retrouve parfois dans des ethnies très différentes. C'est ainsi que les jeunes femmes Masaï — comme les jeunes Birmanes de Padaung — portent des colliers composés d'anneaux de cuivre superposés, ajoutés peu à peu pour leur allonger le cou. (Remarquons encore combien elles auraient déplu à Monsieur Lamarck puisque ces modifications ne se transmettent pas génétiquement...). Les ornementations corporelles non-permanentes sont, en général, réservées à des stades de l'évolution, donc sujets à transformation.

Chez les Nouba, les jeunes hommes se reconnaissent à l'ocre rouge utilisé, alors que les hommes d'âge moyen usent du noir de fumée, et que les plus âgés cessent de se peindre et portent des vêtements. Chez les Papous ou les Indiens d'Amérique du Nord, la décoration pourrait indiquer une circonstance particulière. C'est le cas des peintures de guerre qui constituent des messages destinés à signifier et marquer la force, l'agressivité et la férocité. En outre les incantations, les cris, les hurlements et le rassemblement des individus sont autant d'éléments destinés à effrayer l'adversaire par la puissance irrésistible qu'ils représentent.

D'autre part, compte tenu des impératifs de «signalisation» déjà évoqués, dans ces sociétés où l'ensemble des conditions de vie sont pratiquement identiques pour tous, l'ornementation corporelle est à peu près le seul moyen dont dispose l'individu pour indiquer son «droit à la différence» et souligner son attrait ou sa force physique. Ce «maquillage» relève des mêmes critères esthétiques que celui pratiqué dans les sociétés dites évoluées. La décoration a pour objet de corriger ce qui peut être considéré comme esthétiquement critiquable. On agrandit des yeux jugés trop petits par des cercles blancs, les contours du visage sont soulignés, etc. La peinture corporelle comportant des motifs blancs évoque, en outre, la puissance des forces magiques de la nature. La couleur blanche représente symboliquement la puissance des dieux. S'en décorer confère donc la force de lutter contre le mal et éloigne les mauvais esprits. C'est une des raisons pour laquelle les sorciers africains utilisent dans leurs rites la cendre de bois.

Dans nos sociétés dites avancées, la couleur blanche possède également une très forte connotation symbolique : celle de l'absence, que l'on retrouve dans un certain nombre de locutions verbales : voix blanche (absence de timbre), nuit blanche (absence de sommeil), mariage blanc (absence de relation sexuelle), arme blanche (absence de bruit), page blanche (absence d'écriture ou de dessin), blanc dans un texte (absence d'un ou plusieurs mots), Pierrot blanc ou mime blanc (absence d'identité), etc.

On pourrait multiplier ainsi les exemples de marquages corporels à travers les cultures mais notre propos, répétons-le, ne vise pas l'exhaustivité mais l'exemplification qui permet de comprendre que tous les «signes corporels» non-verbaux n'ont d'autre objet que la transmission d'informations, donc la communication. Ainsi telle forme de pied ou de tête signifie : j'appartiens à telle société, à telle culture; telle scarification, je suis adulte; telle autre, je suis l'aîné de la famille; telle autre (pour les filles) : je suis pubère, ou encore : je suis mariée, ou bien : je suis mère de famille.

Par contre, l'état de veuvage s'indique par des peintures corporelles (donc provisoires) puisque c'est un statut sujet à modification.

La culture musulmane présente une particularité singulière dans le domaine de l'ornementation corporelle. Si les parties du corps en contact avec le monde extérieur (visage, mains et pieds) sont utilisées pour être décorées, la représentation du corps — par contre — ne doit pas faire l'objet d'un motif de décoration. Les systèmes de marquages corporels sont porteurs de significations selon des critères analogues à ceux déjà cités : non permanents pour des situations provisoires, tels que dessins au henné sur les mains ou les pieds à l'occasion de fiançailles ou de mariage ; permanents dans le cas de tatouages sur le visage — utilisés à des fins esthétiques et comme moyen de protection magique contre les mauvais esprits.

Dans d'autres cultures, le «maquillage» a une valeur plus hautement conventionnelle, donc significative. Ainsi dans l'ouest de l'Inde, le Khatakali — ou danse rituelle — est directement issu de pratiques sacrées.

Le visage des danseurs est décoré avec une extrême minutie. Une séance de peinture faciale et d'élaboration de masque dure le plus souvent de quatre à cinq heures pendant lesquelles l'acteur allongé sur le dos médite sur le personnage qu'il doit incarner ou — parfois — dort... Ces décorations et ces masques obéissent à une valeur de signification.

Un personnage dont la couleur dominante du visage est le vert incarne un thème bénéfique. C'est la raison pour laquelle la pièce où l'on maquille les acteurs est de couleur verte. De la même manière, un maquillage facial à base de vert et de rouge indique un caractère arrogant et agressif; une barbe rouge signifie un esprit vil et vicieux; la barbe blanche est l'apanage d'un personnage mythologique, alors qu'une barbe noire accompagne un homme primitif ou les génies de la forêt. Pour rendre les yeux très rouges — donc expressifs — on utilise des sucs de plantes. Enfin les personnages ainsi évoqués, symbolisant défauts et qualités, sont intemporels et universels.

1.3. LES SYSTEMES CULTURELS NON-VERBAUX SUBSTITUTIFS DU LANGAGE

1.3.1. Le Khatakali

Le khatakali dont on vient de parler possède, en outre, un caractère spécifique extrêmement intéressant : il constitue à lui seul une approche systémique des moyens non-verbaux substitutifs du langage, utilisant le corps comme unique vecteur de messages. On a vu que dans de nombreuses cultures les marques corporelles sont signifiantes, donc constituent un message. Ce message est de type holophrastique (c'est-à-dire dont la phrase ne consiste qu'en un seul mot — en l'occurrence en un seul signe) et le khatakali utilise également ce type de code. Cependant il a la particularité d'y avoir ajouté et associé — au fil du temps vraisemblablement — d'autres signes dont la combinaison d'ensemble constitue un véritable langage de signes ainsi qu'on tentera de le faire comprendre.

Autre spécificité, le corps n'est plus utilisé comme panneau d'affichage statique ; d'une part, le déplacement dans l'espace et les postures corporelles, d'autre part, les mouvements de tout élément du corps susceptible de motricité, vont constituer par leurs différentes combinaisons un système complexe de signes qui, par son extrême infinité de possibilités, va produire du sens avec une variété et une richesse de nuances dont on croit trop souvent qu'elles ne puissent appartenir qu'au verbal.

Très fréquemment on considère le khatakali comme une danse, réplique culturelle hindoue de la chorégraphie occidentale. Il est évident que sous cet aspect l'entraînement physique auquel sont astreints les représentants de chacune de ces deux disciplines présente bien des points communs, quoiqu'il soit beaucoup plus sévère pour les Hindous. Mais la différence essentielle réside dans le fait que la chorégraphie occidentale a une vocation essentiellement esthétique (visuelle) dont le code n'est accessible qu'à quelques initiés alors que le khatakali — qui incarne les mythes traditionnels de l'Inde — raconte une histoire compréhensible par tous, dans les moindres détails, bien que la parole en soit totalement bannie. C'est pourquoi il ne s'agit pas d'un simple spectacle faisant appel au sens de l'esthétique et de l'émotion.

Cette forme de danse correspond essentiellement à ce qu'elle était pour les Grecs à l'époque platonicienne : « la représentation, au moyen de gestes, de choses à dire »[46]. Le khatakali constitue un système de signes tout à fait singulier qu'on ne peut comparer avec d'autres systèmes de signes gestuels en raison de son caractère très particulier.

Il utilise outre la gestuelle, les mouvements de chaque partie du corps — orteils, pieds, jambes, visage, cou, menton, yeux, cils, sourcils — ainsi que les variations posturales, l'appropriation et l'utilisation de l'espace, liés à la vitesse d'exécution. Il est donc facile d'imaginer et de comprendre que les différents « éléments » du corps — par leur combinatoire pratiquement illimitée — peuvent produire des signaux, dont les signes simultanés ou non sont corrélés les uns aux autres. C'est donc la combinatoire qui confère un sens à ce « langage » capable de raconter n'importe quelle histoire. On n'entrera pas dans une étude fonctionnelle complète — qui serait ici sans objet — on se bornera à fournir quelques exemples de combinaisons possibles[47].

Les gestes des mains peuvent produire dans neuf amplitudes différentes les vingt-cinq mouvements d'une main et les trente-cinq des deux mains, auxquels il convient d'associer vingt-quatre mouvements combinés de façon asymétrique... On ajoutera à cela, pour ce qui concerne les pieds, neuf positions sur le sol additionnées aux cinq positions au-dessus du sol, le tout, évidemment, à la puissance deux. Sans être exhaustif pour autant, il ne faut pas oublier de citer les phases de contrôle de positions de la voûte plantaire, des orteils et des chevilles.

La même variété existe pour les mouvements des jambes et les battements rythmiques, en contact ou non avec le sol. Mentionnons encore, selon le même système de combinaisons, les mouvements du ventre, du torse et des épaules, ainsi que leurs présentations de face ou de côté... N'oublions pas pour autant les vingt positions de la tête et du cou, chacune combinée avec des moyens d'expression différents où on peut noter huit positions pour les paupières, sept pour les sourcils, cinquante-deux pour les yeux, treize pour la bouche, six pour... le nez et six pour le menton...

Ainsi qu'on peut le subodorer, la combinatoire quasi infinie, ne serait-ce que pour l'expression faciale, est capable de (re)produire la totalité de la gamme des émotions humaines jusqu'à la nuance la plus ténue de la plus grande subtilité.

Il est troublant de constater à quel point l'analyse de ce « langage non-verbal » vieux de quatre siècles, correspond à la grille de lecture du comportement non-verbal adoptée par la majorité des chercheurs utilisant ce concept[48]. D'autre part, on concevra aisément que l'art du «danseur-narrateur» de khatakali ne laisse aucune place à l'improvisation ni à la fantaisie, mais qu'il requiert une technique et une maîtrise corporelles et musculaires frôlant la perfection, nécessitant un entraînement et une pratique bien au-delà de l'entendement occidental. Enfin, le khatakali étant un «langage non-verbal» compréhensible par tous les individus de la même culture[49], il faut cependant admettre que seule une minorité d'individus est en mesure de le produire...

1.3.2. Le langage des sourds-muets

Tout autre est la problématique des sourds-muets, la production de messages étant non seulement culturelle mais surtout fonctionnelle, moyen de transmission d'informations et de messages donc de communication. La différence essentielle, par rapport au khatakali, porte sur la fonction communicative — au sens étymologique — c'est-à-dire d'échanges interactifs entre participants, possibilités jusqu'ici absentes de tous les aspects de la communication non-verbale déjà évoqués. On a trop souvent tendance à assimiler message à communication. Si un message verbal est destiné généralement à produire du sens, cela n'implique nullement qu'il soit obligatoirement perçu, et pas davantage qu'il ne s'insère dans un système de rétroaction. Rien de tel n'est possible avec le langage des sourds-muets. S'il est admis que dans l'univers des «entendants» on peut écouter sans entendre — caractéristique de l'inattention, difficilement décelable — cela s'avère totalement impossible chez les sourds-muets, puisque la communication passe *obligatoirement* par le regard. Pour qu'une situation potentiellement communicative puisse exister, un certain nombre de contraintes sont nécessaires :

* une relation de face à face avec proximité physique ;

* un contact oculaire réciproque ;

* la possibilité de voir et de percevoir l'ensemble des mouvements «communicateurs».

Une première remarque concerne la dénomination de ce type de communication. On la mentionne habituellement sous le terme générique de langage des sourds — la mutité étant la conséquence de la surdité totale — mais cette globalisation comporte néanmoins l'obligation d'y discerner deux grandes catégories de systèmes qu'il convient de spécifier :

* la première — utilisée par les sujets atteints de surdité totale — fait appel exclusivement aux gestes pour communiquer :

– la Dactylologie. C'est l'alphabet manuel tel qu'il a été conçu par l'abbé de L'Epée. A chaque lettre de l'alphabet correspond une configuration des doigts de la main ;

– la Langue des Signes Français (L.S.F.) appelée également Langage Gestuel des Sourds (L.G.S.). C'est le langage gestuel des sourds le plus fréquemment utilisé par la communauté des non-entendants, avec parfois certaines différences sur lesquelles on reviendra.

* La seconde — pratiquée par les sujets frappés de surdité partielle — utilise le geste conjointement à la phonation du langage :

– le Langage Parlé Complété (L.P.C.). C'est l'adaptation française du Cued-Speech américain. C'est un système apportant un complément gestuel à la lecture labiale, — qui permet de lever les ambiguïtés dues à l'homophonie ou à l'insuffisance d'articulation — rendant ainsi le message parlé entièrement intelligible. Un certain nombre de mots du langage parlé s'articulent identiquement (exemple : main, pin ; maint, pain). Afin de les différencier, huit configurations des doigts précisent les consonnes tandis que cinq positions de la main par rapport au visage indiquent les voyelles ;

– l'AKA, dérivé du Cued-Speech, fonctionne selon le même principe de complémentarité du verbal. Toutefois il comporte une différence importante. Le geste accompagnant la parole devient un mouvement continu — et non une série de positions successives — de la même manière que les phonèmes sont associés pour former des unités lexicales. Ainsi, au plan pédagogique, la mémorisation du geste devient-elle inductrice de la parole.

On sait que dans le langage parlé la relation signifié (concept)/signifiant (image sonore) est arbitraire, c'est-à-dire qu'il n'existe aucun rapport logique entre eux.

Le langage gestuel des sourds, au contraire, présente des rapports à l'objet par le recours à des procédés de figuration reposant sur l'analogie, l'imitation, l'association, la désignation. Il s'agit donc d'un langage conceptuel, les signes ne se référant pas à des mots mais à des signifiés. Cela étant, on parle souvent — à tort — du langage gestuel comme d'un système figuratif, métaphorique, narratif et illustratif. Il n'est pas que cela ; car si tel était le cas, quiconque serait capable de saisir la signification d'un message en langage gestuel. Ceux qui ont assisté à une «conversation» entre sourds savent qu'il n'en est rien ; il est aussi difficile d'apprendre une langue des signes qu'une langue parlée étrangère.

Par ailleurs, le langage gestuel n'est pas «l'Espéranto des sourds»... Il ne s'agit pas d'un langage universel car les signes varient non seulement d'un pays à l'autre, mais d'une région à l'autre et un interprète est parfois nécessaire d'une langue des signes à une autre ; c'est pourquoi il convient de parler de langues gestuelles de signes. Elles ne sont jamais des traductions de la langue parlée nationale : ce sont des langages autonomes.

Il existe un alphabet manuel américain qui, bien qu'étant historiquement de filiation française, n'a presque plus de signes communs avec ses origines. Langages gestuels français et américain, malgré certaines analogies, sont mutuellement incompréhensibles en raison de leurs différences de morphologie et de syntaxe.

Pour ce qui concerne le langage des sourds américain (American Sign Language ou Ameslan ou encore A.S.L.), lors de plusieurs expériences[50], il a été démontré que les signes utilisés pouvaient être soit transparent (interprétation correcte) soit opaque (interprétation fausse) pour des sujets non initiés à la langue des sourds. Lorsqu'un signe présente un aspect figuratif, son sens n'est pas limité à ce seul aspect, le contexte communicatif pouvant lui conférer une autre signification. En outre, des signes qui semblent figuratifs présentés isolément deviennent difficiles à localiser et à identifier lorsqu'ils sont présentés dans leur contexte langagier, non à cause de la rapidité de présentation mais de la globalisation due à l'enchaînement des signes lors du message.

Certains observateurs persistent cependant à ne vouloir voir dans les signes gestuels des langages de signes que des mimiques ou des pantomimes, or les signes se réalisent selon des règles de formation bien précises.

Le geste se situe au niveau des mains seulement et ne se déroule que dans un plan de l'espace limité, la disposition des mains et leurs mouvements étant bien définis.

Les pantomimes sont réalistes en temps, durée, amplitude, direction du mouvement et font participer tout le corps.

Dans la réalisation des signes, au contraire, toutes les dimensions sont altérées, condensées, raccourcies, codées. Enfin une différence essentielle porte sur le regard. Dans la pantomime il accompagne le mouvement, alors que dans la langue des signes il est porté constamment sur l'interlocuteur.

1.3.3. Mime, mimique, pantomime et mimétisme

On rappellera qu'une ambiguïté — provoquée le plus souvent par une dérive sémantique due à une utilisation fautive — apparaît fréquemment dans l'emploi de termes tels que : mime ou mimique, pantomime ou mimétisme. On se souvient que :

– le mime consiste à rendre visible l'invisible ; à rendre présent l'ineffable, l'indicible alors que la mimique est la représentation par le geste ou par l'expression du visage d'une idée, d'un sentiment...

– la pantomime, à l'origine, était donnée par un acteur qui ne parle pas mais joue tous les rôles du spectacle à l'aide d'attitudes corporelles et de cinq masques différents (pento-mimes) tandis que le mimétisme — chez l'homme — suppose deux éléments : un modèle et une copie (imitation de son comportement, de ses manières, de son langage, de ses habitudes...). Parfois même à l'insu de l'un des deux, la copie pouvant être volontaire ou involontaire. L'objet peut en être soit le corps (gestes et comportement) soit l'esprit (idées, paroles...).

Le modèle est fourni le plus souvent par les vedettes du spectacle ou de la politique.

Historiquement, il semble que les mimes de la Grèce antique possédaient leur art sur le bout des doigts[51] puisque Eschyle s'est vu reprocher d'avoir mis en scène les mimiques effrayantes des esprits malfaisants, lesquelles provoquèrent lors de la première représentation plusieurs avortements chez des spectatrices... (Lorelle, 1974).

Tite-Live rapporte que Livius Andronicus, — acteur de grande renommée — tellement bissé par les spectateurs lors d'une représentation, fut soudain frappé d'aphonie et qu'il eut l'idée de placer devant les musiciens un jeune esclave qui parlait et chantait pour lui, lui permettant de consacrer son talent à s'exprimer avec les diverses parties de son corps. A défaut d'être l'inventeur du mime, qui existait déjà trois siècles auparavant, on peut lui accorder d'être le précurseur du «play-back»...

L'interdiction de parler qui est faite aux mimes va restituer au geste sa primauté. Ce n'est qu'au XIIIe siècle que l'Eglise, craignant d'être débordée par l'engouement populaire pour ces spectacles, se décide à le «récupérer» à son profit en créant un théâtre d'inspiration chrétienne : le drame liturgique. D'autre part, l'importance accordée à la gestuelle dans l'art roman, ainsi que dans la gravure allemande de la fin du Moyen Age, plaide également pour une récupération de la communication gestuelle par l'image sacrée.

On notera que toutes ces représentations sont totalement culturelles ; j'ai pu constater que la projection d'un film de Charlie Chaplin dans des pays d'Afrique noire déclenchait moins de rires que la vision d'Européens en files d'attente devant un magasin ou un cinéma...

1.3.4. Les systèmes inter-espèces

Dans le cadre de l'utilisation de moyens non- verbaux substitutifs du langage — à visée communicative — les travaux effectués par plusieurs équipes de chercheurs américains sont intéressants à plus d'un titre. L'observation de la capacité des chimpanzés à imiter les gestes donna à une première équipe l'idée d'utiliser cette possibilité pour leur apprendre l'A.S.L. afin de tenter de communiquer avec eux[52]. Dans cette première expérience, on «utilisa» un chimpanzé femelle de dix mois, appelée Washoe, en lui faisant vivre une situation d'apprentissage comparable à celle d'un enfant de même âge dont les parents ne communiqueraient qu'en A.S.L., l'intérêt étant centré sur l'analyse des similitudes et des différences d'évolution des mécanismes cognitifs entre enfant et chimpanzé. Cette expérience commencée en 1966 se poursuivit jusqu'en 1975 et durant ce temps, Washoe put acquérir un «bagage» de 132 signes. Mais les enjeux philosophiques, religieux et culturels d'une telle démarche ne pouvaient manquer de soulever une tempête de critiques, dont certaines méthodologiquement fondées. Une seconde équipe[53], pour obvier à celles-ci — et particulièrement celles concernant l'exécution partielle ou incomplète des signes que les expérimentateurs auraient «interprétés» comme exacts — créa un nouveau système de signes, arbitraires, constitué de morceaux de plastique de couleurs et de formes variées, dotés de pastilles magnétiques, que l'on pouvaient disposer sur un tableau métallique.

Cette expérimentation — qui avait pour but de mettre à jour le fonctionnement cognitif des primates — commença en 1969 avec un autre chimpanzé femelle dénommée Sarah. Celle-ci, utilisant ce nouveau système de signes, devint capable de répondre à des phrases interrogatives, de manier les concepts de classe, de quantification, les notions numériques — telles que un ou plusieurs, tous ou aucun — et la relation logique si/alors.

Néanmoins, les critiques ne manquèrent pas de se manifester à nouveau, eu égard à l'absence de «preuves» concernant la qualité des productions linguistiques, en particulier celle de la syntaxe[54].

Afin de pallier les erreurs méthodologiques reprochées aux précédentes, une troisième équipe — des chercheurs de l'Université de

Yerkes[55] — mit au point un système de communication informatisé très élaboré, doté d'une syntaxe très stricte, composé de signes formés par la combinatoire de neuf figures géométriques simples (lexigrammes).

Ces signes s'utilisent selon un principe similaire aux idéogrammes de la langue chinoise : chacun représente un concept, non un mot. A l'aide de ce nouveau système de signes, Lana — autre chimpanzé femelle — montra une réelle aptitude à la communication non verbale linguistique en enchaînant correctement les lexigrammes en phrases exemptes d'erreurs et se révélant même capable de prendre l'initiative de la «conversation». D'autres expériences se poursuivent actuellement, en particulier pour déterminer si des chimpanzés dotés de ce moyen de communication sont capables de transmettre — spontanément — ce langage acquis à leurs congénères «défavorisés», sans intervention humaine.

Dans une communication à l'assemblée de l'Association Américaine pour le Développement de la Science (1985), Fouts[56] a apporté une réponse à cette question. Il a précisé qu'après avoir racheté Washoe aux Gardner, il lui a confié un bébé chimpanzé orphelin (Loulis), et que depuis cinq ans, elle lui a enseigné *spontanément* l'A.S.L.

On notera avec intérêt que les premiers signes enseignés[57] ont été «venir» et «manger», ce que l'on ne peut s'empêcher de rapprocher d'une préoccupation identique des mères de famille.

A présent, Loulis sait utiliser spontanément et correctement 55 expressions et les combiner en séquences de deux ou trois.

On retiendra de cette expérimentation que les chimpanzés sont capables de se transmettre — d'une génération à l'autre — des connaissances acquises d'une espèce différente, dans un système de communication autre que celui qui leur est propre. En outre, au grand dam des défenseurs convaincus d'une réponse imitative ou conditionnée, c'est de manière autonome qu'ils utilisent entre eux ce langage humain, sans attendre de récompense ni de renforcement.

Au Japon, Matsuzawa (1985)[58] apprend à compter à un chimpanzé femelle... Gageons que tout cela risque de donner du fil à retordre à bien des «innéistes» et, de bousculer quelques concepts philosophico-religieux...

1.3.5. Les systèmes de télé-communication

Dans le cadre des systèmes non-verbaux substitutifs du langage, on fera également référence aux systèmes de communication à distance qui ont de tous temps posé un problème, résolu au mieux des moyens disponibles : messagers, cavaliers, pigeons voyageurs, etc.

Le système le plus longtemps en usage reste les signaux par feux ; de nuit pour leur clarté, de jour pour leur fumée. Les Carthaginois possédaient un système de télécommunication basé non seulement sur les feux mais sur des signaux optiques[59], système qui fut repris par les Romains. Un corps de «signaleurs» fut même créé dont l'organisation s'étendit à tout l'empire. Ainsi le nombre de ces signaleurs permettait de transmettre des messages qui, partant de Rome, traversaient l'Italie, gagnaient la Gaule ou l'Espagne, ou se dirigeaient vers les régions danubiennes. Les Gaulois, quant à eux, s'avertissaient de loin en loin par de simples cris...

La communication à distance a toujours joué, de tous temps, un rôle social déterminant quelle que soit la culture considérée.

Les systèmes de signes utilisés par les Indiens d'Amérique du Nord, étaient d'espèces différentes[60] : signes de corps (peintures) ; signes gestuels ; signes de fumées où la dimension des volutes, de l'espace qui les sépare ainsi que la couleur constituent un système qui diffère du code Morse ; signes d'identification (flèches, tepee) ; signes de couvertures (messages différents selon le drapé sur les épaules) et enfin signes de piste.

Par ailleurs, la «langue gestuelle» qu'ils utilisaient est un langage vieux de quatre cents ans[61]. Il se compose de 800 à 1.000 signes qui «par leurs juxtapositions et enchaînements, parviennent avec une grande clarté et une grande poésie, à communiquer la réalité d'un monde qui a existé jusque vers 1820.» Si l'on considère qu'il se parlait chez les Indiens, au XVIIIe siècle, quelque trois cents dialectes différents, on conçoit l'utilité sociale d'un tel langage gestuel lors de relations inter-tribales.

On citera un dernier exemple : le tam-tam africain. Contrairement à une idée reçue, il importe de distinguer tambour et tam-tam car le premier est constitué d'une membrane vibrante tendue sur une caisse de résonance alors que le second produit sa sonorité par les vibrations du corps de l'instrument lui-même. Enfin, différence importante, le tambour est utilisé pour rythmer la danse, pas le tam-tam.

Celui-ci, en bois monobloc, est constitué d'un tronc d'arbre évidé par une fente pratiquée longitudinalement. Les bords de cette fente sont frappés — avec des mailloches ou des mains — de manière à produire deux sons de tonalité distante d'une tierce environ. A la base de ce système de télécommunication non-verbal typique de l'Afrique noire, on trouve une particularité des langues négro-africaines qui sont des langues tonales.

A la différence du système Morse, les transmetteurs africains n'utilisent pas de code alphabétique mais reproduisent — à partir des deux sons de base de leur instrument — la structure tonale des phrases. Par structure tonale, il faut entendre non seulement les tons syllabiques mais également la longueur des syllabes, des groupes consonantiques et vocaliques éventuellement, le statut phonatoire de la voyelle, la segmentation des énoncés, etc.

Le transmetteur reproduit tous ces signes sur le tam-tam en jouant sur le timbre et la dynamique de l'instrument, chacun ayant sa spécificité.

Un tel système entraîne obligatoirement des cas d'homophonie. C'est pourquoi la création de périphrases est obligatoire et malgré la cadence de «frappe» — de quatre à six coups/seconde — cette nécessité allonge considérablement le message ; le temps de transmission moyen est de l'ordre de vingt à trente minutes, cependant que le rayon de réception — si le message n'est pas relayé par un autre batteur — peut atteindre dix kilomètres.

Ainsi quelles que soient les cultures considérées et les représentations auxquelles elles font appel dans la pratique de la communication, on constate qu'il existe un rapport de force verbal/non-verbal.

Vu sous cet angle il est tentant — et a priori licite — d'en approcher la psychologie sous l'angle le plus immédiatement perceptible : celui du corps comme champ d'application sociale de ce rapport de force, c'est-à-dire le comportement.

NOTES

[1] Au sens figuré. Bien que cela aille sans dire, il vaut mieux néanmoins le dire, prétendait Talleyrand...
[2] Opération qui consiste à remplacer les lettre de l'alphabet utilisé dans une langue par celles d'un autre alphabet. Exemple : ὁμόλογοσ = homologos
[3] On veut signifier ici à la fois l'activité sémantique et l'activité d'imagerie.

[4] C'est ainsi, par exemple, que le corps objet de soins et d'honneurs chez les Romains, est abaissé et mortifié par le christianisme.
[5] L'égalité de sexes, on le voit, n'est pas une notion nouvelle...
[6] HIPPOCRATE, Traité *Du Régime*.
[7] On notera à quel point il est malaisé de cerner le concept d'éducation. Ainsi le mot lui-même induit le plus souvent la notion d'acquisition de connaissances; si l'on veut parler du corps, il y faudra adjoindre le qualificatif : physique. De même si l'on veut faire référence aux pratiques sociales, il faut y accoler un article partitif : de l'éducation...
[8] SENEQUE, *De la tranquillité de l'âme*.
[9] Paroles de l'*Ecclésiaste* (I,a) : vanité des vanités, tout est vanité...
[10] Sans vouloir minimiser ni dénaturer la démarche de saint Augustin, notons qu'elle pourrait trouver son origine dans sa condition de fils né d'un père païen et d'une mère chrétienne.
[11] Le Sidharta Gautama MOUNI, auteur des *Quatre nobles vérités*.
[12] *Traité de la doctrine secrète*.
[13] On retrouve ce phénomène en Occident et bien plus tard, avec les moines gyrovaques (cf. girouette) qui erraient de province en province et vivaient d'aumônes.
[14] Il fallait oser l'écrire...
[15] Il s'agit d'un usage incorrect puisqu'en réalité ce vocable désigne la philosophie d'une secte indienne qui ne portait pas de vêtement, s'abstenait de viande et menait une vie contemplative. La confusion semble provenir du radical commun gymnos — nu — qui caractérisait l'absence de vêtement des pratiquants des deux disciplines.
[16] On aurait tort de penser que l'ascèse soit exclusivement et typiquement hindoue. Le mot lui-même vient du grec *Askésis* : exercice. Ainsi l'ascèse pythagoricienne comportait l'abstinence et l'examen de conscience quotidien et — à part la pratique physique — était très voisine des méthodes de l'Inde.
[17] Arracher l'homme à sa souffrance, née de l'ignorance et du désir, par une sorte de renoncement à soi-même.
[18] Réincarnation sans fin.
[19] Littéralement : extinction.
[20] Le monde comme volonté et représentation (1818).
[21] En sanskrit, littéralement : jonction.
[22] Bhagavad Gîta : chant 6, versets 16,17.
[23] Le Hatha yoga, basé sur la maîtrise de la respiration.
Le Dhyana yoga, basé sur la méditation.
Le Laya yoga, basé sur l'écoute du «bruit intérieur», subdivisé en quatre branches : Bhakti yoga, Shakti yoga, Mantra yoga et Yantra yoga.
Le Raja yoga, basé sur la maîtrise de la concentration, également divisé en quatre branches : Jnana yoga, Karma yoga, Kundalini yoga et Samadhi yoga.
[24] Ceci est symbolisé par la représentation classique de la danse de CIVA qui foule au pied un nain difforme. L'affirmation de la vie passant nécessairement par la maîtrise des forces mauvaises — physiques et psychiques — que nous recelons (le nain), c'est donc un devoir de maintenir son corps en bonne santé.
[25] Voir notes.
[26] Dont l'intégralité est «Orandum est ut sit mens sana in corpore sano», (Satire X).
[27] Ce qui n'est pas toujours aisé, reconnaissons-le, d'autant qu'elles sont verticales...
[28] TAO TÖ KING, chapitre 33.
[29] Quiétude absolue de l'âme.
[30] L'appropriation de la pensée n'a pas toujours fonctionné à sens unique. La macrobiotique, dont on attribue trop souvent la paternité au japonais Oshawa, revient en réalité à Christoph-Wilhelm Hufeland (1827), auteur de *Makrobiotik*, lui-même largement inspiré du taoïsme... Notons également que macrobiotique ne signifie pas nourriture à

base de céréales, mais au contraire régime alimentaire équilibré en céréales, poissons, œufs, légumes et lait, à l'exclusion de viande.

[31] La vie est si brève et la recherche de l'immortalité si longue...

[32] On constate que la médecine hippocratique possédait des connaissances physiologiques plus développées que la médecine chinoise car cette dernière ne pratique pas la dissection, contraire à l'éthique taoïste et confucéenne du corps : «Un fils doit rendre entier à la terre ce que ses parents lui ont donné entier et ne pas les déshonorer en laissant endommager son corps.» CONFUCIUS, livre Ier, ch. VIII.

[33] Depuis, il s'est même étendu au monde entier, puisque se jouant avec une batte ou une raquette et un esteuf (balle) ; il est l'ancêtre du tennis, du base-ball et du cricket.

[34] Marquant ainsi la rupture avec les pratiques, les idées et les concepts du Moyen Age.

[35] MERCURIALIS, De arte gymnastica.

[36] Par le chemin de l'oreille...

[37] RABELAIS, La vie très horrificque du grand Gargantua, ch. VI.

[38] Dont le critère principal est l'évidence...

[39] On retrouve ici le concept hippocratique de base : «Primum non nocere», d'abord ne pas nuire.

[40] Aujourd'hui...

[41] Ecrivain promoteur de la «résistance» allemande à la domination napoléonienne, ardent propagandiste de la culture «physique» à visée patriotique.

[42] Pensées, ch. VI.

[43] Ainsi qu'on le verra au chapitre II.

[44] On entend par rituel ce qui est habituel et coutumier.

[45] Sur lesquels on reviendra dans le chapitre II.

[46] PLATON, Les Lois.

[47] Pandeya Gayanacharia (1943) ; La Meri (1964).

[48] Cf. chapitre IV.

[49] A condition d'être hindouiste, bien entendu.

[50] Cf. Bellugi, Klima (1975) ; Klima (1975) ; Bellugi, Klima (1976) ; Klima, Bellugi (1979).

[51] C'est le cas de le dire...

[52] Cf. Gardner, A.R. et Gardner, B.T. (1969, 1971, 1975).

[53] Cf. Premack, D. et Premack, A.J. (1974, 1976).

[54] Cf. Terrace, H. (1979).

[55] Cf. Rumbaugh, D.M. (1977).

[56] Cf. Fouts, R. (1974, 1980).

[57] Washoe prenait l'une des «mains» de Loulis et conformait ses doigts au signe à apprendre en exécutant simultanément l'action désignée ; l'ensemble étant répété jusqu'à reproduction correcte, en forme et en situation, par «l'élève».

[58] Nature. 315, mai 1985, p. 57.

[59] Repris et adapté sous la Révolution par Chappe, dont le système était composé d'un châssis mobile, garni de persiennes mobiles à deux faces — blanche ou noire. L'ensemble placé en des points élevés (tours, clochers...) permettait grâce à la combinatoire de ses éléments mobiles de transmettre, selon un code, 8.464 mots usuels.

[60] Cf. Camus (1973).

[61] Cf. Tomkins (1969) ; Cannarozzi (1982).

Chapitre II
Sémiologie du corps comme comportement non-verbal

La sémiologie étant l'étude des signes et des systèmes de signes au sein de la vie sociale, il apparaît qu'abordée sous cet angle l'étude des représentations[1] du corps s'inscrive comme approche culturelle, historique et sociale de la notion de comportement non-verbal, défini très schématiquement comme mode d'expression de pensées, de sentiments en dehors de tout langage verbal[2].

L'étude des représentations du corps au cours de l'histoire, considérées comme traces du comportement non- verbal, et selon les cultures, fournit des indications intéressantes. On en considérera donc les différentes manifestations, à travers leurs rapports et leurs relations. On reprendra brièvement pour aborder les représentations du corps, la même approche historique que dans le chapitre précédent.

2.1. CORPS ET REPRESENTATIONS DU CORPS

La représentation du corps en tant que trace de vie semble être aussi ancienne que l'humanité elle-même. Les peintures rupestres en font foi. Leurs interprétations constituent une autre dimension du problème, qui a donné lieu à de nombreuses hypothèses. Pour ce qui nous concerne — tenant compte de la datation incertaine[3] de ces premiers graphismes ainsi que de celle, non moins incertaine, de la première manifestation du langage parlé — on y voit moins le souci pictural que le message pictographique ; c'est-à-dire le désir (ou le besoin) de représenter le cheminement des prémices d'une pensée sociale par des images figuratives de l'environnement (animaux) et d'actions collectives (scènes de chasse). Ainsi l'auteur — ou les auteurs, car rien ne prouve qu'il ne s'agisse pas d'œuvres collectives — porterait-il témoignage du premier comportement non-verbal, tel que défini précédemment.

Cette notion de « message pictographique » est tout à fait compatible avec celle de « mythogramme » de Leroi-Gourhan, pour qui les dessins ne sont pas lisibles comme une histoire. On rappellera que la mythographie est un système dans lequel la notation graphique ne se réfère pas au langage verbal mais forme une relation symbolique indépendante servant de support mnémotechnique à un contexte oral irrémédiablement perdu [4]. On constatera que ce type de définition pourrait tout à fait s'appliquer à la totalité de l'œuvre peint ou sculpté par les artistes de tous les temps, ce qui réfute et infirme l'idée — trop longtemps répandue — que la peinture est un langage. Elle serait, au mieux, un moyen d'expression, un moyen de communiquer une sensation ou un message, si l'on considère qu'elle transmet une émotion ou un témoignage issu d'une période révolue.

Dans son contexte historique, on pourrait dire, aujourd'hui, que l'image du corps — en tous cas sa représentation — répond au besoin profond de l'homme de se sécuriser. Dans le cas contraire, à quoi correspondrait — quelles que soient les époques, les sociétés, les cultures considérées — les représentations des Dieux, des esprits du Bien et du Mal, des mythologies, sous une forme humaine, qu'elle soit naïve ou très élaborée ?

Cette anthropomorphisme n'a t-il pas pour objet de tenter d'approcher l'irrationnel de façon rationnelle [5] c'est-à-dire de rendre tangible l'intangible — en particulier tout ce qui a trait aux religions et à la mort — autrement dit de le conformer à l'environnement et à la norme culturelle. (On rappellera que l'esthétique, la morale et la logique constituent les sciences normatives...).

Toutes les mythologies — auxquelles les religions et les sociétés humaines ont eu recours à certains stades de leur développement — ont fourni une tentative d'explication apaisante et rassurante, par la représentation de phénomènes naturels (mythologie aztèque) à image humaine (mythologie grecque) ou à composante humaine (mythologie égyptienne) basée sur l'observation et l'interprétation de l'environnement. D'une manière qui peut paraître paradoxale, la mort est à la base de toute iconographie de la vie humaine sur l'ensemble de la terre, soit pour la dédramatiser par accession à une autre vie — point commun de toutes les religions — soit pour la transcender par le caractère de pérennité conféré à l'image, que celle-ci soit à deux dimensions (dessins, peintures, mosaïques) ou à trois (sculptures ou moulages). Ainsi la représentation des Dieux de l'Olympe est l'occasion de montrer le corps de manière sublime. La statuaire y atteint son apogée, comme si le marbre ou le métal ajoutaient à l'idée d'éternité — attachée à la divinité — et accentuaient la distance séparant le corps « divin » du corps « humain ».

Les enluminures de manuscrits médiévaux témoignent également d'une observation attentive de la réalité par la représentation naïve mais minutieuse qui est faite du corps. Cependant, le plus souvent, la nudité des corps représentés est associée à l'idée de souffrance ou de mort ; c'est ainsi que se présente l'imagerie chrétienne occidentale : scènes de martyres, de danses macabres, d'enfer[6]...

C'est au cours du XVe siècle qu'une étude plus approfondie, plus détaillée du visage s'élabore en Europe, en particulier dans les pays nordiques, en Italie du Nord, à Florence. Avec la Renaissance se développe une grande curiosité non seulement pour l'apparence extérieure mais également pour la connaissance de la « mécanique » du corps ; on cherche à identifier les organes et leur fonctionnement. C'est pourquoi les dissections — bien qu'interdites officiellement jusque vers 1540 — étaient néanmoins pratiquées, ainsi qu'on l'a déjà vu. Ce sont elles qui permirent d'accomplir des progrès dans la connaissance de l'anatomie et de la physiologie.

Léonard de Vinci occupe une place exceptionnelle au plan de la connaissance du corps, sans parler de nombreux autres domaines où son génie créateur mit à profit un savoir encyclopédique pour son époque[7].

Parallèlement, plus on fouille l'intérieur du corps pour mieux reproduire son anatomie et la complexité de ses postures, plus il apparaît nécessaire de le situer dans son environnement. Le corps est donc étudié en fonction de ses mesures et de ses proportions. Il est enserré dans des diagrammes, des schémas géométriques, annoté de chiffres, inséré dans l'espace, cet espace qui vient d'être enfin contrôlé et organisé par l'invention de la perspective. Ce même besoin de règles, de définitions, apparaît sous forme de divers codes — de proportions du corps — élaborés à travers toute l'Europe, de Léonard de Vinci à Albert Dürer.

Michel-Ange, pour ce qui le concerne, s'attache essentiellement à l'étude des mouvements du corps et à sa musculature. On peut considérer que sa connaissance et sa «compréhension» du corps auront une influence déterminante sur l'interprétation qu'en auront et qu'en feront les artistes des générations suivantes.

Au fil des siècles, selon les sociétés ou les écoles, les canons[8] de l'esthétisme ont souvent varié, du maniérisme de l'école italienne des Pontormio, Parmigianino, Primatice où le corps n'est qu'un élément de composition décorative, à la représentation saisissante de naturel du corps nu (véritable scandale pour l'époque) des Rubens, Jordaens et Rembrandt, se situant hors de tout enseignement académique mais visant à donner du corps une image exacte, bien qu'idéalisée[9].

Il faudra attendre le XVIIe siècle pour explorer les possibilités d'intensité expressive du corps en mouvement telle qu'on la rencontre dans le romantisme. Avec la fin du XIXe siècle, le corps change de rapport avec son environnement. Il n'est plus une des composantes mais devient le sujet central avec Degas, Cézanne et Renoir. Ainsi des «baigneuses» de Renoir on passera aux «grandes baigneuses» de Matisse et Picasso qui annoncent, avec le début du XXe siècle, l'apparition d'une représentation du corps libérée de toute règle, de toute codification et de toute contrainte.

On ouvrira ici une parenthèse à propos de l'œuvre de Picasso, car on considère comme un précurseur de la communication non- verbale celui qui, cherchant à décrire en deux dimensions une réalité tridimensionnelle, a créé un système de représentation symbolique : profil dans le visage, œil extérieur au profil, bouche en forme de huit horizontal — symbole de l'infini — d'où sort la parole, ouverture sur l'infini de la communication...

Il est frappant de constater que cette évasion, cet affranchissement de l'obligation de conformité, de ressemblance entre sujet et représentation se soit manifesté simultanément à l'apparition de la photographie.

En quelque sorte comme si le procès de mise en image avait incité les peintres[10] — dégagés par la photographie de leurs obligations au plan de la fidèlité de la reproduction — à créer une forme de représentation inaccessible à l'«objectif»...

Ce pouvoir de créativité est de nouveau remis en question avec l'arrivée des images électroniques, c'est-à-dire la synthèse d'images par ordinateur, qui risquent de reléguer toutes les autres formes de représentation au vaste musée de l'Histoire. L'énorme supériorité de ce système — au plan de l'image — face à la photographie, peut se résumer en deux points fondamentaux :

a) l'image photographique ne peut exister hors la matérialité du sujet[11] à représenter ;

b) l'image photographique «immobilise» le réel, l'aplatit, le réduit à deux dimensions mais ne permet pas de voir le dos du sujet représenté de face.

Les images électroniques ou électromagnétiques peuvent le faire — à volonté et instantanément — et créer des images d'un réalisme étonnant ou d'une abstraction déconcertante, le plus extraordinaire étant cependant la capacité de réaliser des coupes permettant de visualiser l'intérieur du corps «in vivo». Cette *image à trois dimensions devenue objet par son nouveau statut*, constitue un nouveau constructeur de réalité proposé à l'individu, quelles que soient les utilités sociales qui lui seront assignées. L'image photographique est une reproduction. L'image électronique est une re-production qui, n'étant pas obligatoirement liée à la réalité de l'environnement social, peut élaborer une réalité «différente» ou modifiée.

2.1.1. Les représentations et leurs influences

On a montré que l'image du corps a changé au cours de l'histoire, mais le corps lui-même s'est transformé simultanément, et cette évolution comporte implicitement des changements de mentalité en relation avec des modifications de société, l'ensemble exprimant la fugacité ou la profondeur de ces modifications. Ainsi la représentation — si habituelle aux Anglo-Saxons — du petit Français coiffé d'un béret basque, un pain de deux livres sous le bras, une bouteille de vin dépassant de sa poche et rentrant chez lui pour y manger son bifteck-frites ne relève plus que du folklore. Une très récente étude[12] en fournit la preuve si besoin était. Les hommes grandissent et les femmes maigrissent...

2.1.1.1. *L'influence individuelle sur les représentations sociales*

Entre 1970 et 1980, la taille moyenne des Français a gagné un centimètre et demi pour un poids inchangé. Les Françaises, quant à elles, n'ont rien gagné en taille mais leur poids moyen a baissé d'un kilo.

Plus surprenante est la relation entre taille masculine et catégories socio-professionnelles, où, sans que l'on puisse y trouver une explication satisfaisante, on enregistre une moyenne de 168,5 cm chez les agriculteurs, 171 pour les ouvriers, 173 pour les patrons et les employés, 174 pour les cadres supérieurs et enfin 177,5 cm pour les professions libérales. Ce phénomène n'a pas d'équivalent chez les femmes. Les mécanismes psychiques mis en œuvre lors de la compétition sociale en vue d'accéder à un statut élevé ont-ils une répercussion sur l'évolution du corps? Il semble trop tôt pour le dire en l'absence d'un recul suffisant face à l'arrivée des femmes dans la compétition; mais pour ce qui nous concerne on y verrait une manifestation supplémentaire de la lutte pour la primauté corps/esprit. Les étudiants semblent créditer cette thèse, puisqu'ils constituent la tranche la plus grande (par la taille) de la population masculine : 176 cm. Ils sont également les plus maigres avec une moyenne de 67 kg, cependant que les plus «enveloppés» sont les patrons — avec 10 kg de plus — et les exploitants agricoles (74,4 kg)[13]. Les autres catégories, assez proches du rapport idéal taille/poids, semblent donc porter une attention particulière à éviter toute surcharge pondérale. Serait-ce à dire que les employés, les cadres et les représentants des professions libérales sont obnubilés par la stricte observance d'un régime alimentaire exempt de toute fantaisie et de tout écart? Certainement pas; on pense qu'il faut rechercher la cause ailleurs que dans la phobie du kilo excédentaire, qui est d'ordre pathologique. La motivation nous paraît se situer à un autre plan, comportant une dimension à la fois psychologique et sociale, qui pourrait se résumer par la formule lapidaire d'une femme ministre, alors qu'elle régentait les universités : «un leader doit être mince et mobile». Malgré l'incongruité d'une telle formulation, elle n'en demeure pas moins révélatrice d'un fait de société : le syndrome de la réussite, déjà évoqué. Pour entrer dans la compétition avec quelque chance de succès, il faut avoir du tonus, être en forme...

Cette image du cadre dynamique, svelte, bronzé — véhiculée par les médias — représentative d'une certaine catégorie socioculturelle et synonyme d'efficacité, c'est le «look» du gagneur; c'est la représentation nécessaire à la réussite : le corps-attribut. Il faut donc absolument l'intégrer. Ainsi s'engage la course à la forme; le gros veut maigrir, le maigre veut se muscler, le vieux retrouver la jeunesse, l'apathique le tonus, etc.

Pour y parvenir, le sport apparaît alors comme une panacée, le moyen le plus direct et le plus rapide. On n'entrera pas ici dans une revue détaillée des pratiques sportives ni dans une polémique sur leurs bienfaits — ce n'est pas le lieu — mais néanmoins l'impartialité oblige à une nouvelle mise au point ainsi qu'à réfuter un certain nombre

d'idées reçues et de contrevérités[14] que l'on peut classer selon trois grands courants de pensées :
- le sport fait maigrir ;
- le sport maintient et/ou fait retrouver la forme (sous-entendu la santé) ;
- le sport pratiqué hors compétition n'est pas dangereux (pour la santé).

Pour ce qui est de la première affirmation, quelques chiffres en diront plus qu'un long discours. Pour un «footing» d'environ une heure à allure moyenne, l'organisme a un besoin de «carburant» évalué entre 1.000 et 1.500 calories. Si l'on considère que 1 gramme de graisse «produit» environ 9 calories, il s'ensuit qu'une telle course (de 9 à 10 km) fera «maigrir» d'un poids variant de 110 à 170 grammes... En réalité le poids perdu sera plus important, mais il s'agit là d'un artéfact[15] car la différence est due à une perte d'eau devant être compensée sous peine de déshydratation. Ceci constitue le phénomène le plus important mais cependant le moins pris en considération par les amateurs de sport-qui-fait-maigrir.

La seconde proposition est déjà plus proche d'une certaine vérité qu'il convient de relativiser. Le sport maintient en forme ceux qui n'ont pas cessé de le pratiquer ou qui le pratiquent régulièrement. Un individu ayant une activité sédentaire onze mois de l'année et désirant «faire du sport» pendant ses vacances pour maigrir ou emmagasiner de l'énergie pour l'année à venir, non seulement commet une erreur grossière mais va à l'encontre du but visé en mettant, en outre, sa santé — parfois même sa vie — en danger à cause de l'inadéquation entre l'effort brusque demandé au corps et sa capacité de réponse habituelle. C'est en quoi sédentarité et inactivité physique habituelles sont dangereuses. Aux Etats-Unis, la pratique du sport régulier et contrôlé est considérée comme un élément essentiel dans la prévention des maladies cardio-vasculaires. De nombreux industriels américains y consacrent non seulement des budgets énormes mais engagent également du personnel spécialisé. Il ne s'agit pas là d'un phénomène spécifiquement américain ; on le retrouve en Scandinavie, en Suisse, au Japon... Pour ce qui est de la France, il semblerait que les industriels ne soient pas (encore) enclins à ce genre de prosélytisme...

Enfin pour faire justice de la dernière énonciation, il conviendrait de la formuler sur le mode interrogatif : quel est la limite à ne pas franchir pour que la pratique du sport reste bénéfique? La réponse est simple ; c'est toute la philosophie de l'exercice physique : ne le pratiquer que si c'est par plaisir. Si ce n'est que le moyen d'accéder au corps-attribut, la motivation qui s'y attache conduira inéluctablement à forcer pour aller plus loin, plus vite, plus fort. Cette utilisation «sauvage» et anarchique de l'exercice physique provoque globalement chaque année, en France, 1.200 morts.

Que l'on ne se méprenne pas : ce n'est pas le sport qui tue, mais sa pratique inconsidérée. S'il n'est pas souhaitable de pratiquer n'importe quel sport sans entraînement, par contre, un exercice continu, modéré, répétitif et relativement long, qui fasse travailler les plus gros muscles — tels ceux des jambes — est tout à fait recommandable au titre de la prévention des accidents cardio-vasculaires.

Ainsi, il ne suffit pas de vouloir modifier son corps pour y parvenir de façon durable et sans danger. Si l'on insiste quelque peu sur l'aspect préventif — plutôt que curatif — du sport et sur la mise en garde contre ses pratiques excessives, c'est que la majorité des individus ont une image anatomo-fonctionnelle de leur corps très imprécise et très floue et, de ce fait, n'ont qu'une notion très imprécise de ses possibilités et de ses limites. Par exemple, lorsque l'on fait effectuer des mouvements inhabituels à un sujet, on voit clairement que la représentation qu'il a de son corps n'est ni aussi complète ni aussi exacte qu'il le croit et qu'on pourrait le supposer. Si on demande à quiconque, après avoir fermé les yeux, d'indiquer la largeur de sa bouche avec le pouce et l'index de la main droite tenue devant lui, puis d'indiquer à nouveau cette même dimension à l'aide des index des deux mains, on constate que les largeurs indiquées sont non seulement différentes mais qu'aucune ne correspond à la dimension réelle. C'est cet ensemble des sensations internes qui, en contribuant à la perception que le sujet a de son corps sans le concours des organes sensoriels, — appelé cénesthésie — va s'accompagner d'une tonalité affective immédiate et d'ailleurs l'influencer aisément. La conception du moi corporel donne à la cénesthésie un rôle essentiel dans le fondement de la personnalité physique. La manière de tenir la tête, les épaules, le ventre ; la façon de se tenir debout, l'attitude générale du corps : tout repose sur l'image que l'individu se fait de lui-même.

Cette «image intérieure» du corps — que l'on appelle schéma corporel — n'est pas innée mais se constitue chez chaque individu à mesure de son développement. Le schéma corporel est donc une représentation constamment actualisée que chacun se fait de son corps, afin de se différencier de l'environnement. Elle est la résultante de nos acquisitions sensorielles et motrices. C'est l'intégration du schéma corporel qui permet de passer de l'intuition[16] du corps à l'intuition[16] du moi. Cette élaboration de l'entité corps/esprit implique la perception et la différenciation individu-environnement. La représentation que l'on construit de l'environnement — ou schéma spatio-temporel — est indissociable du schéma corporel. Dans la constitution simultanée et interactive de ces deux schémas, l'être opère «une anthropomorphisation du monde et une universalisation du corps»[17]. En conséquence, considérer le corps comme enfermé, isolé dans son enveloppe cutanée, serait une illusion. Au contraire, la peau constitue l'organe relationnel par excellence ; celui qui met l'homme au contact de son environnement.

2.1.1.2. Influence sociale sur les représentations individuelles

Cette intégration du schéma corporel est essentielle pour décoder le monde et pour communiquer. On fera un rapprochement pour exemplifier ce propos, avec deux types de pathologie, tributaires d'une mauvaise représentation corporelle. Premièrement la dismorphophobie[18] qui marque nettement l'effet de l'influence sociale sur la représentation du corps, se manifeste particulièrement chez les adolescents dont le corps — fluet, disgracieux, ou pesant — se développant par poussées n'a rien de commun avec les corps de super-athlètes masculins ou de femmes épanouies et attirantes que nous proposent le grand et le petit écran, à travers les archétypes de cinéastes, éventuellement dismorphiques[19]. Deuxièmement, il est avéré que chez les sujets schizophrènes, on constate simultanément une destructuration du langage — voire parfois sa quasi-disparition — et une perturbation non moins évidente de la représentation qu'ils ont de leur corps, ainsi qu'en attestent les nombreux dessins qu'ils ont produits, sans que pour autant la relation de cause à effet puisse être clairement établie. La formation et l'évolution de l'image du corps dépendent des contacts et des expériences réalisées avec l'environnement. Elle se construit, s'affine ou se détériore par un processus de comparaisons et de tentatives d'identifications permanentes, d'où naît un désir d'être à la fois conforme au groupe social, et différent par le besoin d'affirmer sa spécificité, de se dissocier de la masse. Tout sentiment d'inadéquation entre représentation corporelle et image visuelle du corps peut créer une inacceptation, un refus, une volonté de rejet du corps dans sa réalité tangible.

Ce phénomène est particulièrement sensible lors du vieillissement où l'altération (objective) de l'image est plus rapide que la modification de la représentation (subjective) corporelle. Si l'individu accepte relativement bien la perte d'un statut social, de la confiance en soi, de la vitalité, etc., il n'en va pas de même de l'aspect physique, de l'apparence dont le changement constitue une dé-figuration au sens le plus strict.

D'où la question fort pertinente de Pélicier (1986) : Narcisse peut-il vieillir? « Il y a une mémoire du visage qui concerne directement l'identité. Elle doit plus à la photographie qu'au miroir; elle est sensible au vieillissement. Nous portons en nous une sorte de représentation imaginaire, tantôt flatteuse, tantôt dévalorisante, qui emprunte beaucoup au monde des images qui sert de référence » (p.108).

2.1.2. Représentation du corps : archétype ou stéréotype?

Un exemple de la prégnance des représentations — impliquant conjointement l'activité d'imagerie et l'activité sémantique[20] — nous est fourni par les annonces matrimoniales publiées dans la presse. En effet, on considère que chaque annonce constitue une proposition de communication sous une forme codifiée, dont la règle d'élaboration fait appel aux représentations que le scripteur a de lui-même et de celui, ou celle, qu'il (ou elle) recherche. Une récente étude effectuée sur ce thème[21] mérite que l'on en rapporte certains points.

Partant du postulat qu'une annonce propose un enjeu commun (mariage ou rencontre) comme situation potentiellement communicative, — la réponse à l'annonce constituant une tentative de validation de cette situation — on a cherché a déterminer quelles représentations étaient en jeu dans la définition de l'enjeu. On a donc analysé les annonces insérées par cent hommes et cent femmes dans quatre supports différents : *Le Chasseur Français, Le Nouvel Observateur, La Centrale des Particuliers* et *76* (journal gratuit distribué dans le département de la Seine-Maritime) soit un total de 800 annonces.

En ce qui concerne l'activité d'imagerie, on a constaté qu'elle différait considérablement selon que le scripteur voulait décrire sa propre image physique ou construire celle de l'autre[22]. Pour se décrire, hommes et femmes mentionnent les mêmes éléments — au nombre de cinq — presque dans le même ordre, d'importance décroissante : taille, couleur des cheveux, corpulence, poids et couleur des yeux (l'ordre de ces deux derniers éléments étant inversé chez les femmes). Par contre, pour décrire l'image « idéale » de l'autre, les critères utilisés le sont dans un ordre différent, de façon moins précise. Les hommes citent (en décroissant) la taille, la corpulence, la couleur des cheveux et la couleur des yeux sans que l'on puisse en dégager un stéréotype.

Pour les femmes, par contre, il apparaît que leur représentation physique, décrite de manière moins détaillée (seuls trois critères physiques précis — taille, corpulence et couleur des yeux — sont mentionnés régulièrement), permette de constituer une image normative de l'homme-type idéal. «Grand, mince, physique agréable, allure sportive, yeux bleus, cheveux courts, décontracté et non fumeur». Signalons que ce portrait-type corrobore un sondage Elle/Ifop publié en décembre 1983.

On remarquera néanmoins que cette image est curieusement proche de celles que véhicule la presse féminine à travers les photographies de mannequins-hommes. Par ailleurs si l'on peut affirmer, sans grand risque d'erreur, que les hommes ne sont pas insensibles aux charmes de Raquel Welch ou de Catherine Deneuve, on ne peut pas prétendre pour autant qu'elles constituent le stéréotype de la femme qu'ils recherchent. Est-ce en raison d'un complexe d'infériorité, par timidité, par modestie, par réalisme ou bien parce que le charme féminin constitue un mélange indéfinissable — subtil et compliqué — qui, bien qu'opérant, échappe à toute analyse? La question reste posée...

Il est à noter que dans la représentation physique idéale que chaque sexe se fait de l'autre, un des critères utilisés pour se décrire personnellement en est totalement absent : le poids... Ce qui démontre clairement — si besoin en était — que la représentation n'est pas l'objet mais qu'elle en est une construction abstraite symbolique.

On reprendra donc le postulat de départ en précisant que la réponse à l'annonce est une validation *provisoire* de l'enjeu commun ayant pour objet de créer une situation potentiellement communicative.

Ce n'est que l'interaction des protagonistes en présence qui permettra soit une validation définitive, soit une validation transactionnelle, soit une non-validation donc une rupture. On a — dans ce type de situation — le paradigme d'une communication qui va se négocier à partir de la représentation du corps dans son aspect non-verbal et comportemental.

2.2. CORPS ET COMMUNICATION

On a vu comment le corps, par le truchement des représentations, peut approprier la communication grâce à l'intermédiaire du non-verbal.

On poursuivra en spécifiant un point particulier, qui s'intègre à cette approche du non-verbal : l'écriture est la «récupération» et l'appropriation du verbal par le gestuel. Au plan culturel, cette idée s'appuie sur une analyse en plusieurs points. D'abord il semble avéré que le verbal ait été la première manifestation communicative obéissant à des règles normatives de fonctionnement. Ensuite le besoin élitiste de transmettre un savoir aux «initiés» et le désir de dépasser, de transgresser la censure de la mort dans la communication ont abouti à la création et l'utilisation d'une forme de transmission intemporelle de l'expérience acquise : l'écriture. Enfin son irruption dans l'espace social (ou non) en fonction des cultures en a fait l'instrument de diffusion, de propagation des idées — personnelles ou collectives — ainsi que des règles et des lois de la société.

2.2.1. Un système de signes intemporel : l'écriture

Ce serait une erreur de croire que le passage de l'oral à l'écrit se soit fait sans hésitation, sans transition ni problème. Si la chose semble aller de soi aujourd'hui, on notera que même dans une culture aussi évoluée que celle de la Grèce antique il n'en fut rien. On passera sur les questions épistémologiques posées par l'adoption d'un alphabet et d'un système, pour en venir aux problèmes induits par cette forme nouvelle de communication. On peut constater, grâce aux objets qui sont parvenus jusqu'à nous, que la première difficulté a été l'énonciation. En effet, tout ce qui est «disible» et plausible dans une production verbale ne l'est pas systématiquement lors de la lecture d'un texte à voix haute. Ainsi ces objets, datant approximativement du VIIIe siècle av, J.C., par les inscriptions qu'ils portent — «je suis la stèle de ... — attestent de la réalité de ce problème. Principale constatation, les objets dans leur libellé utilisent la première personne, comme le fait un individu qui parle. Le lecteur de l'inscription, en la verbalisant, va se placer dans un cas d'énonciation impossible, tout au moins non plausible.

Un tel bouleversement dans les règles formelles de disibilité de la langue a conduit — à terme — les «utilisateurs» à établir une certaine distanciation par rapport à celles-ci. C'est-à-dire à considérer la forme écrite de la langue comme un «objet» — pris en son sens étymologique : objectum «ce qui est placé devant» — et non plus comme une simple transcription.

Pour ce qui nous concerne, on considère cette démarche comme essentielle ; elle a permis par le même processus d'instituer également la langue en «objet», c'est-à-dire non plus uniquement comme instrument de décodage du monde mais comme «outil» de communication[23].

Cette évolution dans l'approche de l'écriture devient objectivement constatable à partir du VIe siècle av. J.C. où les inscriptions sur les objets traduisent cette mise à distance par l'utilisation de la troisième personne — stèle d'untel — dans l'énonciation. On rencontrera cette même distanciation vis-à-vis de la gestuelle, considérée comme production non-verbale à visée communicative, qui sera traitée dans la seconde partie de cet ouvrage.

Initialement l'écriture n'a pas été, vraisemblablement, considérée comme un moyen spécifique de communication mais plutôt comme une possibilité secondaire, un aide-mémoire.

Si l'on connaît aujourd'hui la pensée de Socrate, c'est grâce à ses disciples, spécialement Platon. Et l'on peut noter une particularité tout à fait intéressante dans la forme que celui-ci donne à ses écrits : des dialogues... Forme qu'il utilise aussi bien pour transcrire des scènes auxquelles il a assisté que pour en imaginer d'autres.

Au cours d'un banquet, ou lors de rencontres, des hommes conversent et échangent des propos «disibles» dans la quotidienneté de la communication : un homme déclare en avoir rencontré un second qui lui a rapporté avoir assisté à un entretien entre Socrate et une autre personne...

Cette manière de mettre en scène les personnages révèle, par le style de son écriture, la lenteur de cette partition, de cette distanciation verbal/écrit.

C'est dans cet espace vide que va s'insérer un mode culturel nouveau : la lecture, phénomène social — ou non — selon qu'elle sera dévolue au plus grand nombre ou réservée à l'aréopage. Ce n'est que tardivement qu'on s'apercevra du choix fondamental que va imposer à la société ce que l'on prenait, au départ, pour un épiphénomène.

Il apparaîtra, dès que cette idée se fera jour, que l'écriture et plus encore la lecture sont des moyens de dissémination de la pensée; moyens qui seront utilisés et favorisés — c'est le cas de la démocratie athénienne — ou seront maintenus secrets, réservés, comme dans la civilisation égyptienne où seuls les scribes en possédaient la connaissance puisque, selon certains historiens, le Pharaon lui-même ne savait pas écrire.

Il semble insoutenable qu'à partir du VIe siècle av. J.C., à Athènes, la vie de la cité et son évolution n'aient pas été influencées par ce double phénomène. On sait avec une quasi-certitude qu'il y avait des inscriptions peintes, de couleurs différentes, renouvelées périodiquement dans les lieux publics de grande circulation qui permettaient aux citoyens et aux métèques[24] absents des réunions de l'Agora d'être néanmoins informés. Vingt-six siècles plus tard, en Chine, la même solution sera retenue pour des raisons identiques, et les murs de Pékin se couvriront de « datzi-bao ».

A travers le choix effectué — mise en lumière ou obscurcissement — appliqué à la formation et l'information de tout le corps social et au-delà du savoir, c'est le pouvoir qui en constitue l'enjeu. Le corps, en jeu dans cet espace social ainsi qu'on vient de le voir, participe à sa manière à la compétition. L'anthropocentrisme grec va transformer les danses rituelles, les manifestations liturgiques, les incantations aux dieux, en déclamations qui mettront en scène la relation qui lie les hommes et les dieux. De cette « représentation » naîtra la Tragédie grecque.

On a dit un peu plus haut que l'écriture était l'appropriation du verbal par le gestuel, on constate maintenant que dans le procès d'influence auquel se livrent verbal et non-verbal, la lecture concrétise la dépossession du non-verbal au bénéfice du verbal. Ainsi la boucle est bouclée et le mouvement pendulaire auquel on a fait référence au chapitre premier a accompli un cycle supplémentaire.

Ce phénomène de balancier s'est manifesté tout au long de l'histoire, ainsi qu'on l'a déjà dit, et il se poursuit toujours... Actuellement il a dépassé la zone médiane et il semble largement engagé sur le versant non-verbal.

2.2.2. Les systèmes de signes : l'Empire des sens...

Au plan social, de nombreux indices sont particulièrement révélateurs : désaffection pour la lecture, confirmée par le déclin — voire la disparition — de certains journaux et la situation délicate de l'édition, mise en évidence par les regroupements qui s'opèrent. Une très récente statistique révèle que seulement 8 % des Français lisent au moins un livre par mois[25], et le phénomène audio-visuel n'y est certainement pas étranger, entre autres. Par ailleurs, il n'est besoin que de porter un regard un tant soit peu observateur sur notre environnement social pour constater à quel point l'irruption du non-verbal dans le quotidien est de plus en plus importante. Les systèmes de signes non-verbaux occupaient déjà une place de choix dans les civilisations qui nous ont précédés, puisque les enseignes commerciales existaient dans la Rome antique pour «signaler» la présence d'un artisan, d'un commerçant. Ces signes non-verbaux étaient en général constitués d'une représentation analogique symbolique [26], système encore utilisé, tels la tête de cheval des boucheries hippophagiques, les lunettes des opticiens, le cadran des horlogers... Certains ont disparu avec la raréfaction de l'exercice de la profession, tels le collier des bourreliers, le fer à cheval des forgerons, les ciseaux des couteliers; d'autres se sont perdus comme le plat à barbe ou la queue de crins surmontée d'une boule des coiffeurs, le chapeau des chapeliers... Enfin différents signes n'ayant aucune relation de signification directe avec ce qu'ils représentent sont utilisés et compris quotidiennement, tels la croix rouge, la croix verte, le caducée, ainsi que des systèmes de signes qui n'ont pas davantage de relation analogique avec ce qu'ils signifient. Dans ce groupe se situent le code de la route et les feux tricolores de signalisation des carrefours. Par contre, les signaux à bras des agents de la circulation relèvent d'une communication gestuelle illustrative et figurative.

Parallèlement un autre système de signes s'est mis en place et développé de façon transculturelle. Sans doute pourra-t-on dire qu'il s'agit là d'un moyen de pallier la difficulté que constitue la barrière de la langue, mais il ne nous appartient pas d'en juger, on se contentera donc de constater son existence et sa structuration à travers son développement.

Il s'agit d'un système idéographique qui utilise des pictogrammes, lesquels représentent des idées par des dessins tantôt figuratifs d'objets, tantôt symboliques de scènes. L'ensemble étant banalisé, nous sommes familiarisés avec leur identification et la signification qui leur est associée.

Dans la première partie de cette catégorie figurent la cuillère et la fourchette croisées qui indiquent un restaurant; l'avion qui signifie aéroport; les personnages stylisés — dans lesquels on reconnaît un homme ou une femme — désignent l'emplacement des toilettes; etc. A la seconde catégorie appartiennent un personnage stylisé assis dans un chariot, vus de profil; ils révèlent que l'emplacement est réservé aux handicapés; un crâne avec deux éclairs entrecroisés met en garde contre le danger d'électrocution; un escalier mécanique est signalé par un personnage en partie masqué par la rampe d'escalier orientée vers le haut ou le bas selon le cas; une cigarette indique la possibilité de fumer dans le lieu où se rencontre cet idéogramme, alors que l'interdiction se manifeste par une cigarette barrée de rouge; etc. On notera avec intérêt que ces systèmes de signes ne sont pas l'apanage de la signalisation urbaine ou routière mais que les guides touristiques utilisent également des silhouettes à dessins — et à dessein — reconnaissables pour leur caractère d'intelligibilité interculturelle immédiate. Ainsi nombre d'indications suscitent une interprétation sans équivoque : raquettes croisées pour terrain de tennis, oiseau pour site calme, poisson pour lieu de pêche, trois sapins pour région forestière, as de pique pour casino, et ainsi de suite.

Il est un autre domaine où l'utilisation de signes non-verbaux est beaucoup plus insidieuse quant au fond et à la forme : celui de la symbolisation des marques commerciales comme moyen mnémotechnique systémique[27].

Sans qu'il soit nécessaire de réfléchir ou de fournir des explications complémentaires, chacun d'entre nous sait ce que signifient ces pictogrammes : un losange, un double chevron, un bonhomme fait de pneumatiques, un lion, une vache «souriante», une coquille Saint-Jacques, un «jeune cheval», un zèbre... On arrêtera là cet inventaire à la Prévert qui, pour n'être pas exhaustif, n'en est pas moins révélateur de son importance. C'est sur ce phénomène d'identification systématique — dont la répétition échappe au contrôle de la volonté — que repose l'impact le plus profond et le plus durable de la publicité. C'est à partir de «l'image» symbolisée d'une marque que se construit «l'image de marque» d'une entreprise.

Il ressort de ce qui vient d'être énoncé un phénomène auquel on voudrait prêter quelque attention. Avec l'usage de ces divers signes ou systèmes de signes non-verbaux, la compréhension — c'est-à-dire la saisie de données en vue de produire du sens — n'est plus liée au respect ni même à l'utilisation de la syntaxe, puisqu'elle échappe totalement au caractère linéaire, formel et contraignant, de celle-ci. Une question pourrait alors se poser. L'appauvrissement et la destructuration de la langue ont-ils favorisé l'éclosion et le développement d'un système de signes non-verbaux — certainement moins riche mais plus «ramassé», plus rapide — ou au contraire, l'utilisation de systèmes de signes non-verbaux, considérés sous forme d'articulation première du langage au sens linguistique, a-t-elle entraîné un relâchement dans le maniement de la langue? Pour ce qui nous concerne, on serait assez tenté de considérer qu'il s'agit d'une problématique voisine de celle de l'œuf et de la poule...

Il est clair que si l'on considère ces systèmes de signes non-verbaux à l'instar de messages isolés fonctionnant sur le mode de l'énumération simple, il s'agirait effectivement d'un des moyens de communication les plus pauvres du point de vue de la structure.

Cependant, même considérées de ce point de vue, les choses ne sont pas si simples qu'il y paraît puisqu'il existe dans ces systèmes de signes une forme négative, concrétisée par un trait oblique rouge barrant le signe. Par ailleurs, dans l'exemple des guides touristiques figurent des notations que l'on peut assimiler à la marque du pluriel par leurs répétitions (étoiles, toques, fourchettes, etc.) et qui par augmentation ou disparition manifestent une notation comparative, qualitative et quantitative. On insistera sur le fonctionnement spécifique de ces systèmes de signes non-verbaux, totalement atypiques du langage et de la langue, qui «s'écrivent», se «lisent» et sont «compris» sans passer ou repasser *obligatoirement* par la verbalisation et la phonétisation.

Certains esprits chagrins pourraient penser qu'il s'agit là d'une particularité essentielle des systèmes idéographiques. A ceux-là on fera cependant remarquer que les autres écritures idéographiques (chinoise, hiéroglyphique, cunéiforme, etc.) ont néanmoins des valeurs phonétiques. Dans les systèmes dont il est ici question, — contrairement à la langue — ce n'est pas la relation signifiant/signifié qui produit du sens, puisque le signifiant n'existe pas. Les signes, non-verbaux, n'ont pas de valeur de signification directe mais ont valeur d'indice, au sens où fumée est indice de feu. Il demeure néanmoins évident que ces systèmes de signes font appel à un présupposé d'existence culturelle ; on imagine mal ce que pourrait en inférer un aborigène d'Australie ou de Bornéo...

Un autre système de signes non-verbaux — iconiques, c'est-à-dire dont la représentation est analogique à l'objet — fait une entrée en force dans le domaine des notices, en particulier pour les appareils ne nécessitant pas une mise en œuvre trop élaborée et spécialement pour les «kits» ou l'électro-ménager. S'il est exact que Napoléon mentionnait souvent qu'«un petit croquis vaut mieux qu'un long discours», on peut dire alors que son approche des systèmes explicatifs trouve ici la confirmation de la valeur heuristique de son principe. En effet, les schémas d'utilisation ou de montage faisant appel à une image «éclatée» de l'appareil où les pièces sont numérotées dans un ordre chronologique identique à celui du montage ou de l'utilisation se suffisent à eux-mêmes. Ceux d'entre nous qui ont été confrontés à l'entreprise périlleuse (ô combien!) qui consiste à vouloir utiliser un objet en tentant de suivre les indications «écrites» du mode d'emploi sont convaincus de l'inanité d'une telle présomption, à plus forte raison s'il s'agit d'une notice «traduite» en français...

Un autre système de signes non-verbaux, porteur de signification, — les modulations sonores — n'est pas une réelle nouveauté. Depuis les temps les plus reculés son usage en est connu, soit à des fins militaires (buccin des Romains, tambour, corne des Vikings, etc.), soit à des fins civiles (cloche, crécelle, etc.). Actuellement, ce type de système est toujours employé aussi efficacement, avec des finalités identiques, même si les moyens utilisés ont évolué. En voici un exemple anecdotique : à Moscou, grâce à un dispositif électronique, lorsque les feux de circulation passent au rouge pour les automobilistes, un signal sonore ne présentant aucune nuisance pour les riverains — le chant d'un rossignol — avertit les aveugles qu'ils peuvent traverser en toute sécurité[28].

2.2.3. Les systèmes de signes sociaux

A l'issue de cette approche culturelle des systèmes de signes non-verbaux utilisés à des fins de communication sociale, on voudrait mentionner un système beaucoup plus insidieux qu'il n'y paraît au premier abord : celui des attributs; terme employé ici au sens de signes distinctifs d'une catégorie, qui englobent vêtements, bijoux, automobiles — et leurs modes respectives, — habitat (appartement dans un quartier résidentiel, résidence secondaire, domaine, château, ...) et ses «corollaires» (personnel de service, mobilier, objets d'art, tableaux); chasse, chevaux, écurie de course, avion, bateau, etc. La possession d'attributs — ayant pour fonction de se faire reconnaître comme appartenant à une classe sociale déterminée — incite le corps social à une interprétation univoque des signes qui sont ainsi présentés.

Cette notion d'attributs n'est pas nouvelle non plus; par contre ce qui l'est davantage c'est la perversion de son utilisation en tant que processus de disqualification par voie de prolifération et de dissémination sociale. Système insidieux par excellence que celui qui permet de transcender sa condition sociale par l'exhibition d'objets-symboles, censés être les marques extérieures d'une catégorie sociale. Le pervertissement de l'utilisation de presque tous les attributs — aux fins de signifier son intégration ou son appartenance à une couche sociale favorisée — est facilité par le détournement d'une possibilité du système économique basé sur la consommation : la location. Pratiquement tous les attributs — même les plus difficiles à acquérir, aussi bien au plan financier qu'au plan du prestige — peuvent se louer pour une période à déterminer. Il existe même des agences de location de sosies. Vous pouvez donc vous faire escorter d'un escadron de la Garde mobile à cheval en grande tenue, vous déplacer en Rolls Royce avec chauffeur et en compagnie de la reine d'Angleterre !

Ainsi, vous serez loué pour ce que vous avez loué[29]...

Ce qui vient d'être rapporté permet de mieux apprécier — d'évolutions en extrapolations — le cheminement social des attributs, dont le corps a été (et reste encore, dans une certaine mesure) le support coutumier et le meilleur moyen de montrer à ses semblables sa richesse, sa puissance, et son appartenance sociale. On pense que cette utilisation, dans notre société, remonte au Moyen Age, époque à laquelle nobles et chevaliers portaient des boucliers frappés d'écus. Or, l'écu était non seulement une figure de bouclier portant des armoiries mais simultanément une pièce de monnaie — d'or ou d'argent — qui portait au revers un écu blasonné ; d'où par un phénomène d'assimilation évident, avoir des écus devint synonyme de richesse... Rappelons également que l'origine de l'écu fut la nécessité pour les chevaliers, que leur armure rendait anonyme, de créer des signes distinctifs qui deviendront, rapidement, de signes de « distinction » bien que l'accès aux armoiries n'ait jamais été de droit, le privilège d'une classe sociale ; la seule règle était de ne pas usurper les armoiries d'autrui.

Il ne faut pas méconnaître non plus le fait qu'elles correspondent historiquement à des situations culturelles où la majorité de la masse sociale est illettrée, justifiant ainsi la création et l'emploi de marques dont la signification soit connue de tous.

Cette fonction de marque distinctive des attributs sera utilisée de façon différente pour signifier la position dans l'échelle sociale par la propriété : armoiries sur les meubles, équipages et livrées des « gens » de la maison...

Il faut également voir dans ces signes distinctifs rapportés au vêtement, d'une part l'origine des uniformes (civils ou militaires) et d'autre part dans les écharpes et les panaches, celle des insignes des grades militaires, tous attributs de classe.

On n'entrera pas ici dans une histoire du costume, tel n'est pas le propos, mais on dira cependant que le vêtement a toujours eu deux fonctions : celle de vêtir (bien entendu !) mais aussi celle de marquer des différences de classes sociales, donc de valeurs morales. La modernité de notre société contemporaine, la libéralisation des idées et des mœurs, la « démocratisation » vestimentaire n'ont absolument pas modifié l'approche que nous avons des individus à partir de l'attribut-vêtement comme marqueur social, ainsi que l'a confirmé l'étude effectuée[30] à partir de notre hypothèse, qui était la suivante. La prise en compte des attributs présentés par un individu relevant d'un fait essentiellement culturel, la grille de lecture appliquée par les membres d'une même catégorie sociale leur fait accréditer une même «image sociale» de l'individu, «image» qui diffère selon le type d'attribut-vêtement qu'il présente.

Cette étude a été réalisée à partir de photographies parues dans l'hebdomadaire Le Point daté du 10 août 1984. Les résultats enregistrés confirment entièrement l'hypothèse émise; ainsi les personnes interrogées n'hésitent-elles pas à associer des traits de personnalité à la perception des attributs vestimentaires des sujets photographiés. Pour 83%, l'un des sujets est dynamique, optimiste et a réussi socialement; pour 70%, ce même personnage est actif et enfin pour 53%, il est bourgeois et conformiste.

De la même manière, un autre individu sera perçu, par les personnes interviewées, comme rétro pour 75%; sérieux, sombre, antipathique pour 53% et dépassé, sophistiqué pour 39%, etc. Enfin, 65% des personnes interrogées reconnaissent avoir été influencées par les vêtements que portent les sujets, 29% prétendent le contraire et 6% ne se prononcent pas. Il convient de rappeler et de souligner combien la propension à assimiler traits de personnalité et attributs vestimentaires n'est pas le fait d'une mode mais celui d'une attitude culturelle, qui ne fait que s'actualiser avec l'évolution de la société. Les escrocs de toutes les générations connaissent intuitivement cette application de l'utilisation des attributs pour inspirer confiance... (cf. Arsène Lupin, le «gentleman» cambrioleur).

On notera également que si la notion d'attribut constitue une constante culturelle, les attributs en eux-mêmes sont — par contre — sujets aux variations de la mode[31], d'autant que leur finalité de marqueur social est en accord avec les motivations profondes des sociétés modernes libérales : production et consommation.

La mode est une incitation à l'acquisition de nouveaux attributs en discréditant, dévalorisant et rendant caducs ceux déjà possédés. Pour pouvoir les remplacer, il faut entrer dans la course à l'enrichissement, c'est-à-dire prendre rang dans la compétition. La compétition est présentée comme le moyen de s'affirmer, de réussir et d'acquérir toujours plus d'attributs. Stimuler cette compétition — donc la motiver — est la fonction de toute hiérarchie, que l'on retrouve dans chacune des structures sociales. Ainsi pour accéder à la hiérarchie, il faut entrer en compétition avec ses pairs. Pour devenir le meilleur, il faut accepter de travailler beaucoup, pour peu d'argent (faire ses preuves...) et on remarquera que cette disponibilité — qui constitue un lourd handicap dans un contexte familial — correspond au profil du célibataire.

Il convient de noter combien le statut de célibataire est ambigu et contradictoire. Socialement, il constitue un moyen de production à moindre coût, paradoxalement le plus taxé par les impôts, et ce faisant, on l'incite à changer de statut. Psychologiquement, il est le centre d'une contradiction constituée d'une part du syndrome de la réussite et d'autre part du «syndrome de Peter Pan»[32] c'est-à-dire le désir de ne pas vieillir, de ne pas «grandir» pour ne pas avoir à affronter les difficultés et les responsabilités. Cette «adolescence prolongée», en cohabitation avec un univers d'adultes, ne constitue pas une singularité. Le goût pour l'image d'un corps d'éphèbe n'est pas non plus une nouveauté. La mode des années 20 avec «la garçonne» en témoigne. Cette obsession de l'adolescence, ce désir de préserver la jeunesse du corps, c'est le mythe de Faust...

Pourtant il est curieux de constater combien la période de l'adolescence est en elle-même une autre contradiction. Lorsqu'on s'y trouve, on désire, généralement, en sortir et lorsqu'on l'a quittée, certains souhaiteraient parfois ne l'avoir pas fait... Sans aucun doute, cette double contradiction est l'une des caractéristiques des célibataires (ou des solitaires volontaires) masquant d'un besoin irrépressible et inaliénable de liberté — déclaré — l'obligation de faire un choix, c'est-à-dire de prendre décisions et responsabilités.

Par un phénomène analogue à celui du ressac, la notion d'attribut-vêtement, dont la fonction était — outre celle de marqueur de classe socio-culturelle — de mettre le corps en valeur, est battue en brèche par la libéralisation de la société et la libéralisation des mœurs. Le corps ne se cache plus, la nudité n'est plus honteuse. Il n'est besoin pour s'en convaincre que de se rendre sur les plages ou dans les piscines ou simplement de regarder les médias : presse, télévision, cinéma, affiches. (Citons pour mémoire, la campagne d'Avenir-Publicité : demain j'enlève le bas...).

Ainsi donc par la perversion de l'usage des attributs, de raccourcis en dépouillements, en est-on arrivé à considérer le corps lui-même comme un attribut; attribut dont l'apparence démocratique est cependant un mythe car il reste — comme tout attribut — l'apanage d'un certain élitisme.

2.3. CORPS ENJEU ET CORPS EN JEU

Historiquement, le monde occidental n'a connu — jusqu'à la première moitié du XXe siècle — que trois grandes évolutions sociales : Préhistorique, Agraire et Industrielle, alors que — dans la seconde moitié de ce même XXe siècle — se sont produites trois grandes révolutions qui sont à la base de modifications profondes des structures de la société : Technologie/Recherche, Vidéo/Informatique et Production/Consommation, cette dernière ayant «phagocité» les précédentes. Ces transformations ont amené des changements de comportements sociaux et individuels.

Dans la société industrielle, il est considéré comme normal que l'entretien de l'outil de production soit à la charge — matérielle et financière — du propriétaire. Avec le corps, rien de tel : c'est l'utilisateur qui doit l'assurer — ce qu'aucun travailleur n'accepterait pour aucune machine qu'il utilise — puisqu'il finance, en outre, (pour partie) l'organisme qui a vocation de l'assumer (Sécurité sociale). Des décennies de Taylorisme — ou de Stakhanovisme[33] — ont tellement imprégné l'organisation du travail que l'individu est resté en quelque sorte «préconditionné» à toute forme de système qui puisse passer pour rationnel en proposant un produit «prêt à consommer». Théoriquement, la consommation devait, par la demande provoquée, faire augmenter la production et — en schématisant — abaisser les prix donc augmenter la demande, c'est-à-dire la consommation, et ainsi boucler la boucle. En réalité, l'accroissement de la production et de la productivité, la surproduction qui en résulte, puis la recherche de nouveaux marchés à tout prix, ont débouché sur une multiplication de «produits consommables» et la suggestion de nouveaux désirs d'achat, transformés ultérieurement en besoins nouveaux.

Actuellement, la stimulation de la consommation en est au second degré. Un abîme s'est ouvert entre la théorie et la pratique, creusé par la course au profit. Le consumérisme a structuré un circuit infernal sans issue, dont on veut croire que ses initiateurs n'avaient pas envisagé l'occurrence.

L'objet de la société dite de consommation a été à ce point perverti, que l'on en est arrivé à proposer — et à vendre — ce qui est donné à chacun, sans que s'élève la moindre protestation ou que se manifeste le moindre étonnement. On atteint là un des sommets du concept de consommation... *Vendre l'idée de l'utilisation complète et harmonieuse du corps; soit en d'autres termes, vendre la notice de l'ensemble des possibilités d'emploi d'un appareil en possession depuis longtemps et parfois en mauvais état...*

2.3.1. Socio-économie du corps

Le corps est devenu l'enjeu international de la consommation au point que les cultures les plus anciennes et les plus éloignées de la culture occidentale — tel le Japon — lui paient un tribut de plus en plus lourd tant du point de vue économique, que sociologique et psychologique... Consommer nécessite de l'argent ; en acquérir implique — en général — du travail donc du temps, de l'énergie et la mise en œuvre du potentiel physique et psychique du corps.

En caricaturant — à peine — on dira que l'individu vend le temps et la capacité de travail de son corps à une organisation de production pour gagner de l'argent, lequel lui servira ensuite à acheter à une organisation de loisirs, le temps et la capacité de pouvoir reposer son corps...

Il est vrai que le corps a toujours été considéré comme outil de production, objet de consommation et source de profit, depuis les hétaïres des Grecs anciens en passant par les courtisanes, les esclaves et leurs trafiquants... Ainsi donc la modernité n'a fait « qu'adapter » car on trouve exactement les mêmes éléments, quelle que soit l'époque envisagée ; seul l'ordre des facteurs varie... Cette conception du corps est également celle des sociétés de haute technologie. Elle repose sur la vieille dichotomie corps/esprit, ici considérée sous son double aspect : corps, — matière périssable, modelable, contrôlable, instrument productif, soumis au règne des instincts et des pulsions, d'une part — et esprit, — matière périssable, modelable mais insaisissable, difficilement contrôlable, instrument inventif, créatif, directif de la matière, d'autre part. Par ailleurs, le corps est soumis à des sollicitations qui visent à le conformer à l'image rassurante du bien-être et de la beauté produite par le stéréotype de la consommation, dont la publicité est le vecteur.

Ainsi, le corps en jeu est devenu en réalité le corps enjeu. Dans ce domaine, le Japon fournit un exemple de ce que peut produire le télescopage de deux cultures différentes où le corps, pris dans un faisceau de règles culturelles et sociales, est considéré à la fois comme instrument spécifique d'une production déterminée et simultanément comme objet et instrument de consommation. Le corps se trouve ainsi contradictoirement confronté à un réseau de préceptes moraux et religieux, de suggestions éducatives, de pressions familiales, de tabous et/ou de représentations idéologiques et de pratiques sociales orientées vers la production et la consommation.

Le corps est inséré dans le circuit commercial dont il devient partie intégrante, à la fois actif et passif : offert/demandé, acheteur/acheté. On y retrouve, encore et toujours, la même dichotomie corps/esprit, avec les implications qui en découlent et aboutissent à une «socio-économie de l'homme»[34] qui se répartit en deux grands secteurs : le «marché du corps» et le «marché du cœur»[35]. Pour aussi choquante que puisse apparaître cette notion de marché appliquée au corps, il faut cependant considérer qu'elle correspond à une réalité dans les faits. Par un subtil raffinement dialectique, ce qui constitue banalement la diversité quotidienne des relations de communication entre individus de sociétés dites sous-développées a été transformé en produits de consommation par les sociétés à haute technologie, parmi lesquelles nous cherchons à «progresser». C'est ainsi que sont proposés des «stages» d'expression orale, d'expression écrite, d'expression corporelle, de sensibilisation du corps, conscience du corps, conscience sensorielle, etc. dont la finalité avouée est d'apprendre à «vivre harmonieusement son corps». Cependant les propositions de mariage c'est-à-dire l'offre ou la demande d'amour, — ainsi que l'acceptation ou le refus — qui ne relèvent pas d'un simple système de type question/réponse, (même chez les peuplades dites primitives, la question directe n'a pas sa place dans la cour amoureuse) ne peuvent être considérées comme un raffinement de, la civilisation[36]. C'est pourquoi les agences matrimoniales et surtout les clubs de rencontre — qui proposent à leurs adhérents la présentation de nouveaux ou nouvelles partenaires[37] jusqu'à complète satisfaction (*sic*) — peuvent être considérés comme une conquête de la consommation.

Un mouvement de ressac se manifeste depuis un certain temps — au moins pour ce qui concerne le corps — qui réintroduit une tendance à l'expression individuelle face à une pression de normalisation; en quelque sorte une espèce d'exosmose[38] sociale du corps enjeu vers le corps en jeu. Une double question se pose alors : tout jeu ayant un enjeu, quel est l'enjeu du corps en jeu et quel est le jeu du corps enjeu?...

2.3.2. Le corps, enjeu économique

A cette double question, une réponse double : sensibilisation et libéralisation. Sensibilisation à l'apparence personnelle (le look) visant à extérioriser sa personnalité; sensibilisation à la condition physique et à l'intégration harmonieuse du corps et de l'esprit; sensibilisation aux conventions sociales et rejet du jeu que la société impose à l'individu; sensibilisation au désir de «réalisation» personnelle, au besoin de se dépasser, de s'épanouir; sensibilisation aux changements (d'une société dans un monde en mouvance, à l'individu dans un Etat où les structures évoluent); sensibilisation à la nature et désir de revenir aux choses naturelles, «écologiques», avec pour conséquence une sensibilisation aux pollutions de tous ordres et la menace qu'elles représentent pour la survie de l'environnement et de l'individu. Il semble évident que la libéralisation s'applique à tous ces sujets de sensibilisation avec quelques ajouts spécifiques, en particulier dans le domaine des conventions sociales où la morale individuelle prend ses distances face à la morale collective, les notions de bien, de mal, de devoir s'estompant dans un «flou artistique» au profit d'un hédonisme[39] individuel, social et économique. Ainsi cette aptitude nouvelle à cultiver, à ressentir ses émotions, à se centrer sur les messages en provenance de son corps, à affirmer son individualité, le droit de chacun à disposer de son corps, d'exercer sa sexualité et de maîtriser la contraception n'est-elle pas la confirmation *ego*-logique du droit à la différence, et la manifestation d'une revendication non-verbale de liberté du corps? C'est le détournement à son profit du concept de la consommation : la satisfaction de besoins individuels visant à une jouissance matérielle immédiate. «Un pour tous» est devenu «chacun pour soi» puis «tous pour moi», soit un renversement de tendance par surdétermination dans lequel l'individu devient plus important que le groupe. Ainsi le corps enjeu — instrument de production/consommation — revendique-t-il par ce moyen le droit au statut de corps en jeu — instrument de valorisation et de gratification. Cependant, l'imbrication est telle qu'avant d'y parvenir il deviendra l'enjeu d'autres marchés de production/consommation, ceux des loisirs, des sports, de la santé, de la diététique, des produits de régime, de beauté, de cosmétologie, etc. Les motivations ne manquent pas, exploitées à fond par la publicité dont les femmes demeurent la cible favorite : les soins de beauté sont présentés comme une nécessité d'évidence mais également comme un raffinement et un plaisir. Les hommes ne sont pas exempts de ce mouvement de reconquête du corps pour ce qui concerne les moyens «commercialisés», pas plus que les femmes ne sont absentes des pratiques sportives. Comme on le voit, jeux et enjeux sont étroitement intriqués dans le domaine du corps. On y perçoit clairement la poursuite de la rivalité corps/esprit (et sa traduction verbal/non-verbal) qui est bien l'objet d'enjeux sociaux. Actuellement, cette opposition évolue vers la complémentarité mais le jeu et ses enjeux restent identiques : la société assigne au sport des utilités sociales.

En Extrême-Orient, T'ai-ki-k'iuan et Tao-Yin visent à freiner les dépenses de santé et à maintenir en bonne forme l'instrument de production humain. Dans les pays de l'Est du bloc socialiste, c'est la vitrine publicitaire et l'image de marque dont l'état tire prestige par identification à ses champions. Dans le monde occidental, on peut y déceler plusieurs niveaux :

– D'abord, par le choix d'une pratique sportive et sa poursuite, l'individu pose le principe de la participation sociale volontaire.

– Ensuite, le sport institue une incitation dialectique où l'acceptation de soi passe par une double négation : en affirmant l'autre comme négation de soi (obstacle à la victoire) en même temps qu'il est nié comme affirmation de lui (désir de le vaincre). La sublimation est évidente : ce dont on doit triompher, ce n'est pas *d'un* homme mais *de* l'homme. Pour y parvenir il faut obtenir la meilleure condition physique possible, autrement dit réaliser la parfaite adéquation corps/esprit. Le sport, événement physique, se présente donc comme une union harmonieuse verbal/non-verbal devenue véritable didactique — passant sans cesse de l'analyse à la synthèse — qui procède par intégrations successives, car la seule répétition du geste correct ne suffit pas, l'essentiel résidant dans la liaison correcte des gestes. Cela explique la difficulté psychologique à laquelle se trouvent parfois confrontés certains athlètes — ainsi que de récents exemples l'ont clairement montré — qui peut de ce fait les mener à des contre-performances.

– Enfin la pratique sportive constitue une initiation au rationnel de la civilisation technologique dans laquelle la double transformation du milieu naturel et du milieu humain devrait procurer une vie de plus en plus confortable en dispensant de plus en plus de biens de consommation. Dans cette optique, le stéréotype de l'homme idéal est l'homme raisonnable — celui que l'on peut raisonner — chez lequel la vie affective et le sens critique sont remplacés par une culture superficielle et une mécanisation de l'individu qui n'ont d'autre but qu'un meilleur rendement, un meilleur contrôle, et un plus grand asservissement à la prégnance d'un état providence, qui propose le confort comme une fin en soi et non comme moyen matériel mis à sa disposition.

En définitive, on se demande si cette obsession (conditionnée) du bien-être ne serait pas en réalité ce qui risque de devenir la revanche totale du corps sur l'esprit ? En cela on partage l'inquiétude exprimée par Aldous Huxley : « Quelque jour peut-être, le monde aura été transformé en un vaste lit de plumes sur lequel sommeillera le corps de l'homme, tandis que son esprit se trouvera dessous, étouffé comme Desdémone »...

2.3.3. Le corps en jeu : un retour à la nature

Il existe pourtant une expression du sport qui, tout en paraissant marginale et individuelle, confirme pourtant la réalité des utilités sociales assignées au sport : le jogging. En effet, si son image la plus répandue est celle d'une activité sportive échappant au formalisme, aux contraintes de toutes sortes — infrastructures lourdes, adhésion et cotisations à un club, règlements stricts, chronométrages précis, etc. — il n'en est pas moins vrai que l'analyse du phénomène jogging[40] et de son développement conduit à une interprétation qui est celle de la mise en évidence d'une valeur « endurance » par opposition à celle qui avait cours précédemment : la vitesse. N'oublions pas que cette valeur vitesse avait elle-même supplanté au début du XXe siècle les valeurs « force » et « discipline » caractéristiques du XIXe. Or on ne peut pas, à notre avis, faire l'économie d'un parallèle entre l'évolution de ces valeurs et l'évolution de la société. De manière symptomatique, le XIXe siècle qui fut surtout guerrier et colonisateur assigna au sport une utilité très sociale : force et discipline. De même, le début du XXe marqué par l'avènement du machinisme valorise la vitesse. De manière tout à fait homologique, la fin du XXe siècle va faire du jogging le vecteur d'une nouvelle valeur, l'endurance, elle-même indissociable de la notion d'économie, nécessaire à la durée. Encore plus significativement, elle va prendre naissance en même temps que la crise économique due au choc pétrolier des années 1970. Quelle est la politique économique développée par la société pour tenter d'y pallier ? L'économie de l'énergie, avec pour conséquence la remise en cause des valeurs sociales en cours : compétition, croissance, consommation. Quelle est donc l'utilité sociale assignée au jogging sinon l'apprentissage d'une nouvelle économie énergétique, également idéologique, comme devant préparer l'individu à une véritable conduite de survie dans une société de croissance zéro, dans un univers apocalyptique de risques nucléaires et écologiques. Une magnifique démonstration en a été fournie par un jeune Français qui a traversé le Sahara en courant à la vitesse moyenne de 12 km/h, reliant Alger à Zinder soit 3.300 km parcourus en 54 jours dont 47 de course effective[41].

Ainsi le «joggeur» par l'économie énergétique réalisée au niveau de son corps serait-il en mesure, grâce à son endurance, de faire face à la raréfaction des ressources (abandon de l'automobile, diminution des rations alimentaires, etc.) et à la durée nécessaire à la révision et à l'établissement de nouvelles normes d'un système socio-économique qui aboutisse à une nouvelle organisation sociale qui elle-même définirait de nouvelles utilités qu'elle assignerait au sport.

Dans ces conditions, le jogging ne serait-il qu'une étape, un relais, une transition? On ne le croit pas, car ce serait réaliser un amalgame fautif — néanmoins assez fréquent — que d'assimiler sport à jeu même si les deux comportent fréquemment un enjeu. Il semblerait que cette dernière notion porte la responsabilité de cette confusion car elle n'implique qu'un seul aspect du jeu, celui où cette activité est soumise à des règles précises. On rappellera que dans sa première acception le jeu est un divertissement qui n'a d'autre fin que la récréation du ou des individus qui s'y livrent, ni d'autre règle que l'envie qui le fait naître ou cesser. D'évidence, le jogging rentre dans ce cas de figure, puisqu'il se moque des règles, de la compétition, du classement, du palmarès ou des médailles donc d'un enjeu. Ce n'est pas non plus, comme on l'a dit un peu abruptement, une démocratisation du sport mais plutôt une libération du carcan des contraintes physiologiques de la pratique d'un sport. Pas besoin d'une morphologie d'athlète, ni de l'astreinte à une discipline rigoureuse d'entraînement pour accéder au jeu du corps.

C'est la réhabilitation du corps pour tous ceux que l'âge, l'absence d'entraînement ou le refus des contraintes éloignait de l'exercice physique puisque l'on sait maintenant que l'endurance[42] n'a rien à voir avec le volume du muscle. Le passage de la vocation sociale du corps, au corps «individuel» s'accompagne d'un changement d'image ainsi que des valeurs qui y sont attachées. C'est la régression de l'image idéale[43], destinée aux autres, au bénéfice du «bien dans sa peau», d'utilisation personnelle. C'est également la réinsertion du corps dans la nature, avec le désir de retour au naturel et à la liberté.

Ce désir de naturel et de liberté, on le retrouve dans la façon dont s'établissent les relations entre hommes et femmes sur un mode égalitaire. Jusqu'à une époque récente, elle reposait sur le jeu de la séduction entre sexe opposé fonctionnant selon des règles assez précises, bien que non écrites. Malgré toutes les variations et improvisations possibles, le schéma directeur était pratiquemment toujours le même dans son essence : la femme utilisait les éléments autorisés par le code des conventions socio-culturelles, beauté, charme, etc. mais également

tous les signes non-verbaux de manifestation d'intérêt tolérés par les
« bonnes manières » : orientation du corps, posture, proxémie, regards
... A charge pour l'homme de concrétiser sous une forme verbale la
communication amorcée de manière non-verbale. Cette forme de « négociation d'une communication » se poursuit encore souvent lorsqu'elle
revêt une forme de revendication affective. Ce rituel des prémices
communicatives entre sexe a cependant évolué pour autant qu'on s'applique du côté féminin à renverser les rôles. On s'observe, chacun
restant sur son quant-à-soi, ne sachant trop qui doit prendre l'initiative,
ce qu'il faut faire ou ne pas faire, dire ou ne pas dire car si l'enjeu
n'a pas changé, le jeu n'a plus de règle... Cela provoque assez souvert
— à tout le moins — un certain flottement, qui ne contribue pas, ؛
s'en faut, à améliorer la communication...

Ainsi, bien souvent cette communication entre hommes et femmes
est — telle la langue d'Esope — soit louée comme un acquit féminin
important, soit responsable de la majorité des problèmes de couple.

A notre avis, dans cette dernière version, on fait trop bon marché
d'un autre élément déterminant de la nouvelle société : la prolongation
de la durée moyenne de vie. Au XVIIIe siècle, le temps de cohabitation
moyen d'un couple était de 17 ans, il est aujourd'hui de 47... Par
ailleurs, les médias et l'audio-visuel ne constituaient pas un produit
de remplacement se substituant souvent à l'échange et investissant
l'espace social du corps.

NOTES

[1] Par une image, un signe, un symbole fournis par les sens, la mémoire ou l'imagination.
[2] Dans la seconde partie, on traitera de cette notion plus en détails.
[3] Environ 35.000 ans avant notre ère.
[4] Leroi-Gourhan (1965), vol. I, pp 266-275.
[5] Littéralement : rendre conforme à la raison ce qui, par nature, semble y échapper.
[6] Il est remarquable de constater que c'est au moment où l'Occident va de censure en
interdit contre le corps que la danse et l'expression du corps atteignent leur apogée en
Orient.
[7] Architecte, ingénieur, mathématicien, écrivain, musicien, inventeur.
[8] Ensemble des règles qui déterminent les proportions idéales des diverses parties du
corps entre elles.
[9] On notera que l'art pictural japonais ancien représente les partenaires d'une relation
érotico-amoureuse le plus souvent partiellement vêtus — ceci dans une culture accoutumée à la nudité des bains mixtes — alors que pour l'art classique occidental le nu —
qui n'est pas habituel en public — est considéré comme hautement artistique...
[10] Et les arts plastiques en général...
[11] Pris ici au sens général d'objet tangible.
[12] I.N.S.E.E., Données sociales, édition 1984.
[13] Cf. Mermet (1985).

[14] Ainsi qu'on l'a déjà fait : cf. Argentin, G., Marin, R. (1978).
[15] Phénomène artificiel dont l'apparition est liée à la méthode d'application ou d'évaluation d'une expérience.
[16] Au sens étymologique : de «intuitio», regarder attentivement.
[17] Cf. Virel, A. (1965).
[18] Littéralement «phobie de la mauvaise forme corporelle», c'est-à-dire la conviction erronée d'être difforme, laid, trop gros, trop maigre,...
[19] La dismorphie est une *réelle* déformation du corps.
[20] Cf. DENIS, M., «Propriétés et fonctions des systèmes de représentation», Laboratoire de Psychologie, Document n° 161, Université de Paris VIII, 1981.
[21] ARGENTIN, G., LAVILLE, N., MAURY, F., MERLUZZI, N. et ROYER, P., «Importance et détermination des représentations en jeu dans les annonces matrimoniales», U.E.R. de Psychologie, Université de Paris VIII, ronéo, juin 1985.
[22] C'est-à-dire élaborer une «représentation de représentation», donc une image propre à chaque individu par opposition à archétype — au sens d'image d'un modèle éternel — et à stéréotype (image toute faite, conforme à la norme).
[23] Cf. Beauvois, J.L., Ghiglione, R. (1982).
[24] Etranger à la cité : Metoïkos, «qui change de maison».
[25] Alors qu'un Français sur deux n'en lit *jamais...* (cf. Mermet, *op. cit*).
[26] Au sens étymologique : du grec «sumbòlon», morceau d'un objet partagé entre deux personnes pour servir de signe de reconnaissance.
[27] Au sens behavioriste : la présentation d'un stimulus entraîne une réponse réflexe.
[28] Certains esprits persifleurs prétendent que le système fonctionne en raison du faible bruit de la circulation automobile...
[29] Cette boutade met en évidence la perversion intervenue dans l'utilisation des attributs, dont fait partie le maniement du langage verbal.
[30] ARGENTIN, G., LEVASSEUR, F., BOUKERCHA, A., ANNE, D., BENKHELIL, J., TEUTSCH, D., et CHARBIT, L., «Attribut-vêtement : le tout-fait veut-il tout dire ?», U.E.R. de Psychologie, Université de Paris VIII, ronéo, janvier 1985.
[31] Qui s'étendent aux domaines les plus variés : de l'équipement ménager (vaisselle, linge, etc.) à l'équipement technologique (finition noire des appareils photographiques, miniaturisation des chaînes haute-fidélité, etc.).
[32] Cf. Kiley (1985).
[33] Taylor et Stakhanov — respectivement ingénieur américain et mineur soviétique — ont mis au point des méthodes d'organisation rationnelle du travail.
[34] Qui se définirait comme l'ensemble des faits relatifs à la circulation, la répartition et la consommation des biens directement liés au corps ou à l'esprit, dans une société.
[35] Il ne s'agit pas, évidemment, du viscère mais du siège des passions — au sens classique...
[36] Cf. Turner, E.S. (1954).
[37] Consommation oblige... en outre certains esprits acerbes prétendent que les femmes sont comme les arbres de Noël; après (le) 25, personne n'en veut plus...
[38] Diffusion de l'intérieur vers l'extérieur dans un phénomène d'osmose.
[39] Doctrine qui fait de la recherche du maximum de satisfactions et de plaisir, le fondement de la morale et le moteur de l'activité économique.
[40] Cf. Yonnet, P. (1982).
[41] J. Martin, ingénieur en énergie solaire, du 23 novembre 1980 au 16 janvier 1981.
[42] Cette notion d'endurance est d'ailleurs une valeur intégrée par le sport ainsi qu'on peut en juger par le nombre d'épreuves qui s'y réfèrent : 24 h du Mans, Bol d'Or, Enduro du Touquet, Paris-Dakar, Route du Rhum, Transat en double, etc.
[43] On remarquera avec intérêt qu'Image est l'anagramme de Magie... comme chien et niche... et que dans les deux cas, l'une peut cacher l'autre...

Chapitre III
Langage du corps : mythe ou réalité ?

La littérature de ces trente dernières années a mis à la mode un certain nombre de concepts et de vocables tels que langage des animaux, langage du corps, communication non-verbale, comportement non-verbal, etc. tous plus ou moins pervertis — souvent plus que moins — par l'utilisation abusive que l'on fait de ces terminologies. Ces acceptions, pour fausses que certaines puissent être, recouvrent cependant des problèmes réels. Il est clair que ces vocables tentent de maîtriser en les dénommant, les difficultés que l'on éprouve dès qu'on veut aborder et décrire les manifestations concrètes — dont la cause peut être abstraite ou ignorée — d'un système vivant qui ne s'exprime pas à l'aide du système verbal de communication humain. Il est pourtant admis que de telles manifestations constituent des systèmes de signification dont le sens n'est cependant pas évident, même pour un spécialiste.

Un des aspects du problème pourrait résider dans l'acception — littéraire ou scientifique — du mot langage. Vaine polémique, pensez-vous? Oui et non. S'il est exact que le langage n'implique pas obligatoirement l'utilisation d'un lexique sémantiquement identique pour le linguiste, l'écrivain ou l'homme de la rue, ni ne recouvre des problèmes semblables pour le psychologue, le médecin, le thérapeute et leurs patients, comment peut-on être certain — lors d'une communication entre individus — d'attribuer au message perçu le sens donné par celui qui l'a émis, et seulement celui-là ? C'est un des problèmes fondamentaux de la communication : celui de la désambiguïsation du message perçu. A plus forte raison lorsque celui-ci est non verbal...

3.1. LES DISCOURS DU CORPS : PSYCHOSOMATIQUE ET THERAPIES

S'il est un domaine où l'égalité démocratique n'est qu'apparente, c'est celui du discours et de sa capacité d'expression. Dès le début du siècle, G.B. Shaw[1] a montré — avec un certain humour — que l'aptitude à dominer et à utiliser avec aisance le langage verbal pour communiquer avec ses semblables permettait de transgresser le marquage social que confèrent les attitudes langagières. Par contre, il avait perçu également que lorsque l'information à transmettre est trop écrasante, trop chargée d'émotion et d'affect, cette capacité de dominer l'expression verbale pouvait échapper au contrôle de la volonté[2]. On n'entrera pas ici dans le domaine de l'étude de l'expression des émotions, mais on notera que dans ce cas, l'information n'est pas transmise uniquement par le canal verbal mais le plus souvent accompagnée de ce que d'aucuns ont appelé comportement non-verbal, par un phénomène d'amalgame.

Comment résoudre le problème induit par un message dont la pluralité de sens ne permet pas une interprétation sans équivoque, lorsqu'en outre il est posé selon des modes d'expressions différents — verbal et/ou non-verbal — telles l'expression traduction du comédien, l'expression figée du masque, l'expression artificielle du mannequin, l'expression conventionnelle du modèle, l'expression apprise du danseur, l'expression schématique du croquis, l'expression codifiée de la peinture, l'expression calculée de la sculpture, l'expression sociale des tatouages, l'expression rituelle des scarifications, l'expression religieuse des prières ?

On notera que ce concept d'expression est sans doute l'un des plus ambigus et des plus polysémiques qui soient, ainsi qu'il est aisé d'en juger par la multiplicité des exemples cités. Pour les linguistes, il peut posséder des critères différents : extériorisation d'un contenu psychique au moyen d'un signe quelconque ; extériorisation d'un contenu affectif ; substance d'un énoncé ; etc. Pour les psychologues, il évoque des champs diversifiés en tant que phénomène différentiel ; phénomène affectif ; élément de diagnostic ; symptôme pathologique ; moyen thérapeutique ou élément de la communication ; ... cette énumération ne visant pas à l'exhaustivité.

3.1.1. Corps du discours ou discours du corps?

Le concept d'expression revêt dans le discours idéologique un caractère de falsification dans la mesure où, rapporté au corps, il est revendiqué et présenté comme recette-miracle, accessible à tous. La libre expression du corps est célébrée par ses zélateurs comme une panacée libératrice des problèmes physiques ou métaphysiques. C'est pourquoi on assiste à une inflation des pratiques corporelles parallèlement à l'éclosion et à la multiplication des officines commerciales qui les recommandent et les cultivent. Historiquement, on pourrait attribuer la quasi-paternité de ce mouvement en France à la tentative d'élaboration d'une ontologie du corps[3] de Merleau-Ponty (1945). « Les comportements créent des significations qui sont transcendantes à l'égard du dispositif anatomique, et pourtant immanentes au comportement comme tel puisqu'il s'enseigne et se comprend. On ne peut pas faire l'économie de cette puissance irrationnelle qui crée des significations et qui les communique. La parole n'en est qu'un cas particulier (...) une contraction de la gorge, une émission d'air sifflante entre la langue et les dents, une certaine manière de jouer de notre corps se laisse soudain investir d'un sens figuré et le signifie hors de nous (pp. 221-226). »

C'est là un des points où se manifeste la dissonance entre corps du discours et discours du corps ; c'est la résurgence de la dichotomie esprit/corps, chère à Descartes. Cette séparation cartésienne posait un problème, que les philosophes grecs du VIe siècle avaient déjà clairement perçu, celui d'une certaine manière de penser le monde.

« Nous quitterons tous les préjugés qui ne sont fondés que sur nos sens, et ne nous servirons que de notre entendement[4] ». Ainsi se trouve décrété *rationnel* cc qui appartient à l'esprit, et *irrationnel*[5] ce qui provient du corps.[6]

Donc ce qui n'appartient pas au raisonnement est réputé non véridique.

Ce procès se poursuit encore entre les sciences expérimentales — dont l'objectivisme s'efforce de rejeter l'ensemble des réalités subjectives — et les sciences humaines. Mais l'objectivité n'est-elle pas la qualité de ce qui existe en dehors de l'esprit? Donc elle serait ainsi irrationnelle; mais on peut pousser plus loin le paradoxe. En disant que la subjectivité n'appartient qu'au sujet n'est-ce pas une manière de rendre rationnel ce qui ne l'est pas? Ainsi qu'on le voit il est facile de confondre rationalité d'objet et rationalité de démarche ; ce faisant, on rend la démarche intellectuelle irrationnelle...

L'irrationalité n'a pas un caractère permanent, c'est une rationalisation provisoire produite par la pensée face à des questions qui n'ont pas de réponse rationnelle. Cela étant, peut-on dire que le corps, dans ses manifestations, est irrationnel? C'est une question de point de vue. La notion de rationnel/irrationnel étant toute relative — puisqu'elle n'a de valeur que par rapport à un dénominateur commun — il est possible d'affirmer que le corps a sa rationalité propre. De la même manière, dans la connaissance du fonctionnement du corps, le rationalisme occidental — séparant corps et esprit — considérait comme irrationnelle l'approche orientale (chinoise) qui, abordant le corps entier — séparant l'extérieur de l'intérieur — présentait, de fait, une rationalité différente.

Ce principe de rationalité/irrationalité ne constitue pas une digression dans ce chapitre car la mise en cause de la séparation cartésienne corps/esprit représente un préalable nécessaire sans lequel on ne peut aborder (on allait dire de façon rationnelle...) ni les manifestations psychosomatiques ni les thérapies.

Ce corps que l'on veut tellement rendre conforme à un stéréotype social — image que l'on veut donner de soi et image que l'on voudrait avoir de soi — ce corps attribut, se soumet-il de bonne grâce à des tentatives de gommage, de rabotage, de façonnage?

Une double question se pose : la modification des dispositions à terme va-t-elle conduire à une transformation extérieure ou bien un «ravalement de la façade» peut-il s'opérer sans modifier l'architecture interne?

Exposée sous une forme plaisante, c'est toute la problématique psychosomatique qui se trouve ainsi posée.

3.1.2. Psychosomatique : les réponses du corps aux problèmes de l'esprit

On n'a pas ici l'intention ni la prétention d'exposer ou de couvrir l'étendue du problème — des ouvrages spécialisés l'on fait et le font — mais plus simplement d'intégrer dans une approche de la communication non-verbale les réponses du corps aux problèmes posés par l'esprit. Corrélativement on survolera les réponses que peuvent fournir les différentes thérapies aux problèmes de «cohabitation» corps/esprit.

On peut admettre que l'homme, dans son comportement, est mû par des forces instinctuelles profondes à travers des structures physiologiques, bien que l'on ignore encore les lois de ce cheminement. L'état de santé est constitué par l'équilibre des pulsions profondes et de l'organisme entier avec les pressions externes de ce milieu (sociales, culturelles, familiales, économiques, politiques...). L'état de maladie est une désadaptation, plus ou moins réversible, de l'individu vis-à-vis de lui-même et de son milieu. Comment dans la maladie les forces en cause s'investissent-elles et comment les schèmes de réponse s'altèrent-ils ? On admettra que chez l'homme l'interdépendance de ces domaines en situation dans l'environnement constitue l'unité psychosomatique.

On constate que les degrés de liberté laissent à l'homme plusieurs possibilités de choix : être ou ne pas être malade, composer avec son mal ou choisir entre plusieurs maladies, sans oublier que ne pas choisir reste un choix. Si l'on considère les maladies comme une manière de se comporter, il existe de multiples choix entre différents comportements : santé ou maladie, avec des gradations, simple fatigue, douleurs diffuses ou localisées, implications viscérales ou comportements irrationnels tels que alcoolisme, toxicomanie, délinquance voire parfois suicide. Il est frappant de constater la difficulté que l'on éprouve d'une manière générale à cerner le champ psychosomatique ainsi que la contradiction existante entre les acceptions du terme psychosomatique selon qu'on l'élargit à la médecine tout entière, ou qu'on le restreint à certains troubles. Ainsi, admettre l'existence de maladies psychosomatiques spécifiques reviendrait à considérer uniquement le dualisme corps/esprit en rejetant la conception unitaire pour le reste de la médecine. Il y a là un paradoxe auquel il semble difficile de fournir une réponse claire.

Pas plus que l'on ne peut affirmer que toute pathologie est organique, on ne peut prétendre que les troubles psychiques engendrent des troubles somatiques. Pour pouvoir parler de psychosomatique il faut faire ressortir l'existence d'un conflit. On doit pouvoir rétablir la relation précise qui existe entre la situation conflictuelle du malade et sa maladie et cela jusque dans la forme même de cette maladie. Ces conflits provoquent tantôt des manifestations mentales, tantôt des manifestations somatiques, ou bien des deux sortes en proportions variables. C'est ce que l'on connaît sous le vocable de balancements psychosomatiques, où les symptômes s'alternent et se succèdent dans le temps sans que l'on puisse pour autant affirmer que des troubles névrotiques produisent des troubles somatiques. A l'origine de ce mécanisme, il faut accorder une très grande importance à la notion de stress, c'est-à-dire l'agression provenant de l'environnement et déclenchant chez le sujet une réaction de tension. La situation qui le précipite dans la maladie revêt pour le malade une situation affective particulière comme étant liée à son passé ou à un problème conflictuel non résolu. C'est en raison de ces liens qu'elle représente pour lui un effet de stress. Ces affects peuvent donc, par la tension émotionnelle qu'ils entraînent, déclencher des troubles fonctionnels chroniques puis des lésions organiques. En outre, si la manifestation de l'anxiété ou de l'agressivité ne peut se produire, les décharges du système nerveux central sont détournées vers le système végétatif provoquant des désordres pathologiques dans le fonctionnement des organes. Cela voudrait-il dire qu'il existe une spécificité émotionnelle des nécroses d'organe, c'est-à-dire qu'à chaque catégorie de stress corresponde un syndrome physiologique particulier ?[7]

Les théories localisatrices ayant fait long feu, il semble donc que la localisation ne soit pas spécifiquement dépendante d'une cause, mais que le trouble ou la lésion puissent se manifester vis-à-vis de l'organe le plus faible, le plus vulnérable. Cette vulnérabilité pourrait être imputable soit à une prédisposition génétique soit à une infection — ou affection — antérieure, soit enfin à un conditionnement préalable.

On peut également envisager d'approcher les localisations psychosomatiques et leurs manifestations comme étant un choix comportemental ; dans ce cas, le comportement doit être considéré sous l'angle d'une simple séquence d'actes n'impliquant aucun jugement de valeur. Dans cette optique, la fatigue — par exemple — devient un comportement de refus, une tentative passive pour se dégager d'une situation conflictuelle. Cette « voie d'évitement » peut également emprunter d'autres formes pour s'exprimer : instabilité dans l'emploi, absentéisme, accident du travail (parfois répétitif). Ainsi se met en place un mécanisme du type suivant : une tension socio-professionnelle se traduira par un absentéisme. Celui-ci, autoritairement réprimé, va être suivi d'un absentéisme médicalisé. Ce dernier, à son tour contenu ou réglementé, donnera lieu à une forme ultime de manifestation : l'accident de travail.

Cette escalade traduit une revendication non-verbale qui ne peut pas — n'ose pas — s'exprimer verbalement et qui emprunte une forme centrifuge. Cette contestation non-verbale pourra tout aussi bien prendre une forme centripète, c'est-à-dire orientée contre le sujet lui-même et présenter des manifestations organiques diverses (poussées hypertensives, ulcéreuses, congestives, cutanées, dépressives, etc.)

Dans quelle mesure l'individu peut-il échapper à ces manifestations par des comportements inhibiteurs ou libératoires, c'est le problème que tentent de résoudre selon des voies différentes la médecine et les diverses formes de thérapies, dans lesquelles on retrouve — encore et toujours — la dichotomie corps/esprit selon qu'elles utilisent des moyens d'action non-verbaux dans les thérapies corporelles ou des moyens verbaux dans les thérapies analytiques. Cette séparation est la base de polémiques souvent vives à propos des fondements théoriques de chacune d'elles. Afin de tenter de mieux saisir les relations, les filiations — voire les complémentarités — on trouvera ci-après un tableau récapitulatif.

Tableau synoptique des thérapies verbales et non- verbales

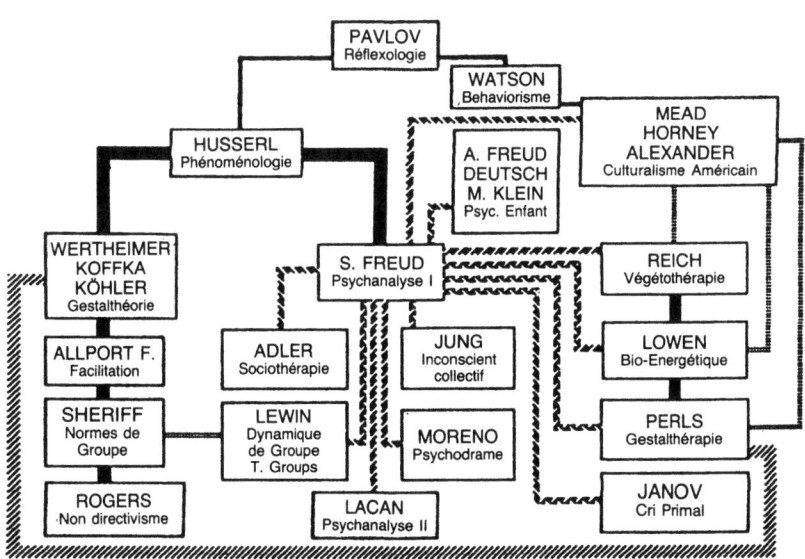

Ainsi qu'on peut le voir, lorsqu'on met à plat les relations qui lient les thérapies analytiques et corporelles, la dichotomie n'est plus si évidente, au moins pour ce qui concerne la théorie...

3.2. LES THERAPIES ANALYTIQUES : DIRE SES FAIRES...

On aura remarqué que le tableau précédent ne visait pas à l'exhaustivité mais ambitionnait de situer dans un contexte de relation et de filiation théoriques les courants principaux des deux groupes de thérapies : analytique (verbales) et corporelles (non-verbales).

Avant d'aller plus avant, peut-être n'est-il pas inutile de préciser certains points dont les références ultérieures seront fréquentes. Tout d'abord la psychanalyse. Même si l'on se réfère exclusivement à Freud, ce vocable peut désigner plusieurs choses : soit une méthode d'exploration du psychisme en tant que processus inconscients méconnus par la psychologie classique, soit une méthode thérapeutique de traitement de certaines névroses.

On rappellera que l'étude des manifestations des phénomènes «inconscients» de l'esprit, c'est-à-dire ceux qui échappent au contrôle de la volonté, est antérieure à Freud. En France, en particulier, Janet rédige en 1889 une thèse intitulée «L'automatisme psychologique» dont le sous-titre est «Essai de psychologie expérimentale sur les formes inférieures de l'activité humaine» où il est question de *«régions inférieures du Moi* responsables de certains actes exécutés sans que l'individu n'ait aucunement conscience d'en être la cause». Il est certain que ces «régions inférieures du moi» ressemblent étrangement à ce que Freud nommera plus tard «l'inconscient».

Après Freud, certains continuateurs se sont attachés à relier la psychanalyse à ce qu'on pourrait appeler la «conscience sociale». En particulier ses deux disciples hétérodoxes, Adler, le théoricien de la surcompensation, et Jung, l'apôtre de l'inconscient collectif, dont les symboles ou archétypes nous influencent. Pour ce qui le concerne, Adler s'attache à la recherche de la finalité des tendances beaucoup plus qu'à leur causalité. Il croit aux vertus d'une thérapie sociale et, à ce titre, doit prendre place parmi les fondateurs de la «sociothérapie».

Sans aucun doute, la liste des techniques — et de leurs initiateurs — qui reprennent, poursuivent ou amalgament les grands concepts de base serait longue, mais cela n'ajouterait rien à notre propos qui est de montrer :

* leur point de convergence : les pratiques analytiques ou corporelles sont redevables des théories freudiennes, soit pour y souscrire, soit pour s'y opposer;

* leur point de divergence : la différence des moyens thérapeutiques utilisés, l'esprit et le verbal ou le corps et le non-verbal.

Avant de s'interroger sur les pratiques thérapeutiques destinées à soulager le patient, à l'aider à sortir de son état de «maladie», on pense pertinent de chercher à cerner les réalités causales de cette forme de désadaptation de l'individu à son environnement, car c'est bien cela qui est en question.

3.2.1. Le corps réceptacle

Tous les individus sont confrontés en permanence à des problèmes plus ou moins aigus ou entraînant une plus ou moins grande implication ; cependant tous les sujets ne présentent pas une «traduction viscérale» des problèmes psychologiques. La première grande cause est ce que l'on nomme le terrain. Pour illustrer cette notion de terrain, on peut constater chaque hiver l'apparition d'épidémies de rhume et de grippe, mais tout le monde n'en est pas atteint. Certains individus y résistent mieux que d'autres, dont l'organisme se défend moins bien et présente donc un «terrain» plus favorable à l'apparition de la maladie. Il en va de même des problèmes psychologiques et de leurs manifestations somatiques qui se développent surtout lorsqu'elles rencontrent un «terrain» propice.

La seconde cause implique le passé du sujet, — son «vécu» — avec son histoire et la perception qu'il a de ses composantes familiales, éducatives, religieuses, affectives, sexuelles, relationnelles, sociales, qui constituent la grille de lecture *hic et nunc* des événements quotidiens.

Si à travers ce filtre (déformant), la lecture de la réalité n'est ni gratifiante ni satisfaisante, l'individu va se replier sur lui-même. Ce repli est un besoin et une sécurité, un compromis transactionnel avec l'angoisse. A partir de cette réaction — normale au départ — le sujet, en prolongeant ce compromis par une fixation à cette situation, constitue la structure profonde de la névrose.

Dès que l'on fait mention de névrose, la référence quasi immédiate à laquelle on est confronté, c'est Freud. En conséquence, de très nombreux auteurs ont glosé les textes freudiens, les théories, leur interprétation et la technique psychanalytique. C'est pourquoi on se gardera bien d'ajouter à ces exégèses. Pour ce qui concerne la technique psychanalytique, on cherchera la réponse dans l'un des derniers écrits de Freud (1938)[8].

«C'est sur cette manière de considérer les choses que nous établissons notre plan de traitement[9]. Le moi est affaibli par le conflit interne et il convient de lui porter secours. Tout se passe comme dans certaines guerres civiles où c'est un allié du dehors qui emporte la décision. Le médecin analyste et le moi affaibli du malade doivent, en s'appuyant sur le monde réel, faire ligue contre les ennemis : les exigences pulsionnelles du ça et les exigences morales du surmoi. Un pacte est conclu. Le moi malade du patient nous promet une franchise totale, c'est-à-dire la libre disposition de tout ce que son auto-perception lui livre. De notre côté, nous lui assurons la plus stricte discrétion et nous mettons à son service notre expérience dans l'interprétation du matériel soumis à l'influence de l'inconscient. Notre savoir compense son ignorance et permet au moi de récupérer et de gouverner les domaines perdus de son psychisme. C'est ce pacte qui constitue toute la situation analytique» (rééd. 1975, p. 40).

Toutefois, Freud ne prétend pas que cette forme de thérapie puisse constituer une panacée de tous les problèmes psychologiques applicable à tous les patients, en raison — en particulier — de la contrainte du pacte de franchise. L'absence de cohérence interne présentée par certains malades (psychotiques) les en exclut, au moins pendant la période où ils présentent ce genre de trouble. Pour ceux qui en sont justiciables, voici ce qu'il écrit. «Nous ne demandons pas seulement au patient de dire ce qu'il sait, ce qu'il dissimule à autrui, mais aussi ce qu'il ne sait pas. C'est pourquoi nous lui expliquons plus en détail ce que nous entendons par sincérité. Nous lui imposons d'obéir à *la règle fondamentale* analytique qui doit désormais régir son comportement à notre égard. Le patient est obligé de nous révéler non seulement ce qu'il raconte intentionnellement et de bon gré, ce qui le soulage comme une confession, mais encore tout ce que lui livre son introspection, tout ce qui lui vient à l'esprit, même si cela lui est *désagréable* à dire, même si cela lui semble *inutile*, voire *absurde*»[10] (p. 41-42). Il apparaît donc nécessaire que le patient ne cherche pas à sélectionner, à «trier», à choisir ce qu'il convient de dire ou de ne pas dire afin de plaire à l'analyste, dans le but d'obtenir son approbation, voire son amour[11].

A ce propos, on notera que Freud considère comme impératif que : «Tout rapport sexuel réel entre les patients et l'analyste est exclu, et des satisfactions plus délicates, tels que les témoignages de préférence, une certaine intimité, ne doivent être que parcimonieusement accordées» (p. 44). Cela est lié directement à l'une des conditions principales du pacte d'assistance dont le but recherché est que la modification du moi par intrusion d'éléments nouveaux ne soit pas exagérée et ne vienne pas interférer avec le matériel produit par le dire du patient.

«Le matériel de notre travail nous vient de diverses sources : des dires du patient, de ses associations libres, de ses manifestations de transfert, de l'interprétation de ses rêves et enfin de ses *actes manqués*» (p. 46).

3.2.2. Dire, c'est faire; ne pas faire, c'est dire...

La thérapeutique analytique ne prend pas seulement en compte le dire mais également un certain de type de faire, étant convenu qu'il s'agit d'un faire en «pointillé» puisque non réalisé.

On peut donc considérer que ce faire latent se concrétise sous forme d'un dire en positif[12]. Dès lors ne pas faire, c'est dire; formulation confirmée par Lacan : «Tout acte manqué est un discours réussi» (1966, p. 268).

En conséquence on constate que dans cette forme de thérapie :
- **dire ses faires** est significatif;
- **ne pas faire c'est dire** est signifiant[13].

Si l'on considère cet énoncé sous un angle linguistique — le mot prononcé étant le signifiant et l'objet le signifié — on aboutit à une contradiction de type c'est l'inexistant qui existe, ce qui est — tout compte fait — conforme à l'objet de l'analyse : donner du sens à ce qui n'en a pas (pour le patient...).

Il semble que la contradiction entre le sens général de certains mots et leur signification linguistique ainsi que la transposition/importation de la linguistique dans l'analyse soient au centre de la psychanalyse freudienne «revue et corrigée» par Lacan, dont l'essence réside en deux phrases :

«La psychanalyse n'a qu'un médium : la parole du patient» (1966, p. 247).

«La loi de l'homme est la loi du langage» (p. 272).

L'entreprise lacanienne est de réformer la psychanalyse en vue de permettre une formalisation «scientifique». Pour tenter d'y parvenir, il va donc falloir importer la terminologie linguistique au sein de la théorie psychanalytique afin de l'ériger en science pilote; mais Lacan ne justifie jamais l'utilisation qu'il fait de la linguistique dans un domaine dont elle ne relève pas. C'est ainsi qu'il utilise souvent de nombreux vocables empruntés à la linguistique tels que : signe, signifiant, paradigme, synchronie, diachronie, métaphore, métonymie, etc.; malheureusement cet usage est le plus souvent fautif dans son sens linguistique. D'ailleurs les références à la linguistique sont très allusives et vagues, ainsi que les connaissances en matière linguistique de Lacan, qui pourtant reproche aux autres d'avoir lu Saussure en diagonale... Dire c'est faire...

«(...) ce que les linguistes désignent sous le terme de la protase et de l'apodose» (p. 205). Il s'agit en réalité de deux figures de rhétorique liées par une règle grammaticale où une proposition principale est précédée d'une subordonnée conditionnelle[14].

Jamais dans les «Ecrits», on ne trouve la moindre tentative d'analogie entre structures linguistiques et structures des éléments de l'analyse. Il s'agit en fait de «placage» d'une terminologie linguistique sur sa propre construction théorique afin d'en justifier la portée scientifique. On pourra en juger par les quelques exemples que l'on a relevés dans les «Ecrits».

– «Le langage (...) est expression de son hérédité organique dans la phonologie du *flatus vocis*; des passions du corps au sens cartésien, c'est-à-dire de son âme, dans la modulation passionnelle; de la culture et de l'histoire qui font son humanité, dans le système sémantique qui l'a formé enfant» (p. 166).

Comme on peut le constater, phonologie est utilisé à contresens pour phonétique; quant au système sémantique, si on peut imaginer ce que Lacan veut signifier (c'est-à-dire être le signe de quelque chose) on ne voit pas où peuvent être les relations entre signes ou entre signifié et signifiant, pas plus que ce à quoi correspond ce système.

On pourrait éventuellement trouver une explication dans une autre citation, car pour Lacan «Le mot n'est pas signe, mais nœud de signification» (p. 166). Dans ce cas, évidemment...

Pour ce qui concerne l'usage de «signifiant», il est en général utilisé fautivement à la place de significatif :

– «1940-1944 : une parenthèse signifiante pour beaucoup de gens» (p. 197).

– «Le symptôme est ici signifiant d'un signifié refoulé dans la conscience du sujet» (p. 280).

Plus loin, ce qui au début de la phrase pourrait avoir un aspect linguistique devient rapidement amphigourique : «C'est la découverte de Freud qui donne à l'opposition du signifiant et du signifié la portée effective où il convient de l'entendre : à savoir que le signifiant a fonction active dans la détermination des effets où le signifiable apparaît comme subissant sa marque, en devenant par cette passion le signifié.»

Pour tenter de conférer une réalité scientifique à la notion d'inconcient, Lacan dénature et pervertit les concepts saussuriens de signifiant et de signifié en les manipulant comme des objets et non comme des classes d'objets, ce qui constitue une contre-indication de la communication.

Il existe bien d'autres exemples de cette méconnaissance de la linguistique mais on arrêtera ce survol des «Ecrits» sur trois dernières citations :

– «Par une antinomie inverse, on observe que plus l'office du langage se neutralise en se rapprochant de l'information, plus on lui impute de redondances» (p. 299).

On atteint ici un sommet de l'abscons. L'antinomie étant la contradiction entre deux concepts, que peut bien être une antinomie inverse ? La philosophie lacanienne serait-elle sous-tendue d'un aphorisme du genre : la science n'étant pas chose simple, faisons compliqué pour être scientifique...

– «Nous avons à tendre l'oreille au non-dit qui gîte dans les trous du discours» (p. 307). Si l'on peut parvenir à saisir l'envolée lyrique d'une telle phrase, il doit falloir néanmoins être extrêmement attentif pour percevoir ces paroles non prononcées, réfugiées dans une absence d'énoncé...

– «Entre le signifiant énigmatique du trauma sexuel et le terme à quoi il se substitue dans une chaîne signifiante actuelle, passe l'étincelle qui fixe dans un symptôme — métaphore où la chair ou bien la fonction sont prises comme éléments signifiants — la signification inaccessible au sujet conscient où il peut se résoudre» (p. 518).

Ainsi de tous les pseudo-syllogismes énoncés, à défaut de référence linguistique[15], se dégage un discours auto-référent qui boucle sur lui-même, sans que jamais ne soit amorcé ou tenté une démonstration du bien-fondé de la réalité de l'hypothèse lacanienne de la scientificité exclusive et spécifique de la vertu thérapeutique de «dire ses faires».

Existe-t-il une (r)évolution de la technique psychanalytique depuis l'époque où Freud recevait ses patients Bergassestrasse à Vienne ? C'est une question qui n'entre pas dans le cadre de cet ouvrage. Cependant, on dira brièvement que le type même du patient a changé car la société a changé, l'environnement a changé, les conditions de vie ont changé. Les structures permanentes sont de plus en plus rares

— l'environnement est complètement bouleversé en une génération
— les valeurs traditionnelles sont remises en cause, y compris la structure familiale. Les conditions sociales du monde occidental tel qu'il a évolué font — très schématiquement — que le patient endoctriné dans la spirale du «toujours plus», très éloignée du style de vie du début du siècle, veut aller plus loin et plus vite dans la recherche de solutions. Si par le langage, l'homme construit le monde, la psychanalyse prétend, elle, reconstruire l'homme. Freud en exigeant du patient le pacte de franchise avait bien senti que la pratique psychanalytique risquait d'achopper sur une autre pratique : celle du langage, en devenant :

– pour l'analyste, un discours au second degré ; (un discours sur un discours) ;

– pour le patient, un discours dédaléen où dire ses faires devient avoir à dire, devoir dire, savoir dire, savoir dire ce qu'il faut dire, savoir ne pas dire ce qu'il faudrait dire, savoir dire ce qu'il ne faudrait pas dire, etc.

Parmi les thérapies analytiques (verbales), on mentionnera pour mémoire les pratiques de groupe qu'on ne détaillera pas plus avant, de nombreux auteurs y ayant consacré de nombreux ouvrages et le développement important qu'elles nécessiteraient n'ayant pas sa place ici. On ne s'intéressera qu'aux groupes de thérapies corporelles, car à l'inverse des thérapies analytiques verbales, les thérapies corporelles se pratiquent rarement de façon duelle. Toutefois, afin de clarifier quelque peu pour le lecteur non averti des thérapies de groupe, on pourrait schématiquement les «regrouper» en trois grands courants et les énoncer ainsi :

– corporel (bioénergie, massages reichiens, relaxation, thérapie primale) ;

– existentiel (gestalt-thérapie, analyse transactionnelle, co-conseil, etc.) ;

– mystique (méditation, yoga, zen, taï-chi-chuan.

Comme on peut le constater, contrairement à l'auberge espagnole où la légende veut qu'on ne trouve que ce que l'on apporte, on peut trouver dans les groupes ce que l'on cherche,... à condition toutefois de savoir ce que l'on cherche, ce qui n'implique pas pour autant que l'on sache où le trouver...

3.3. LES THERAPIES CORPORELLES : FAIRE SES DIRES...

Ainsi qu'on l'a déjà mentionné, l'interdit le plus fondamental de la pratique psychanalytique énoncé par Freud est celui du contact physique, le serrement de mains entre analyste et patient étant lui-même proscrit. Le non-respect de cette règle est «la preuve de l'incompétence ou de la cruauté criminelle de l'analyste» (Menninger, 1958, p. 40). Par un effet boomerang, il semblerait que la pratique des thérapies corporelles, issues des thérapies verbales, ait fait perdre de sa puissance à l'anathème jeté sur l'emploi du contact physique. Incontestablement, face à ce dogme, Reich s'est comporté en iconoclaste et cela explique vraisemblablement pourquoi un certain nombre de psychanalystes rejettent son approche. «(...) *le langage verbal fait souvent office de défense*[16] : il jette souvent un voile sur le langage expressif des profondeurs biologiques. Il arrive même que les mots n'expriment plus rien et que le langage verbal se réduise à un simple exercice articulatoire. Ma longue expérience de psychanalyste m'a convaincu que bien des cures qui durent pendant des années, se noient en réalité dans cette forme pathologique du langage verbal» (Reich, 1971, p. 304).

On peut constater que cette conception de la psychanalyse est totalement en opposition à celle de Lacan, pour qui le langage est tout.

Pour Freud, le désir et sa répression sont seulement discernables dans le récit fait par le sujet de son histoire passée.

Pour Reich, au contraire, ils apparaissent dans la pratique corporelle et gestuelle du patient, telle qu'elle s'offre à l'observation. «(...) l'œil exercé du spécialiste les perçoit (les problèmes) nettement dans leurs gestes et l'expression affective de leurs corps» (p. 304).

Ainsi, le corps n'est pas le lieu d'un jeu dont la clé serait psychique, mais le lieu où toutes les im-pressions sont nouées, ne pouvant être libérées que par des ex-pressions. On aborde ici l'un des concepts-clés de la théorie reichienne, celui de la réversibilité et de la réciprocité des blocages corporels et caractériels; l'autre grand concept étant que ces blocages sont en relation directe avec la stase ou la circulation de l'énergie vitale[17].

En s'opposant aux théories freudiennes, Reich marque son refus de la «psychologisation» du somatique. Il ne s'agit pas pour lui de dénier toute capacité communicative au langage, mais plutôt de mettre en évidence son impuissance à traduire sans altération radicale le «langage» du corps, attestant en cela une fonction abusive et aberrante de la parole.

« En laissant parler le malade, on se rend bientôt compte que les mots le *détournent*[18] de ses problèmes, qu'ils les *estompent*[18] d'une manière ou d'une autre. Pour en apprécier la teneur, il faut inviter le malade à *se taire*[18], au moins pendant quelque temps. Cette tactique porte toujours ses fruits. Car dès que le malade cesse de parler, l'expression corporelle de ses émotions se précise. Après quelques minutes de silence, l'analyste discerne le trait marquant de son caractère, ou plus exactement l'expression plasmatique émotive. Alors que le patient souriait aimablement pendant son exposé, le silence transforme son sourire en une grimace figée dont le sens se révèle parfois même à lui ; alors qu'en parlant, il n'avait l'air de n'attribuer qu'une importance mitigée à tel fait de sa vie, sa colère réprimée apparaîtra dans l'attitude de son menton et de son cou dès qu'il fait silence » (p. 304).

C'est après avoir constaté qu'en levant l'inhibition physiologique musculaire, on voyait apparaître des manifestations psycho-biologiques considérées par lui comme fondamentales — excitation sexuelle, agressivité, angoisse, très souvent accompagnées de symptômes caractériels — qu'il a noté qu'à l'insu du patient sa musculature striée était le siège de spasmes permanents constituant une véritable cuirasse musculaire. Ainsi la raideur musculaire localisée représente la partie fondamentale du refoulement et non sa conséquence ni un symptôme simultané.

Reich avait noté qu'au cours de leur enfance, les sujets avaient inhibé ou refoulé leur angoisse, leur haine ou leur amour, en contractant certains muscles. Toute rigidité musculaire contient donc simultanément son histoire et sa signification. L'élimination du spasme musculaire permet de parvenir à la décontraction de la musculature striée ainsi qu'à une baisse de la vigilance. C'est dans la mesure où un relâchement suffisant se substitue à une hypertonicité musculaire, donc à une acceptation des pulsions par abandon de ce type de défense, que se disloque la cuirasse caractérielle. Lorsqu'une résistance caractérielle est inaccessible par la psychotérapie, elle est attaquée sur l'attitude somatique qu'elle exprime et inversement. Le traitement consiste donc à supprimer l'un après l'autre — dans un ordre déterminé — les troubles toniques permanents en rétablissant « la libre circulation de l'énergie sexuelle devant mener à la puissance orgastique ». Selon Reich, certains maux de tête localisés dans la région occipitale proviennent d'une tension excessive au niveau de la nuque ayant pour cause une peur inconsciente et permanente d'un hypothétique danger pouvant survenir par derrière. De même, les maux localisés dans la région frontale signifieraient une anticipation d'angoisse, produite par une tension permanente des muscles du front et de la face dus à une vigilance excessive. Il a par ailleurs observé sur le visage de certains de ses patients l'apparence d'un masque provoqué par un spasme de la bouche et du menton, ce dernier étant poussé en avant comme pour contenir une envie de pleurer permanente.

Chez d'autres, la tension abdominale est prédominente, signe caractéristique d'une angoisse profonde. Une telle cuirasse corporelle — constante et non contrôlée — rend impossible le relâchement de la paroi abdominale, donc une respiration libre, ce qui a une triple implication : elle atténue l'angoisse viscérale; elle lutte contre la peur d'une agression abdominale (peur d'un coup ou phantasme d'agression sexuelle) mais supprime la sensation de plaisir au niveau de l'abdomen et des organes génitaux.

3.3.1. La ré-intégration corps/esprit

L'interprétation correcte de toutes les informations sensorielles et leur intégration en une image cohérente et acceptée de soi constitue la finalité proposée à tout patient qui entreprend une thérapie.

Or dans le fonctionnement habituel des patients, *c'est l'interprétation erronée qui semble correcte; c'est pourquoi il est difficile d'accepter la possibilité/réalité d'un autre système relationnel* qui implique une image différente de soi, donc en entraîne une modification profonde.

Que penser de l'approche corporelle des problèmes psychiques? Une réponse nous est fournie par Tomatis (1972, p. 86). «Outre l'intérêt qu'offrent de telles disciplines en révélant la coexistence, en un même corps, du physique et de l'esprit qui l'anime, elles permettent de dégager la notion de corps-instrument d'où surgit celle de l'utilisation de cet instrument dans le but de réaliser l'expression de la pensée. Il s'agit non plus d'un dialogue de sourds avec primauté d'une des parties de l'Etre soit physique soit psychologique mais bien d'un dialogue de l'Etre avec lui-même, objet de sa découverte au travers de l'instrument humain».

Tout n'est peut-être pas aussi idyllique que semble le penser Tomatis, mais il est certain que l'on doive créditer ces entreprises d'une tentative réelle d'unification corps/esprit. Une question d'ordre épistémologique pourrait se poser, relative à l'inquiétude légitime du patient qui va se laisser manipuler[19] : le thérapeute est-il en mesure de contrôler et de maîtriser les effets qu'il va déclencher?

Après avoir longtemps travaillé avec Reich et édifié sa propre théorie de thérapie corporelle, la bioénergie, on notera avec intérêt la réponse de Lowen (1976, p. 31). «C'est de ce travail sur mon propre corps qu'est née la bioénergie. Les exercices fondamentaux en ont d'abord été essayés et testés sur moi, de sorte que je sais par expérience professionnelle comment ils agissent et ce qu'ils peuvent faire. Depuis lors, j'ai pris l'habitude d'essayer sur moi tout ce que je demande à mes patients de faire, parce que je ne crois pas qu'on ait le droit de demander à autrui ce qu'on n'est pas prêt à demander à soi-même. Réciproquement, je ne crois pas qu'on puisse faire pour autrui ce qu'on ne peut pas faire pour soi-même».

Le cheminement suivi par Lowen reprenait donc de façon très pragmatique la démarche de Reich qui élabora à partir de son analyse caractérielle une nouvelle méthode de thérapie caractéro-physiologique basée sur les fonctions du système neuro-végétatif qu'il baptisa végétothérapie. Elle abandonnait résolument l'interdit freudien de contact avec le patient au bénéfice d'un travail sur la «cuirasse» musculaire. Le traitement consiste en un travail thérapeutique analytique (caractérologique) et physique associés, amenant une prise de conscience de tensions musculaires devenues chroniques constituant un symptôme névrotique[20]. Ainsi, il est apparu que l'on pouvait s'attaquer aux symptômes névrotiques — simultanément et/ou alternativement — dans leurs manifestations psychiques et somatiques en vertu d'un principe de réversibilité et de réciprocité. Bien entendu, une telle hétérodoxie ne manqua pas de provoquer un tollé quasi général.

«Comme elle était très centrée sur la sexualité et qu'il s'y établissait des contacts physiques entre le thérapeute et le patient, on accusait les praticiens de la thérapie reichienne d'utiliser des stimulations sexuelles pour développer la puissance orgastique. On a dit que Reich masturbait ses patients. Rien n'est plus loin de la réalité. Cette calomnie révèle quelle peur entourait la sexualité et les contacts physiques à cette époque. Heureusement, l'atmosphère a beaucoup changé dans les trente dernières années en ce qui concerne la sexualité comme le toucher. On a reconnu l'importance du toucher comme forme primordiale de contact, et sa valeur dans la situation thérapeutique n'est plus mise en question» (Lowen, 1976, p. 21).

«Une vision de la personnalité considérant la sexualité comme sa clé unique est trop étroite, mais ignorer le rôle de la pulsion sexuelle en considérant la personnalité individuelle revient à négliger l'une des forces les plus importantes de la nature» (p. 23).

Il n'est pas sans intérêt de constater que la majorité des pratiques de thérapies corporelles se sont cristallisées et développées aux Etats-Unis. La raison en apparaît simple. Les individus de culture américaine et anglo-saxonne, présentent des comportements spaciaux hiérarchisant des distances interpersonnelles plus importantes que les individus issus des cultures méditerranéennes (cf. Hall, 1959, 1966). Il est notoire que les Américains sont très embarrassés dans les situations de contact physique avec des personnes non familières (par exemple, on ne serre pas la main d'un inconnu) à l'idée qu'elles pourraient donner lieu à une interprétation d'homosexualité !

«Il est facile de faire parler un Américain de ses problèmes et des sujets intimes qui le concernent lui et sa famille mais il fuit l'expression humaine de l'affection et du contact physique. Cela va de pair avec ce que l'on appelle le mythe américain qui veut que l'on soit fort et dur dans toutes ses actions» (Ruitenbeek, 1973, p.112).

Ainsi le fait que l'introduction de contacts physiques dans les thérapies corporelles ait pris l'aspect d'un apprentissage, apparaît révélateur de l'isolement et de la solitude de l'individu dans l'environnement déshumanisé des «mégapolis». C'est pourquoi il convient de distinguer le contact conseillé et provoqué au sein des thérapies corporelles destiné à retrouver une certaine spontanéité, du contact physique spontané intégré à la communication des sociétés méditerranéennes.

La différence peut paraître sibylline mais elle relève d'un contexte culturel qui la justifie. Néanmoins, le contexte culturel des sociétés occidentales tend à considérer globalement tout contact sensuel comme induisant une promiscuité sexuelle et donc à l'interdire. Il s'agit d'une confusion — socialement entretenue — entre contact tactile et contact charnel[21].

La répression de l'intimité sexuelle a entraîné l'inhibition du contact corporel en général, conférant ipso facto au verbal la prépondérance dans la communication. Si le moi s'exprime par le truchement du verbal, le mouvement, donc la gestualité, est l'expression par le corps.

Il faut considérer qu'aucun problème ne sera perlaboré[22] sans l'aide de ces deux vecteurs d'expression qui doivent coexister. C'est le fondement de la Gestalt théorie : il n'existe pas de premier plan sans arrière-plan ; un tout ne se réduit pas à la somme des parties.

Selon l'expression de Lowen, la thérapie bioénergétique est une arme «à canon double» : corporelle et verbale[23]. Sa finalité est de restituer au patient l'envie, le désir, le besoin de vivre intensément ses émotions et d'exprimer pleinement ses sentiments, non seulement avec des mots mais en y impliquant son corps, donc littéralement de **faire ses dires.**

Il existe la même différence fondamentale entre être conscient de son corps et avoir conscience de son corps qu'il y a entre sentir et ressentir. La première proposition appartient à l'esprit, c'est une notion intellectuelle; c'est l'approche de ceux qui pratiquent des exercices physiques sportifs pour conserver ou améliorer *l'image* qu'ils ont de leur corps. La seconde correspond à l'intégration du corps non plus comme image mais comme *réalité*, comme entité qui pense et éprouve (à tous les sens de ce terme : essayer, mettre à l'épreuve, ressentir, découvrir).

3.3.2. La recherche de l'unicité

Dès lors, la question que l'on peut se poser est quelle différence y a t-il entre mouvements d'exercices physiques et mouvements bioénergétiques? La réponse est apparemment simple : les mouvements impliqués dans la bioénergie sont limités à quelques-uns. Toutefois on ajoutera qu'il s'agit de mouvements ou de postures dans lesquels l'accent est mis sur l'unité dynamique du corps dont l'implication totale est nécessaire. Ce n'est qu'à cette seule condition que l'expression émotionnelle du corps se manifestera. Si on définit la santé mentale comme capacité de s'investir entièrement dans son comportement, on peut en inférer corrélativement la disponibilité et la souplesse nécessaire des éléments musculaires du corps autorisant une flexibilité adaptative de la réponse à la situation considérée. Réciproquement, l'observation des parties du corps «cuirassées» permettra de comprendre la nature de l'émotion déterminante du blocage.

La thérapie bioénergétique — comme la majorité des thérapies corporelles — est issue en droite ligne des travaux de Reich, dont elle a repris les aspects positifs, en faisant l'économie des erreurs de l'expérience reichienne.

L'une des plus flagrantes (lorsque la végétothérapie s'est transformée en orgonothérapie) fut de penser pouvoir obtenir des améliorations significatives par un travail thérapeutique corporel — à l'exclusion de tout travail verbal — en rétablissant la circulation de l'énergie cosmique dans le corps du patient[24] et en l'augmentant par un passage dans une sorte de caisson appelé accumulateur d'orgone[25]. Malheureusement, les résultats enregistrés n'étaient pas stables dans le temps et cessaient avec la thérapie lorsque le patient retournait à ses habitudes sociales et que, dans le même temps, s'amenuisait sa capacité de ne pas réprimer l'expression par son corps. Pour sa part, la Gestalt thérapie de Perls se fonde sur une lecture de la Gestalt théorie et met l'accent sur le tout qui détermine les parties; le tout étant constitué par la continuité de la prise de conscience.

«Ce continuum de conscience paraît très simple, être conscient de seconde en seconde de ce qui se passe. A moins d'être endormis, nous sommes toujours conscients de quelque chose. Cependant, aussitôt que cette conscience devient déplaisante, la plupart la suppriment. Et soudain ils commencent à intellectualiser, à s'envoler dans le passé, leur attente, les bonnes intentions, en utilisant les associations libres schizophréniques, allant comme des sauterelles d'expérience en expérience, et pas une de ces expériences n'est *expérimentée*, car ce n'est qu'une sorte de flash, qui laisse tout le matériau disponible, inassimilable et inutilisé» (1972, p. 47).

Tout autant que Reich, dont il s'inspire profondément, Perls s'oppose au schéma freudien; seul compte le présent : l'ici et maintenant. Contrairement à la thérapie lowenienne, son but est d'intégrer, non d'analyser, en passant par la voie onirique qui constitue l'une des voies d'intégration. La prise de conscience continue contribue à éloigner le sujet de ses sempiternelles verbalisations, explications, spéculations ou interprétations interminables, au bénéfice des sensations et des perceptions, selon la formule de Perls : «Oubliez votre esprit au profit de vos sensations».

A l'opposé de cette philosophie se situe la relaxation qui pourrait se résumer de la manière suivante : Mobilisez votre esprit sur vos sensations...

On ne peut pas parler globalement de la relaxation car il existe une grande variété de méthodes qui, à peu près toutes, font appel à l'autosuggestion et interfèrent entre elles. Certaines sont pratiquées isolément, quelques-unes y ajoutent une orientation psychanalytique ou une dimension verbale importante de type rêve éveillé ou relation de psychothérapie, d'où la difficulté d'approche et de classification de ces diverses méthodes. Afin de simplifier, on peut les répartir schématiquement en deux grands courants :

* les méthodes passives telles celles de Coué, Jolowicz, Baudoin, Bonnet, Levy, Desci, Bezzola et Baerwald;

* les méthodes actives comme celles se Schultz, Jacobson, Stokvis, Alexander, Ajuriaguerra, Jarreau et Klotz sans oublier Reich, Lowen et Perls. De nombreuses méthodes reprennent les techniques de Schultz en les modifiant légèrement, ce sont celles de Kankeleit, Grosschopf, Aubel, Seeligmuller, Salter et Fuchs.

On fera une place à part à la technique de Vittoz car elle ne fait appel ni à l'autosuggestion ni à l'hypnose, encore que son auteur l'ait pratiquée antérieurement. Très proche de la relaxation sans y être véritablement intégrée, on pourrait l'y associer — en la plaçant avant — où elle contribuerait à amorcer la détente, par la voie la plus naturelle, en développant l'aptitude à la réceptivité.

On ajoutera à cette liste quelques autres méthodes difficiles à répertorier :

– celle de Grantly-Read, utilisée en obstétrique ;

– les exercices de Brissard et Oppenheim qui visent la maîtrise musculaire ;

– enfin les techniques inclassifiables telles celles de : Bode, Bondegger, Brown, Buchanan, Drebben, Lechler, Nicollet, Redalle et Rosett.

La méthode de Schultz ou «training autogène», bien qu'étant la plus ancienne, reste la plus employée des méthodes actives. De toutes les méthodes de relaxation, elle représente la mieux adaptée à l'entraînement personnel et solitaire ; elle n'exige que peu d'espace et peu de temps, peut se pratiquer en n'importe quel lieu (même en voiture) et s'apprend très vite[26]. En outre, la rapidité et la tangibilité des résultats obtenus constituent des facteurs autogénérants de progrès. Le training autogène (qui désigne un entraînement pratiqué par le sujet lui-même hors de toute intervention extérieure) est fondé sur le principe de l'unicité de l'homme — et non d'une dualité fonctionnelle corps/esprit — capable par autosuggestion (on dirait aujourd'hui sophrologie) d'induire un état de détente analogue à celui de la phase d'endormissement, se traduisant par la perception de modifications corporelles telles que sensations de pesanteur et de chaleur.

La pratique de cette méthode suppose, si l'on veut obtenir quelque résultat, une capacité de concentration moyenne et un minimum de persévérance. Ces deux conditions étant respectées, un sujet ayant une bonne pratique de la méthode aura, en période de tension psychologique ou de crise physiologique, la possibilité de se créer un état de calme et de détente lui permettant de les traverser sans conséquence pathologique car si l'anxiété demeure, elle s'inscrit dans le corps[27].

Lorsque le training autogène est associé à une psychothérapie de soutien, une expérience déjà longue de ces pratiques nous autorise à affirmer qu'on peut en tirer des effets durables (quel que soit l'âge du sujet) dans des domaines aussi divers que l'aide à la prise de décisions, la maîtrise de soi, l'arrêt de boire ou de fumer, le traitement de l'éjaculation précoce, etc.[26] Bien souvent, la manifestation psychosomatique est une traduction du stress mais également de la crainte du changement car le corps ne fait pas la distinction entre menace réelle et menace imaginaire. La sensibilité au stress semble davantage imputable à l'interprétation des événements qu'à leur malignité réelle.

Dans les groupes de marathon, les thérapeutes essaient de «fatiguer» le système de défense des patients par un «travail» ininterrompu d'où le nom de cette forme de thérapie. Dans l'une de ses variantes, les participants sont nus et le travail de groupe se déroule souvent dans une piscine où les participants peuvent se toucher et se caresser dans le but d'éliminer la honte du corps et de la nudité et d'augmenter «la capacité de sentir» de chacun en diminuant ses propres résistances qui, on l'a déjà dit, sont la manifestation des défenses du moi.

Cela étant, on serait cependant surpris que le moi se cache dans les vêtements, voire les sous-vêtements...

Il apparaît toutefois important de ne pas confondre une pratique sensorielle, voire un éveil à la sensualité, avec une évolution du moi qui ressent. C'est en brisant les barrières intérieures que l'on supprimera les barrières entre les individus eux-mêmes.

«Une fois que la barrière qui fait obstacle aux sentiments est anéantie, les stimuli extérieurs peuvent pénétrer tout le système. A ce moment-là, les exercices destinés à cultiver l'expansion de la perception, qui consistent à faire marcher les gens sur l'herbe fraîche afin d'élargir l'expérience de leur sensualité, peuvent prendre une signification véritable» (Janov, 1975, p. 263). Enfin, on voudrait évoquer brièvement le dernier grand courant des thérapies de groupe, celui des pratiques dites mystiques. En opposition totale avec les deux précédents, on citera la méditation transcendantale dont le but, comme sa dénomination l'indique, est la transcendance du moi temporel pour atteindre au moi spirituel; réalisation suprême du moi. Pour y parvenir, la méditation implique et nécessite l'abnégation de soi et la séparation, le clivage corps/esprit, ainsi que l'écrit le fondateur de l'ordre de Ramakrishna : «La méditation est le meilleur moyen d'arriver à la vie spirituelle. C'est par la méditation que nous nous dépouillons de toutes les données matérielles et que nous sentons notre nature divine. *Moins nous pensons à notre corps, mieux cela vaut*[28]. Car c'est le corps qui nous tire vers le bas. C'est l'attachement, l'identification qui nous rend malheureux. Je vous donne le secret : il faut penser que nous sommes l'esprit et non le corps et que tout l'univers, avec tout ce qui s'y passe, avec tout le bien et tout le mal, n'est qu'une suite de tableaux, de scènes peintes sur une toile dont nous sommes le témoin » (Vivekananda, 1946, p. 37).

La philosophie que l'on peut dégager de toutes ces pratiques est celle de toute thérapie : **il ne suffit pas de savoir**. Si cela était, il existe tellement de publications et d'ouvrages qui traitent de ces problèmes en les explicitant que les thérapeutes ne devraient plus avoir de patient, donc il n'y aurait plus de thérapeute...

Savoir quelle est la cause de la panne d'une automobile ne l'a jamais fait fonctionner de nouveau! Il faut intervenir et remédier à la panne lorsqu'elle a été détectée. Or avec l'individu, tout se passe — d'une manière plus passionnelle que rationnelle — comme si le verbal pouvait tout résoudre grâce à la croyance en sa magie et son omnipotence.

D'évidence il s'agit d'un leurre; en réalité on se sert souvent des mots pour masquer l'envie de ne pas changer. Parler est sécurisant, c'est un substitut à l'action — parfois nécessaire — qui diminue le besoin d'agir. Cela dit, on peut mieux concevoir que Reich ait cherché à dépasser ce processus auto-bloquant pour n'intervenir qu'au niveau du corps. C'était toutefois oublier que parler est l'essence de l'homme, qu'il apprend avec des mots, communique par des mots, vit ou meurt (souvent) pour des mots[29].

Cependant les mots restent une abstraction si l'on n'éprouve ni ne ressent ce dont on parle. C'est donc en autorisant la reviviscence du passé que les mots deviennent substitut approprié de l'action. Dans la recherche de la solution de ses problèmes, le patient cherche désespérément une explication, une signification et pour cela il se tourne vers ce qui lui est le plus familier : le verbal, alors que c'est l'émotion qui l'étreint. Séparés de l'émotion, les mots remplacent les actes et se vident de leur contenu affectif. Chacun sait que le «je t'aime» prononcé par des fiancés ou par des époux mariés depuis dix ans contient des charges affectives différentes. C'est l'intégration corps/esprit qui permet d'éviter la dépersonnalisation de la parole.

Il est curieux de constater combien le langage courant fait appel à des références corporelles pour décrire les situations auxquelles l'individu est confronté, descriptions qui bien souvent se rapportent à des situations plus émotionnelles que rationnelles. Comment pourrait-il en être autrement lorsqu'il s'agit d'expressions telles que : avoir une tête de bois, une tête de turc, une tête sans cervelle, se monter la tête ou

perdre la tête; avoir la bouche cousue, un bœuf sur la langue, tenir sa langue, prêter ou tendre l'oreille, être sur les dents; ne pas avoir de cœur, avoir un cœur d'or ou parler à cœur ouvert... La tendance actuelle à «métaphoriser» le langage pour aller à l'essentiel sans plus s'inquiéter des clauses de style ou des contraintes de la rhétorique l'infléchit vers le type de discours suivant que l'on pourrait entendre dans les transports en commun parisiens :
«A force de courber l'échine, on en a plein le dos; même si on a une tête de linotte ce n'est pas une raison pour vous casser les pieds et pour que le bras droit du patron, qui a les dents longues mais une tête de cochon, vous tombe dessus à bras raccourcis en disant que vous n'avez pas le bras assez long pour lui retirer le pain de la bouche; alors l'oreille basse, bras et jambes coupés, même s'il vous pompe l'air, il faut faire bonne figure pour ne pas l'avoir sur le dos car ce ne serait pas le pied...»

Ainsi dans la compétition pour la prééminence, une fois de plus l'agnosticisme du corps et le pragmatisme de l'esprit se retrouvent-ils dos à dos. Cette manifestation de l'intégration du corps par l'esprit (on pourrait presque parler de verbalisation du non-verbal ou d'appropriation du non-verbal par le verbal...) représentée par le nombre très important d'expressions utilisants une partie du corps comme référence illustrative ou descriptive ainsi qu'on vient de l'évoquer, conduit à se demander si elle ne constitue pas, de manière subsidiaire, le langage du corps?

NOTES

[1] «Pygmalion» (1912).
[2] Ainsi que le montre le film tiré de l'œuvre de G.B. Shaw, «My fair lady».
[3] Déjà présente chez Marcel Proust : «Mon corps, trop engourdi pour remuer cherchait d'après la forme de sa fatigue à repérer la position de ses membres pour en induire la direction du mur, la place des meubles, pour reconstruire et pour nommer la demeure où il se trouvait. Sa mémoire, la mémoire de ses côtes, de ses genoux, de ses épaules, lui présentait successivement plusieurs chambres où il avait dormi, tandis qu'autour de lui les murs invisibles, changeant de place selon la forme de la pièce imaginée, tourbillonnaient dans les ténèbres.» (*Du côté de chez Swann*).

[4] DESCARTES, *Principes de la philosophie.*
[5] Qui échappe à la raison, laquelle sert à établir la vérité.
[6] Molière avait clairement perçu ce que comportait de fallacieux un tel partage : «... Votre fils n'est pas si étrange que vous le dites, et il se met à la raison...» (*L'Avare*, IV, 4) ou encore «... Je te baillerai de ce raisonnement-ci par les oreilles...» (*L'Avare*, I, 3).
[7] C'est la thèse d'Alexander (1950) qui permettait de transcrire les particularités psychologiques sous forme de cartographie physiologique, de traduire les troubles émotionnels en troubles organiques, voire en localisations lésionnelles (coronariens, asthmatiques, obèses, anorexiques, etc.).
[8] Publié après la guerre, en 1946.
[9] Les conflits du moi, du ça et du surmoi.
[10] Les mots en italique sont dans le texte.
[11] C'est le transfert positif, par opposition à la haine, transfert négatif.
[12] Ici positif n'a pas le sens de polarité mais le sens de visible par opposition à latent, comme dans la photographie.
[13] Selon l'acception classique : chargé de sens.
[14] Exemple : S'il le fallait (protase) je chanterais (apodose).
[15] On fera grâce de l'analyse d'une dernière erreur portant cette fois sur la métaphore...
[16] En italique dans le texte.
[17] On ne peut s'empêcher de rapprocher cette notion de circulation de l'énergie vitale d'une pratique corporelle hindoue, le Shakti-Yoga dont le but est la maîtrise de l'énergie cosmique circulant dans l'individu.
[18] En italique dans le texte.
[19] Au sens classique : manier avec la main.
[20] Une structure est névrotique lorsque la réponse fournie est la seule possible. Le caractère névrotique constitue donc une limitation comportementale face à l'éventail des réactions émotionnelles qui devraient caractériser le moi de l'individu équilibré.
[21] D'ailleurs la publicité a largement recours à cette idée reçue...
[22] En termes analytiques, un problème est perlaboré quand on en connaît le quoi, le comment et le pourquoi.
[23] Contrairement à ce qu'insinue Gentis (1980). Heureusement qu'il reconnaît que : « Y a des jours, on aurait envie de dire des conneries exprès, pour donner l'exemple et montrer qu'après tout ça n'a aucune espèce d'importance. Et puis on se dit que c'est pas la peine de se forcer, on en dit assez comme ça sans le vouloir (p. 101). »
[24] Il est troublant de constater à quel point cette notion de libre circulation d'énergie cosmique est proche de la conception taoïste de la circulation de l'énergie yin et yang et de la médecine chinoise. On est également étrangement proche de la pratique indienne de Shakti-Yoga conduisant à la maîtrise du flux d'énergie cosmique circulant dans le corps.
[25] Energie cosmique fondamentale.
[26] Cf. Argentin; Marin (1978) pour une description détaillée de la méthode et de sa pratique.
[27] Cf. Reich, Lowen, Perls...
[28] C'est nous qui soulignons. On notera combien ce discours est proche de celui des religions occidentales...
[29] Reich lui-même vécut selon les principes qu'il avait formulés et mourût pour eux.

DEUXIEME PARTIE
LA COMMUNICATION
DANS SES COMPOSANTES
VERBALES ET NON-VERBALES :
UNE APPROCHE SCIENTIFIQUE

Chapitre IV
Comportement non-verbal gestuel ou gestualité de communication : un problème de contexte

4.1. L'INTERACTION CULTURE/COMPORTEMENT OU L'IMBROGLIO DU NON-VERBAL

Dans la première partie, l'approche culturelle de la communication dans ses composantes verbales et non-verbales n'a utilisé que des instruments conceptuels simples : observation, description, interprétation. Sans doute faut-il voir dans cette «rusticité» l'un des éléments la différenciant d'une approche scientifique qui fait appel pour sa part aux spéculations abstraites que sont la théorisation, la modélisation et l'expérimentation.

Cela étant, la polysémie même du terme culture n'est pas propre à en faciliter une illustration et une interprétation exemptes d'erreurs.

Dans la première partie, culture est considéré comme un équivalent paradigmatique de civilisation — qui fait référence à un ensemble de phénomènes (sociaux, religieux, etc.) propres à un peuple et transmis par l'éducation — ou de société, qui renvoie à un ensemble d'individus unis au sein d'un même groupe par une culture. Dans la seconde partie, culture se réfère à l'ensemble des connaissances acquises par l'individu.

Ce qui caractérise et spécifie cette différence c'est le contexte, considéré comme ensemble de circonstances qui entourent le ou les individus impliqués dans un événement ou une situation[1].

De la première à la seconde acception, on passe du général au particulier. Si dans le premier cas, la notion de contexte est généralement incontestée du fait de son approche sociale, dans le second en raison de l'approche individuelle et intellectuelle du phénomène communication, sa spécificité même tend à l'en dissocier et à abstraire l'objet de l'étude de tout contexte. Le contexte constitue un des éléments de non-congruence de l'approche du non-verbal à travers la notion de comportement. Il existe apparemment une contradiction entre l'étude d'éléments (considérés comme systèmes de signes) supposés socialement signifiants (e.g. dans un contexte) et l'étude d'un hypothétique sujet isolé (e.g. sans contexte) dans un espace tout aussi hypothétiquement vide.

L'étude du comportement individuel — appliquée à la communication — constitue l'une des raisons de la décontextualisation de ce courant de recherches.

La difficulté à cerner ce champ contextuel aurait-elle induit l'approche réductionniste d'une telle quantité de recherches? On se pose la question car on ne peut se résoudre à penser que tant de recherches aient pu le laisser ainsi dans l'ombre.

Par contre, lorsque la notion de contexte est réintroduite et redéfinie, on verra que la démarche explicative des composantes non-verbales de la communication prend une autre orientation.

Ainsi qu'on l'a déjà vu à propos de la Gestalt théorie, il n'y a pas de premier plan sans arrière-plan[2] c'est-à-dire qu'une approche scientifique ne peut faire l'économie d'une approche culturelle — en tout cas c'est le paradigme que l'on a choisi — car il paraît difficilement soutenable que la communication, tant dans ses composantes verbales que non-verbales, ne fasse pas référence en permanence à la culture qu'elle sous-tend et dont elle est un des vecteurs. Pourtant en réalité, lorsqu'on se penche sur la littérature relative à ces problèmes, il est aisé de constater qu'il n'en est fait mention explicite que dans les études relatives aux recherches trans- ou inter-culturelles.

Face à cette constatation, on peut imaginer plusieurs explications comportant différents niveaux d'ambiguïté. Tout d'abord la polysémie du mot culture qui, ici, se réfère à un contexte social, ainsi qu'on l'a déjà dit. Ensuite l'assimilation trop hâtive de culture à société, ces termes n'étant pas équivalents. Chaque société a une culture qui lui est propre, mais plusieurs sociétés peuvent avoir la même dominante culturelle (exemple la culture méditerranéenne) et dans ce cas il s'agit bien d'un contexte.

Une culture peut avoir un contexte fort ou un contexte faible alors qu'une société comprend des catégories sociales à contexte fort et des catégories sociales à contexte faible (cf. Hall, 1979)[3].

Pour ce qui concerne les composantes verbales de la communication, «on en trouve un exemple excellent dans l'œuvre du linguiste Bernstein (1964), qui a identifié ce qu'il nomme des codes ‹restreints› (contexte riche) et ‹élaborés› (contexte pauvre), qui modifient le vocabulaire, la syntaxe et les sons (...) le code utilisé est significatif d'une situation et est en accord avec elle. (...) ‹Réduire quelqu'un au silence› c'est le noyer dans un contexte faible. Le même résultat peut être obtenu tout à fait simplement en passant du pôle restreint du code à des formes de discours plus élaborées» (p. 93).

On verra que l'approche scientifique du non-verbal à travers la notion de comportement impliquant un contexte faible, entraîne une absence de contexte.

Une expérimentation[4] vient de montrer que des sujets à qui on présente un geste situé hors de tout contexte ne lui attribuent pas de sens précis de manière univoque alors que le même geste «recontextualisé» est interprété de façon identique de manière significative.

Par un artifice de langue on utilise souvent des synonymes pour parler du contexte — milieu, environnement, situation, microcosme, cadre de vie, etc. — ce qui a pour conséquence de produire un effet de masquage.

La notion de contexte est de manière très importante intimement liée aux activités de l'individu[5] et donc à la communication. Considérons cette dernière comme évoluant dans un ensemble homogène (contexte) dont les extrémités seraient constituées de deux pôles : fort et faible.

Ce que l'individu choisit de percevoir — consciemment ou non — structure son univers, construit sa réalité. Ainsi son degré d'abstraction du contexte, c'est-à-dire sa capacité à utiliser uniquement les possibilités de la langue, hors de toute autre source d'information, le place dans un contexte faible; inversement, celui qui a une capacité plus faible de s'abstraire du contexte, évolue dans un contexte fort où l'information provient de sources diverses. La notion de contexte faible ou fort influence et détermine, pour partie, l'établissement et la qualité de la communication. «Les enseignants et les professeurs d'université font souvent l'erreur de prêter plus d'attention au sujet qu'ils traitent qu'à leurs étudiants, qui eux-mêmes prêtent souvent trop d'attention à leur professeur et pas assez au sujet » (Hall, 1979, p. 90). Dans cet exemple, « sujet » a un contexte faible, alors que « enseignants, professeurs et étudiants » sont considérés comme contexte fort.

Le passage d'un individu d'un contexte faible à un contexte fort, ou inversement, provoque des difficultés de communication, voire certaines ambiguïtés[6], encore plus grandes lorsqu'on change de culture.

La mise en relation d'individus provenant de contextes différents explique en partie la difficulté d'établissement de la communication qui peut en résulter, les sujets organisant avec prégnance[7] les composantes verbales et non-verbales de la communication en fonction de leur appartenance à un contexte faible ou un contexte fort.

On a montré récemment :

– d'une part que la modification du contexte de communication produisait des effets sur la mise en œuvre du registre gestuel dominant propre à la catégorie d'appartenance socio-culturelle des sujets (Argentin, 1986);

– d'autre part que la mise en présence et la communication de sujets issus d'un milieu socio-culturel à contexte fort et sujets issus d'un milieu socio-culturel à contexte faible produisaient des effets significatifs de modification de l'attitude gestuelle de chaque catégorie de sujets (Argentin, 1988).

On verra, dans cette seconde partie plus axée sur une approche théorique du non-verbal, que la loi de prégnance de la Gestalt s'applique au concept de gestualité de communication alors que la notion de comportement non-verbal gestuel est régie par la théorie behavioriste, ce qui correspond pour le premier à la présence d'un contexte alors que la seconde le réduit à la notion de stimuli suivis d'enchaînement de réponses élémentaires. On pourrait toutefois accepter ce dernier type d'approche s'il n'impliquait pas, fâcheusement, une évidente approche réductionniste du problème car, en évacuant ou en réduisant le contexte à sa plus simple expression, on scotomise les interactions verbal/non-verbal dans la communication interpersonnelle.

4.1.1. Code gestuel : culture ou comportement ?

La fonction des gestes — et particulièrement le rôle des mains — dans la communication est, et a toujours été, l'objet d'un débat permanent où les opinions les plus contradictoires se sont affrontées. La polémique se poursuit autour d'un certain nombre de questions dont la plus débattue est celle d'un éventuel et (hypothétique) code gestuel, crédité d'une capacité à fournir du sens intrinsèquement. C'est une idée qui a séduit les hommes de toutes les époques. La relation et la description des expressions faciales, des mouvements et des gestes sont bien antérieures au concept même de comportement non-verbal. Pline l'ancien, dans son *Histoire naturelle* (74), note : «D'autres animaux possèdent des sourcils, mais seul l'homme peut exprimer la joie ou la peine, la pitié ou la rigueur par le mouvement de l'un ou des deux ensemble pour indiquer les dispositions de l'âme. Ils montrent notre accord ou notre désaccord, mais surtout notre mépris».

On en trouve également trace dans l'œuvre de Quintilius (96) : «Examinez combien de choses exprime le geste indépendamment de la parole et vous reconnaîtrez par là son importance. Le nombre des mouvements dont les mains sont capables est incalculable et égale presque celui des mots... Ne tiennent-elles pas lieu d'adverbes et de pronoms pour désigner les lieux et les personnes[8]? Il y a encore d'autres gestes où la main fait entendre les choses en les imitant...»

L'invention de l'imprimerie va contribuer grandement à répandre cette idée. Des dessins représentant des gestes des mains indiquant des chiffres, ou comptant sur les doigts apparurent dans un document de Luca Pacioli (1494)[9]. Un auteur espagnol, Juan Pablo Bonet publie en 1620 un alphabet à l'usage des sourds-muets, illustrant la position des mains.

Un érudit français, Boyvin de Vavrouy (1636)[10] publie un ouvrage en huit volumes — puisant largement dans l'œuvre d'Hippocrate — qui jette les bases de la future physiognomonie (dont s'inspirera Lavater[11] dans ses *Fragments physiognomoniques*, 1774).

John Bulwer (1644) sera le premier à vouloir dresser un inventaire des significations — dont l'absence avait été signalée par Francis Bacon (1605)[12] — en réalisant une étude systématique. Bulwer déclare que le geste est «la seule langue qui soit naturelle à l'homme» et que «sans l'avoir apprise, les hommes de toutes les régions habitables du monde peuvent comprendre le plus facilement à première vue» (1644/1974, p. 16). Enfin, dans une belle envolée lyrique, il affirme «le langage naturel de la main a eu le bonheur d'échapper à la malédiction du désordre de Babel» (p. 19)[13].

L'étude du geste et d'un système capable d'en rendre compte est une idée qui mobilise (déjà) les «beaux esprits». Jonathan Swift, le spirituel père de Gulliver était un «théoricien» de la conversation (Partridge, 1963). Il utilisait fréquemment le mot dialogue et portait une grande attention aux réponses, répliques, remarques, commentaires et réparties. C'était également un observateur averti de la participation du corps à la communication. Ainsi, il note que le dialogue requiert «quelque mouvement des yeux, d'une grâce particulière, ou du nez, de la bouche, du front ou du menton; quelques hochements de tête associés à certains mouvements de main. Pour les femmes, la maîtrise de la pratique de l'éventail, ajusté à la vigueur de chaque parole prononcée. En aucun cas n'omettre d'utiliser les variations d'inflexion et de cadence de la voix; l'ondulation, les mouvements et les différentes postures du corps; les diverses sortes et gradations du sourire que les dames doivent pratiquer quotidiennement devant leur miroir, sans oublier de consulter à leur propos leurs femmes de chambre.»

La grande *Encyclopédie* de Diderot et d'Alembert (1772), pour sa part, utilisa des illustrations reproduisant les signes utilisés dans le système de notation de la danse au XVIIIe siècle.

Ensuite Gilbert Austin (1806) fera une étude très importante sur le geste et son utilisation «destinée aux orateurs afin d'améliorer leur impact auprès du public». Il apportera une contribution scientifique d'importance à l'étude des gestes en établissant le premier système de notation gestuelle dans un champ autre que la danse. Il est remarquable qu'il notait simultanément les comportements kinésiques et paraverbaux; de la sorte, non seulement le geste apparaît associé à la parole mais pour la première fois, comme composante de la communication.

Pour en rendre compte, il a imaginé que le corps humain était inscrit dans une sphère virtuelle divisée en degrés permettant ainsi de décrire avec précision les mouvements des bras autour du corps. Il résumait ses observations à l'aide de lettres ou d'abréviations pour décrire les modifications successives du comportement d'un orateur[14].

Une telle étude d'ensemble servira ultérieurement de modèle de base à d'innombrables comptes rendus sur l'éloquence, les comportements gestuels et vocaux[15]. On citera pour la France : Lemoine, M. (1865); Hacks, C. (1892); Marey, E.J. (1894); d'Enjoy, P. (1900). En cette première moitié du XIXe siècle, une opinion très répandue consistait en une vision dégénérescente de la culture, impliquant que les populations les moins civilisées du monde soient tombées — d'une façon ou d'une autre — d'un état culturel supérieur précédent, à leur condition présente.

A contre-courant, Tylor (1878) — souvent considéré comme l'un des premiers anthropologues modernes — pensait que l'étude de telles populations ne ferait pas la lumière sur les étapes initiales de la culture humaine. Dans les quatre premiers chapitre de son livre consacrés aux «différentes manières dont l'homme exprime ses pensées», Tylor accorde beaucoup d'attention aux gestes. Il y inclut les résultats de ses propres études sur les langages de signes des sourds-muets, ainsi que l'exposé de ce que l'on connaît du langage des signes des Indiens d'Amérique ou des moines trappistes. Il consacre beaucoup d'attention aux gestes car «le langage parlé ou écrit peut être étudié historiquement... (alors que)... le langage des gestes peut être le plus souvent expliqué sans le secours de l'histoire, comme produit direct de l'esprit humain» (1878/1964, p. 3). Cela étant, il croit que l'étude des gestes apporterait un éclairage nouveau sur les principes fondamentaux de l'expression et permettrait ainsi de comprendre comment survint le langage. Wundt pour sa part — à la différence de ses contemporains — ne prétend pas que la gestuelle est ou peut être un langage universel, mais il la reconnaît comme mode universel d'expression ; ce qui, on en conviendra, introduit une distinction d'importance cependant très longtemps négligée. Comme Tylor, il relève et étudie les phénomènes des langages de signes des sourds-muets, des Indiens d'Amérique et des moines trappistes ainsi que la gestuelle des Napolitains. Il indique toutefois que «la communication gestuelle est difficilement assimilable à un tout unifié, intimement relié dès ses débuts, comme on le suppose habituellement, attribuable à ses caractéristiques (...) comme un langage original, universel. En effet, initialement les gestes se présentent suivant de nombreuses formes d'exécution qui nécessitent une différenciation selon les situations diverses d'origine.» (1921/1973, p. 56).

Par ailleurs, il écrit «Dans cette progression naturelle et réfléchie, la communication gestuelle fournit un modèle initial au développement du langage, remarquable par la simplicité et la clarté de ses phénomènes.» (1921/1973, p. 149).

On arrêtera ici cette énumération des grands précurseurs qui sans se vouloir exhaustive tend à montrer d'une part, que tous les éléments du champ aujourd'hui considéré comme non-verbal en sont issus en droite ligne ; d'autre part, que l'approche en est toujours aussi malaisée en raison de l'extrême difficulté qu'il y a à vouloir tracer une limite — pour la partie gestuelle, a minima — entre ce qui est culturel, c'est-à-dire social, et ce qui est comportemental, c'est-à-dire individuel, étant bien entendu qu'ils sont liés par une interaction permanente.

On observe que dans le champ considéré, explications et orientations sont davantage sociologiques que psychologiques.

4.1.2. Les tentatives de définition

Dans les études comparatives qui ont été réalisées, le plus souvent on interprète l'expression des traditions culturelles en terme de comportements; d'où imbroglio dû à l'interprétation sociologique d'actions et de faits culturels exprimés en termes psychologiques individuels. Dans un tel contexte, afin de tenter de maîtriser l'objet-gestualité[16], il était primordial d'en formuler une définition. C'est vraisemblablement pourquoi dans la littérature, on en trouve à peu près autant que d'auteurs ou de chercheurs qui ont écrit sur ce thème; ce qui n'est pas peu dire... A titre d'exemple on en citera une parmi les plus récentes, qui nous est fournie par Kendon (1984, p. 81).

« Le terme gestualité fait référence à chaque cas dans lequel une action visible est mobilisée pour produire un acte communicatif explicite, spécialement adressé à quelqu'un, considéré par celui-ci et par l'auteur comme étant guidé par une intention ouvertement reconnue, et traité comme porteur de sens, au-delà ou en dehors de l'action elle-même. Pour être qualifié de geste, un type d'action doit être vu et avoir une origine et une fin bien définies. »

Il semble d'évidence qu'une telle définition exclut les gestes réactionnels ou émotionnels ainsi que toutes les manifestations affectives du visage. Sont également exclues toutes actions qui participent de l'accomplissement d'une tâche quelconque, y compris se gratter, fumer, boire, manger ou manipuler des objets de l'environnement immédiat qui participent à une activité orientée vers un but. Les activités physiques de maintien ou de changement de posture n'y sont également pas incluses. Il apparaît donc que la notion de gestualité ne soit pas facile à cerner, ce qui pourrait expliquer pourquoi un certain nombre d'auteurs ayant traité ce sujet divergent quelque peu[17] sur ce qui doit être considéré comme pertinent.

Barakat (1969) considère que les manières différentes de marcher (en roulant des épaules, des hanches, en balançant les bras ou non, etc.) appartiennent à la gestualité alors qu'elles ne sont généralement pas mentionnées par d'autres. D'autres auteurs considèrent comme gestualité ce que Kendon rejette de sa définition. Par contre, quelques gestes semblent recueillir un certain consensus : ceux qui sont effectués de façon rituelle; les gestes de salutations, les poignées de mains, etc.

Il n'en va pas de même pour ce qui concerne leurs classifications et leurs terminologies. Ekman, dans sa définition de ces gestes prétend qu'ils ont « un sens précis » et peuvent être définis « par un mot ou deux ou par une phrase» (Ekman, Friesen, 1969 ; Ekman, 1976, Friesen, 1977). Reprenant la terminologie d'Efron (1941) «gestes emblématiques», Ekman et Friesen (1969) ont proposé le terme «emblème» pour les spécifier.

On a dit de ces gestes qu'ils pouvaient remplacer la parole. Il paraît correct de préciser qu'il ne s'agit que d'une éventualité et non — comme on le laisse supposer de façon ambiguë — d'une substituabilité. Pour autant que l'on dispose d'informations sur la manière dont ils sont produits, il apparaît qu'ils soient souvent utilisés lorsque la parole est possible. Ils serviraient donc, semble-t-il, moins à remplacer la parole qu'à remplir une fonction communicative particulière différente et les formes de cette fonction d'étiquetage d'actions sont très rares. Dans la majorité des cas ils sont relatifs à la régulation de relations interpersonnelles.

Une analyse de Kendon (1981) portant sur une série de publications relatives à des études de gestes effectuées dans différents pays Etats-Unis, 175 gestes; Colombie, 245 (Saitz et Cervenka, 1972) ; Italie du Sud, 131 (Efron, 1972); France, 60 (Wilie, 1977) a montré que ces gestes de régulation de relations interpersonnelles ne comptaient que pour 4,6 % aux Etats-Unis, 6,3 % en Colombie et étaient totalement absents en Italie du sud et en France. La valeur de ces diverses listes de gestes est sans doute à relativiser en raison du peu d'information dont on dispose sur la manière dont les données ont été recueillies. Par ailleurs, cela pose la question de l'universalité des gestes d'expression.

Si l'on veut bien considérer que la quasi-totalité des études qui s'y rapportent émanent de chercheurs des sociétés occidentales, on ne peut pas s'étonner de trouver des convergences. Mais qu'en serait-il ou qu'en sera-t-il lorsque des chercheurs d'Afrique, d'Asie ou du Pacifique feront une investigation similaire? (sous réserve qu'ils soient convaincus du bien-fondé d'une telle hypothèse...). Il n'est pas du tout évident qu'ils fournissent une réponse qui corrobore les études dont nous disposons.

Des travaux récents (Morris, Collett, Marsh et O'Shaughnessy, 1979) ont tenté de dresser une carte de l'utilisation de 20 formes gestuelles à travers l'Europe de l'ouest — dont quarante localisations ont été retenues — de l'Angleterre et la Scandinavie pour sa partie septentrionale, jusqu'en Espagne, Italie, Grèce et Turquie. Dans chaque lieu, ils présentèrent à trente adultes, de sexe masculin choisis au hasard, une série de dessins représentant vingt gestes différents.

On demanda ensuite à chacun si le geste était utilisé localement, et s'il l'était, quelle était sa signification. Cette recherche constitue à notre connaissance, d'une part, le seul exemple[18] d'études comparatives menées sur une grande échelle; d'autre part une démonstration de l'imbroglio auquel conduit l'interaction culture/comportement.

A ce niveau d'analyse les résultats sont tout à fait intéressants. Sur les 20 gestes étudiés, 2 seulement ont été reconnus être produits par un peu plus de la moitié des sujets interrogés dans les 40 lieux d'enquête; 5 autres gestes ont été identifiés par un peu plus de la moitié des sujets dans 29 lieux au minimum et 35 au maximum, selon le geste; les 13 gestes restant n'ont été crédités que d'apparitions locales. Enfin 14 des 20 gestes proposés sont totalement absents des réponses anglaises et scandinaves, alors qu'un seul geste n'est pas connu des Français...

Il apparaît clairement que les zônes d'utilisation de ces gestes ne sont pas limitées aux seules frontières linguistiques mais culturelles. Ainsi, les résultats d'Angleterre et de Scandinavie sont similaires mais diffèrent de façon marquante de ceux de France, d'Espagne et d'Italie, qui sont très voisins, mais à leur tour divergent de ceux de Grèce et de Turquie. On trouvera dans ces résultats la confirmation de l'existence d'une influence culturelle «latine» — ou son absence — dans l'acquisition et l'utilisation d'un certain type de gestualité considéré comme comportement non-verbal. Cela fait apparaître également les différences culturelles existantes dans la valeur d'information que peuvent avoir des gestes dans une interaction communicationnelle. En outre, cela confirme les termes de l'analyse de Kendon (1981), déjà mentionnée.

D'autre part, Carpitella (1982) a prouvé que les 250 gestes répertoriés par De Jorio (1832) étaient encore connus et utilisés par les Napolitains, montrant ainsi l'influence permanente de la culture sur la gestualité d'expression.

4.1.3. L'interaction culture/comportement

La plus élémentaire objectivité oblige à reconnaître que tout chercheur opérant dans le domaine de la communication est confronté à une évidence difficilement contestable puisque chacun peut l'observer : tout individu qui parle produit des mouvements variés. Tantôt avec l'ensemble de son corps (posture), tantôt avec un ou plusieurs éléments — isolément ou simultanément — tels mains, bras, tête, jambes, pieds. Cela étant posé, on comprend que la tentation soit grande de passer de ce niveau de macro-observation à un niveau micro, c'est-à-dire mouvements des doigts pour la main, mouvements des yeux, des sourcils, de la bouche, des muscles faciaux pour le visage, etc. On ne peut manquer de rapprocher une telle manière de procéder d'une histoire bien connue aux Etats-Unis : celle de l'éléphant et des aveugles (citée par Key, 1975, p. 13). «Pendant que l'un des aveugles cherche à décrire la queue, un autre s'exclame sur l'oreille; cependant qu'un troisième est accaparé par les jambes, une clameur s'élève à propos des flancs. D'autres demandent comment il est. Chacun n'est en mesure de décrire que sa partie, et encore celle-ci changera-t-elle lorsque l'éléphant deviendra plus vieux et plus gros». L'analogie est claire; d'une part l'absence de théorie globale de la communication induit des recherches empiriques; d'autre part la notion de comportement non-verbal conduit les chercheurs à décrire chacun le champ auquel ils sont confrontés... La littérature fourmillant d'exemples qu'il serait fastidieux de vouloir énumérer, on se bornera à présenter quelques faits saillants.

Beigel (1952) a étudié l'influence de la posture sur les processus mentaux en mesurant les différences de réponses sur des sujets en position debout, assise ou allongée. Dans cet ordre d'idées, on objectera courtoisement que : 1° la position debout ne comporte pas dans toutes les cultures l'obligation de l'assise des deux pieds sur le sol; 2° une position de repos n'implique pas obligatoirement dans toutes les cultures d'être assis ou allongé puisqu'une posture de repos sur un pied se rencontre dans des cultures aussi différentes que l'Iran, les Indes, la Mélanésie ou l'Amérique du Sud.

La source d'études la plus féconde semble avoir été l'expression du visage dans toutes ses composantes : les yeux, y compris les contacts visuels, le regard (son insistance ou son détournement), le clin d'œil, le battement de cils, les mouvements des sourcils, etc.; la bouche et les (différents) sourires, les grimaces, tirer la langue, les mouvements de mâchoires, etc.; le nez et la respiration, les reniflements, les mouvements de la tête, hochements de tête, mouvements de bras, de mains, de jambes, de pieds, etc.

Certains chercheurs ont même étudié les fonctions physiologiques humaines considérées comme comportement non- verbal. Ainsi en est-il de la marche, la course, le saut; l'action de manger, boire, dormir, uriner, vomir, flatuler, éructer, s'éclaircir la voix, tousser, éternuer, cracher, sucer, hoqueter, avaler sa salive, soupirer, se gratter, bâiller, s'étouffer, s'étirer; la fonction sexuelle et les positions des partenaires, sans oublier claquer des doigts, des mains et les manifestations telles que pâleur, rougeur, tremblements, etc.[19]

Montagu pour sa part, a étudié la signification des gestes d'attouchement, en particulier pour relâcher les tensions. «Le geste le plus populaire des cultures occidentales est semble-t-il se gratter la tête. Habituellement, les femmes ne se comportent pas de cette façon (...). En cas de perplexité, les hommes se frottent le menton ou se tirent le lobe de l'oreille, ou encore se frottent le front, les joues ou la nuque. Les femmes ont des gestes différents. Elles posent un doigt sur les dents du bas, la bouche légèrement ouverte ou posent un doigt sur le menton. D'autres gestes masculins de perplexité sont : se frotter le nez, placer le doigt plié au-dessus de la bouche, se frotter un côté de la nuque, se frotter la partie du visage sous les yeux, se frotter les paupières ou se curer le nez...» (1971, p. 208). Un mythe très répandu veut que tout contact tactile soit de nature sexuelle, ce qui a fortement contribué à la sous-estimation de l'importance du contact dans les relations humaines. La récente reconnaissance de ce fait culturel s'est transformé en vagues déferlantes, à commencer par la publicité. Il est maintenant établi que certaines cultures utilisent davantage l'attouchement que d'autres.

Jourard (1966) donne des exemples de variations recueillies durant les voyages effectués afin d'étudier ces phénomènes. Il observa des couples en conversation dans des cafés. En une heure il compta le nombre de fois où les locuteurs se touchèrent; à Porto-Rico : 180; à Paris : 110; en Floride : 2; et à Londres : 0...

Certains contacts tactiles plus «rudes» sont appréciés différemment selon les sociétés. Un proverbe arabe dit : «il vaut mieux battre sa femme deux fois plutôt qu'une, car si on ne sait pas pourquoi, elle, le sait».

En Irlande, Leyburn (1962, p. 145) rapporte que chez les presbytériens « un pêcheur dut confesser ses péchés face au public, et avoir battu sa femme le jour du Seigneur[20]».

On prête à Oscar Wilde un propos concernant les différences entre sexes : «le visage de l'homme reflète sa propre biographie, celui de la femme un travail de création...». Cette boutade a cependant le mérite de mettre en évidence :

1° l'affirmation de différences de comportement non-verbal entre sexes;

2° une suggestion plus subtile qui sous-entend que les comportements non-verbaux ne sont pas évalués de manière équivalente.

S'il est très facile de fournir une interprétation de ce que l'on appelle le comportement non-verbal — la littérature en regorge — il est plus difficile de remonter empiriquement à la source de la signification communicative du comportement non-verbal afin d'en inférer un système explicatif cohérent, car elle est inhérente à la nature même de ce mode d'expression.

L'un des grands courants de la recherche sur le comportement non-verbal a tenté d'élaborer un système de codification qui permette de transcrire tous les mouvements produits pendant la conversation selon un protocole qui puisse être l'équivalent de celui utilisé pour étudier le discours. Ce qui en d'autres termes équivaut au problème que rencontrerait un individu illettré qui voudrait analyser un discours, à la différence près qu'il pourrait cependant voir et comprendre ce qui est signifié.

A notre sens, la fausse piste sur laquelle ont été entraînés nombre de chercheurs s'origine dans l'idée du besoin de consultation aisée de références permanentes, qui les a poussés à tenter de réaliser un «dictionnaire», sans percevoir quelle aberration pouvait comporter une telle démarche[21]. Il convient de dire que l'enrichissement de l'arsenal technologique mis à leur disposition a grandement contribué à cet état de fait. En effet, dans les années soixante, la plus grande facilité de recueils et de stockage des données apportée par la vidéo a pu faire croire que l'on allait rapidement pouvoir mener à bien la solution du problème. Impression renforcée dans les années soixante-dix par l'arrivée de l'informatique qui, par son énorme capacité de gestion d'informations simultanées, devait permettre de résoudre l'insoluble. En fait, dans le champ considéré, quelle que soit la méthodologie employée, ce type de recherche ressemble au rocher de Sisyphe qui redévale la pente inéluctablement, lorsqu'il semble parvenu au sommet...

En quelques années ces espérances se sont révélées aussi naïves que vaines même si certains chercheurs sont parvenus à mettre au point des systèmes d'analyses remarquables, en particulier le «Bernese System» de S. Frey *et al* (1981) — système de notation du mouvement en séquences temporelles — qui illustre la capacité et l'utilité de l'ordinateur pour gérer simultanément des quantités impressionnantes de données, ce que l'on savait déjà.

Il s'agit d'un système synchronique qui autorise la possibilité de noter les moindres variations de geste et de posture d'un sujet, conjointement à la parole.

On peut cependant lui reprocher :
- d'avoir omis d'inclure les mouvements des doigts[22] qui, on en conviendra, ont néanmoins quelque importance...
- de procéder à un «tronçonnage» du temps en intervalles réguliers de 0,5 sec. produisant un découpage non obligatoirement pertinent aux interactions verbal/non-verbal.

Par ailleurs, la question que l'on se pose, en raison de la lourdeur des procédures d'entrée et de traitement des données (120 lignes — soit 6.240 items possibles — pour 1 minute d'analyse...), est d'une étonnante simplicité : que peut-on attendre de son exploitation compte tenu de ses limites ?[23] En dehors de la capacité — fort logique — de pouvoir restituer les gestes et postures qui ont été codés à l'aide de ce système, et du repérage délicat et éventuel d'apparitions répétitives, couplées et redondantes de signes verbaux et non-verbaux — déjà longuement étudiées par de nombreux chercheurs — il ne semble pas que ceci soit porteur d'une heuristique nouvelle pour la mise à jour d'une théorie explicative et prédictive qui prenne en compte le fait communication dans sa globalité. En outre, on observe que ce type d'analyse est décontextualisé.

4.1.4. Gestualité, communication et acquis culturels

On rappellera brièvement que le contexte d'une situation est composé d'un ensemble complexe de variables qui comprend le ou les canaux de communication ouverts, — successivement ou simultanément — les éléments temporels, le lieu, la position et l'espace/distance séparant les protagonistes, la description du/des locuteurs et/ou auditeurs aussi bien que des non-participants s'il y en a, les conditions de l'environnement (espace, lumière, bruit/silence, dimensions, ...) etc.

Les éléments du contexte d'une situation donnée interagissent et affectent toutes les communications interindividuelles, mais elles sont tellement habituelles qu'il n'est pas toujours évident de les identifier.

Einstein s'interrogeait sur une problématique analogue « Que sait le poisson, de l'eau dans laquelle il nage toute sa vie ? » (1950, p. 13)[24].

On remarquera que les études relatives au non-verbal ont ignoré pendant très longtemps — et ignorent encore pour certaines — un certain nombre de ces phénomènes, du fait même de leur nature non-verbale habituelle qui les rendent difficiles à saisir, à l'inverse du verbal. Cependant, il est étonnant de constater à quel point les comédiens, les humoristes, les dessinateurs, les peintres[25], les metteurs en scène, les cinéastes, etc. en connaissent la pratique intuitive, à défaut de la théorie que ne possèdent pas les chercheurs. A ce propos, Key remarquait fort pertinemment que «hors d'une construction théorique totalement développée il apparaît à peu de choses près, que par manque d'attention pour l'ensemble de ces études, *tout ce que nous pouvons faire est de continuer à faire des descriptions de la nature du comportement humain et de chercher des universaux*[26]. C'est là, à recueillir des données, que se situent les observations les plus fastidieuses et les plus dévoreuses de temps» (1975, p. 163).

Un peu plus loin, elle note également que «la classification est un expédient important que les gens utilisent pour faire face à l'environnement. Pour un chercheur la bataille de la classification a une valeur heuristique. On est contraint à trouver une terminologie. Un prérequis à une bonne classification est la connaissance et la compréhension des items qui doivent être expliqués dans le modèle théorique. La classification n'est plus un passe-temps prestigieux de nos jours[27]; en fait, travailler sur des données ou sur une classification revient automatiquement à être relégué au rang des travaux inintéressants, banals ou triviaux» (p.164).

Corrélativement aux études des diverses postures du corps, il est intéressant d'examiner les photographies, les illustrations ou les publicités dans les magazines ou les hebdomadaires. On peut y remarquer — pour ce qui concerne les diverses positions de la tête — à travers les images de femmes, une posture habituellement très fréquente : le visage est le plus souvent penché ou incliné. Dans la littérature ce mouvement est interprété comme pouvant transmettre une attitude de timidité, de réserve ou de soumission; cependant on peut noter que cette posture est si courante que la plupart du temps, on peut trouver une telle position dans n'importe quel groupe de femmes...

Kendon et Ferber (1973) ont fait une étude extensive des comportements d'accueil et de salutation au cours d'une garden-party d'anniversaire. L'analyse du film enregistré à cette occasion, parmi toutes les variables identifiées, leur permit de catégoriser cinq positions de tête : droite, penchée en avant, en arrière, maintenue fermement droite ou en avant, inclinée d'un côté. Il apparaît que les hommes privilégient la posture en avant alors que les femmes penchent la tête d'un côté de manière plus significative que les hommes. L'inclinaison de la tête semble plus évidente lors de salutations entre homme et femme.

On pourrait rapprocher ce type de comportement de ce que Montagner décrit chez les enfants comme une attitude de lien et d'apaisement, sans toutefois y trouver de manifestation de préférence selon le sexe. « L'inclinaison latérale de la tête a donc non seulement une fonction d'apaisement, d'établissement et de renforcement d'un contact non agressif, mais encore une fonction de sollicitation » (1978, p. 112).

D'autres études sur les postures fournissent des preuves supplémentaires de l'interaction culture/recherche/comportement non-verbal. Frey *et al.* (1984) se sont également intéressés au port de tête, à travers diverses représentations picturales célèbres[28], pour en tirer des observations définitives. « Il s'est ainsi avéré que les personnages ayant une position de force ne sont pratiquement jamais représentés par les peintres la tête inclinée. Inversement, les tableaux qui expriment un rapport sentimental intime (par exemple mère et enfant ou tableau de couples amoureux) représentent les personnages le plus souvent la tête penchée l'un vers l'autre. D'autres recherches ont montré que les rapports sentimentaux négatifs sont exprimés le plus souvent par l'inclinaison de la tête dans la direction opposée au partenaire » (1983, p. 55).

Corraze (1980) rapporte des constatations à peu près identiques.

Il est plaisant de considérer que ces acquisitions « récentes » sur le comportement non-verbal — ainsi que celles d'autres chercheurs comme on le verra — sont des résurgences de savoirs anciens. C'est ainsi qu'on peut lire chez Léonard de Vinci (1651) :
– « L'on donnera aux femmes des attitudes pudiques, jambes serrées, bras repliés et joints, tête basse et penchée sur le côté (§ 141).
– Tu ne feras jamais les têtes droites sur les épaules, mais tournées de côté, à droite ou à gauche, même si elles regardent en haut ou en bas, ou tout droit, parce qu'il est nécessaire de faire en sorte que leurs mouvements aient l'air d'être vivants et non figés (§ 354).
– (...) si les choses qu'elle (la main) montre sont éloignées, elle doit être tendue, et le visage tourné vers ce que l'on montre » (§ 358).

Pour ce qui concerne la gestuelle, on citera :
– « Les mains et les bras, dans toutes leurs attitudes, doivent faire deviner l'intention du personnage pour autant que c'est possible, car tout homme normal souligne ses états d'âme dans tous ses mouvements. Les bons orateurs voulant persuader leur auditoire de quelque chose, accompagnent toujours des mains et des bras leurs paroles, quoique certains insensés n'aient cure d'un tel ornement et semblent,

dans leur tribunal, des statues de bois dont la bouche est comme un conduit qui fait passer les paroles d'un homme caché quelque part» (§ 365).

D'autres passages semblent avoir été écrits pour s'adresser par-delà les siècles à Ekman et Friesen (1972, 1975, 1978, 1979, 1982) :

– «Amusez-vous donc à étudier ceux qui parlent en faisant des gestes et (...) à savoir quelle est la cause de leurs mouvements (...). Considérez ceux qui rient et ceux qui pleurent, regardez ceux qui crient de colère ainsi que tous nos autres états d'âme (§ 372)...

– La personne en colère (...) aura les cheveux hérissés, les sourcils bas et rapprochés, les dents serrées, les deux extrémités de la bouche arquées et le cou grossi... (§ 377)...

– Celui qui verse des larmes relève les sourcils à leur jonction, tout en les serrant l'un vers l'autre, provoquant des rides au-dessus, ainsi qu'au milieu des coins de la bouche vers le bas ; tandis que chez le rieur ceux-ci sont relevés et les sourcils ouverts et écartés» (§ 380).

Le § 368 semble s'adresser aux études posturales, par exemple celles de Spiegel et Machotka dont les dessins ci-dessous sont extraits (1974, p. 280) :

– «Si le mouvement de l'homme est causé par l'objet (...) ce qui se meut tourne d'abord vers l'objet le sens le plus nécessaire, c'est-à-dire l'œil, laissant les pieds à l'endroit initial, et seules se tournent les cuisses, avec les hanches et les genoux, vers l'endroit où se porte la vue».

Il semble que les représentations picturales du corps humain offertes par les tableaux des «maîtres classiques», aient constitué un support de choix pour un certain nombre de recherches relatives aux postures.

Frey *et al.* (déjà cités) ont utilisé — entre autres — un détail d'une fresque de Botticelli pour étudier la modification de signification des changements d'orientation spatiale de la tête. La célèbre «Vénus» du même Botticelli a également servi de base à une étude de Spiegel et Machotka (1974, p. 190) sur la signification des différences de positions de bras par rapport à une absence de modification posturale globale. Dans une démarche expérimentale assez proche, plus récemment, Maisonneuve (1985, p. 80), lors d'une étude sur la signification des choix esthétiques, a utilisé un matériel composé de silhouettes tirées d'œuvres d'art — tant picturales que sculpturales — émanant de périodes et d'auteurs différents.

L'étude des comportements humains à travers l'histoire et les cultures montre combien les comportements gestuels ont dévié, voire disparu, sous la pression des tabous religieux, culturels ou sociaux; vouloir en extraire des invariants semble une gageure bien difficile à tenir...

Ainsi les Romains, pour prêter serment de dire la vérité, faisaient le geste de placer leur index sur leurs testicules (Barakat, 1973, p. 761)[29]. Par ailleurs montrer son pénis à un adversaire au cours d'un débat conférait une plus grande force aux mots (Goodland, 1931, p. 287).

Gageons que la gestuelle ainsi perpétuée, égaierait sans aucun doute les tribunaux et ferait percevoir les débats politiques sous un jour nouveau...

Cependant, il semble que cette gestuelle ait été reprise et transposée aux Etats-Unis par la «culture noire» où les mâles se saluent en touchant ou en approchant leurs mains de leurs parties génitales. «Si vous rencontrez un nègre dans un lieu public et que vous souhaitez établir une relation fraternelle, testez-le. Faites-lui le ‹Salut du bras court›... Allongez ensemble les doigts de vos mains, y compris le pouce, paumes en dessous et saluez-le par un frémissement du pantalon... S'il vous répond de la même manière, alors c'est un ‹frère›. Mais s'il ignore le geste et se gratte la tête, ajuste ses lunettes, resserre sa cravate ou feint de boutonner sa veste, alors prenez garde. Il est évident qu'il n'est qu'un prétendu frère et qu'il ne veut pas vous connaître» (de Coy, 1967, p. 153).

Les études transculturelles mettent en évidence des différences gestuelles dans le processus de captation de l'attention ou de la parole. Birdwhistell (1964) note que l'ancien maire de New York, F. La Guardia parlait américain, italien, yiddish et qu'avec chaque changement de langue, il changeait de manifestations gestuelle et paraverbale.

Efron (1941) note, chez les Juifs traditionnalistes de l'est, l'attouchement de l'interlocuteur pour capter son attention ou l'interrompre. Les Italiens, par contre, n'utilisent pas le geste tactile pour interrompre mais plutôt comme moyen d'indiquer l'expression d'une confidence.

Quelques chercheurs semblent penser que certains gestes et leurs vocables sont nouveaux parce que leur histoire ne leur est pas connue[30].

Le terme «emblème», par exemple — tiré d'Efron (1941) — utilisé par Ekman et Friesen (1969, p. 63) dans leur classification, était déjà employé avec le même sens par Leibniz (1768, p. 207) pour décrire certain signe utilisé par les moines cisterciens pour communiquer entre eux; bien avant lui, Francis Bacon (1620) le mentionne avec la même signification. La terminologie généralement utilisée dans les études sur le comportement non-verbal — dont le vocabulaire provient le plus souvent de disciplines assez éloignées — entraîne un certain nombre d'ambiguïtés qui ne facilitent en rien l'approche des phénomènes non-verbaux lorsque l'on tente une classification ou un regroupement. Il semblerait nécessaire de procéder à la création d'une taxonomie internationale.

Pourquoi certains vocables sont-ils confirmés par l'usage alors que d'autres restent inconnus parce qu'inutilisés? On relève des exemples de pérégrinisme[31] en provenance de la littérature anglo-saxonne tels que paralangage, paralinguistique ou proxémique alors que paradoxalement ils ne figurent pas dans le *Webster's Third New International Dictionary*.

Par contre, on y trouve le terme «Pasimologie» (étude des gestes comme moyen de communication) dont l'usage n'a pas été importé bien qu'une part non négligeable des études rattachée au comportement non-verbal, en dépende objectivement. Cet aspect purement formel de l'approche du problème ne contribue pas, tant s'en faut, à élucider l'imbroglio du non-verbal...

4.2. L'APPROCHE DU NON-VERBAL A TRAVERS LA NOTION DE COMPORTEMENT OU UNE ABSENCE DE CONTEXTE

De l'exploration de la littérature du comportement non-verbal, on retire une impression d'incomplétude due, vraisemblablement, à des procédures qui introduisent un certain nombre d'ambiguïtés lié à l'absence d'un questionnement permettant de rendre compte de différents types de relations en cause dans la communication interpersonnelle, à la fois au plan systémique et au plan de l'interaction situationnelle. La profusion de cette littérature — quelquefois même ses contradictions — rendent particulièrement ardue la mise en évidence de structures clairement définies. En outre, il semble que la majorité des études relatives au non-verbal soit associée à un grand courant d'origine anglo-saxonne le considérant comme un comportement non contextualisé. On peut avancer plusieurs explications. En premier lieu l'hypothèse que le non-verbal, facilement observable[32], quantifiable, susceptible d'être décrit d'une manière clinique et d'un abord aisé à cause de manifestations distinctes du verbal, induit naturellement une réduction à un comportement non contextualisé.

Au fur et à mesure de l'avancement des travaux, donc de l'inflation des publications, on constate que les chercheurs ont été amenés à concevoir et à mettre en place des systèmes de plus en plus fins, de plus en plus étayés technologiquement, de plus en plus performants, d'observation, de notation, d'analyse du moindre mouvement, le divisant, le décomposant, le fractionnant jusqu'au plus petit élément possible. Il convient de préciser que l'un des éléments le plus étudié du comportement non-verbal est la gestualité.

4.2.1. Les principales recherches

L'une des plus importantes contributions dans ce domaine est celle d'Ekman et Friesen (1967/1984). Durant ces dix-sept années ils ont publié de nombreuses études, mais n'ont pas échappé au phénomène réductionniste, bien qu'ayant abordé ce champ d'une manière globale, c'est-à-dire en considérant l'ensemble des éléments du comportement non-verbal. Puis la systématisation d'enquêtes ayant pour objectif de relier certains gestes à des états émotionnels ou affectifs ou de tenter de leur attribuer une signification spécifique a conduit à l'établissement de classifications fonctionnelles, au sens socio-culturel.

Dans ce cadre rentrent de nombreuses catégorisations dont on citera parmi les plus récentes : celles de Freedman et Hoffman (1967), Ekman et Friesen (1969) et Argyle (1975).

Sans entrer dans la polémique pour autant — qui bien souvent se substitue à la réalité d'une critique en contestant ou en chicanant une méthodologie, une classification, etc. — on fera remarquer que si la première catégorisation citée est trop relâchée du point de vue méthodologique, elle fait cependant intervenir une corrélation entre geste et parole. La seconde se veut descriptive et complète tout en empruntant à la première ; quant à la troisième elle reprend en partie certains registres de la précédente en y ajoutant des éléments hétérogènes à la communication interpersonnelle, bien que centrés sur les comportements communicatifs, tels les mouvements exprimant la personnalité (?) ou les mouvements utilisés dans les rituels ou les cérémonies.

La démarche qui consiste à observer un comportement pour tenter, par analogie, d'en inférer un code [33] ayant une capacité explicative a pu être considérée comme heuristique pendant un certain temps, mais en impliquant de noter un comportement en terme d'apparition ou de non-apparition, elle comporte de notre point de vue une contradiction gênante dans ce dernier cas de figure : décrire les effets d'un comportement par rapport à une situation dont il est absent.

C'est une démarche qu'on rapprochera — bien que l'évidence n'en paraisse pas manifeste de prime abord — de la préoccupation des linguistes : l'élaboration d'une science du code. Pourtant, les efforts déployés par ces chercheurs ont pour but d'essayer de mettre à jour et de déchiffrer un code des comportements non-verbaux, considérés comme signaux transmettant de l'information. Il paraîtrait raisonnable dans ces conditions d'espérer que ces études relatives à la communication non-verbale prennent en compte systématiquement ses composantes : le sujet qui produit le message (encodeur), les comportements non-verbaux manifestés (code) et celui — ou ceux — qui le reçoivent (décodeur). Malheureusement, lorsque l'on passe en revue l'abondante littérature qui s'y rapporte, force nous est de constater que la majorité des études qui y sont consacrées s'attachent davantage à chercher la signification que l'on peut attribuer à tel ou tel comportement ; c'est-à-dire l'analyse des processus de décodage.

Rappelons à ce propos que la majorité des thérapies corporelles travaillent dans cette perspective, partant du postulat que l'on peut inférer certaines composantes cognitives d'un individu à partir de l'observation de son comportement [34].

Selon un principe analogue, beaucoup de chercheurs travaillant dans le champ de la communication non-verbale affirment que s'il est possible à un observateur de tirer une inférence du comportement non-verbal d'un individu, ce comportement peut être considéré comme une communication. Il semble, à l'évidence, que ce soit là commettre une confusion entre signe, système de signes et communication.

On rappellera avec Wiener, Devoe, Rubinow, Geller (1972) qu'un signe implique simplement pour celui qui l'observe l'attribution d'une signification *quelle qu'elle soit*. La communication, quant à elle, implique d'une part l'existence d'un code ou système de signes socialement partagé ; d'autre part un sujet encodeur qui transmette son expérience à l'environnement ; enfin, un sujet décodeur qui le décrypte et réponde systématiquement à ce code.

Dans l'optique qui voudrait que le comportement non-verbal soit considéré comme communication il incomberait au sujet décodeur, à tout le moins, de spécifier les critères explicites qu'il utilise pour déterminer le référent consensuel du comportement non-verbal considéré. A notre connaissance, aucune tentative en vue de spécifier de tels critères n'a été réalisée.

Il semble que, pour une grande partie, «l'édifice recherches non-verbales» soit bâti sur des fondations fragiles, dont les deux idées conductrices partent d'analogies qui sont les suivantes :

1) le corps humain est composé d'un ensemble de systèmes dont aucun ne peut fonctionner isolément bien que chacun puisse être étudié séparément ;

2) la communication verbale — rendue opératoire grâce à un code — est une forme comportementale particulière de l'individu communiquant, donc le comportement non-verbal devrait utiliser également un code puisque ces deux formes de comportement apparaissent simultanément dans la communication.

La difficulté de décrire et d'analyser les deux phénomènes conjointement a amené les chercheurs à les dissocier pour tenter de mieux les appréhender. En considérant le comportement non-verbal isolément, on a fini par prendre le supposé pour un posé, introduisant de ce fait une pétition de principe.

D'autres chercheurs — d'une orientation radicalement opposée à ceux qui pensent que tout comportement non-verbal est communication — ont tenté d'aborder le problème en traitant le comportement comme un signe, en cherchant une corrélation entre l'apparition d'un mouvement de l'une quelconque des parties du corps et la manifestation d'un affect tel Dittman (1962) ou une occurrence verbale tel Duncan (1969).

On croit devoir faire remarquer que dans ces deux études les mouvements dont il est question sont produits par n'importe quelles parties du corps — considérées donc comme interchangeables — chaque mouvement n'ayant ainsi aucune signification particulière.

Il n'est pas évident, ainsi faisant, de concevoir comment spécifier les mouvements qui doivent être classifiés comme signes plutôt que comme communication pas plus que d'en déterminer la signification.

Il est difficile, donc, dans ces conditions d'imaginer comment ce genre d'approche peut être heuristique pour une recherche sur la communication, vue sous l'angle d'un système.

4.2.2. Les classifications

Si la classification est un préliminaire à la construction d'une théorie, elle demande un développement rigoureux ainsi que l'utilisation d'une méthodologie et d'une catégorisation. De nombreux chercheurs ont été confrontés à ce problème, peut-être est-ce la raison pour laquelle les classifications gestuelles sont assez semblables par certains côtés, et peut-être pourquoi certains chercheurs ont basé leurs travaux sur ceux de prédécesseurs. Il n'en est pas moins évident que d'autres classifications ont été construites indépendamment. On peut remarquer que les classifications gestuelles divergent dans l'usage qui leur est assigné. Elles peuvent être basées sur des fonctions — offres et demandes — sur des significations, sur des propriétés physiques — utilisation d'une partie du corps ou de l'espace environnant — ou sur des dimensions spatio-temporelles. Les instruments d'analyse ne sont pas sans effets sur ce genre de classifications.

Ainsi, une série d'études (Haggard et Isaacs, 1966) rapporte qu'il existerait des «expressions micro-momentanées» (M.M.E.) qu'ils auraient découvertes en visionnant des films à 4 images/seconde au lieu de 24. On y verrait des expressions du visage si fugaces qu'elles «semblent plus rapides que l'œil». Ils prétendent que ces M.M.E. ont tendance à apparaître dans une ambiance conflictuelle (p. 161) Elles seraient :

– d'une part, associées à l'énoncé de démentis ou de situations embarrassantes ;

– d'autre part, non congruantes au message verbal et à l'expression faciale adéquate.

Ces chercheurs pensent que les M.M.E. passent si rapidement qu'elles sont subliminales.

Garwood, Guirora et Kalter (1970) retrouvent aussi des M.M.E. dans des situations anxiogènes. Morris (1980) fait part de constatations analogues. Le problème de l'interprétation reste le plus crucial, en particulier l'attribution de significations au comportement non-verbal.

C'est l'objet d'un vaste débat dans lequel on n'entrera pas ici. On fera simplement remarquer à tous ceux qui ont proposé (ou proposent) des «catalogues» d'interprétation qu'il est un élément très important qui leur fait défaut — et rend caduc leur usage — c'est un autre catalogue : celui des expériences individuelles et sociales de l'individu, filtres à travers lesquels s'élaborent la ou les réponses aux stimuli. Il ne semble pas raisonnable de supposer qu'un même stimulus va déclencher des réponses identiques chez tous les individus...

La simple observation de sujets engagés dans une conversation animée fait percevoir à quel point il est vain de vouloir tenter quelque «répertorisation» que ce soit, porteuse d'une signification précise[35].

Certains individus ont une gestuelle large, variée, renouvelée alors que d'autres en utilisent une de type stéréotypé, étriquée, répétitive où le même mouvement vague, simplement ébauché peut revêtir des significations extrêmement diverses et variées. D'autres encore ont une gestuelle pauvre où le geste apparaît rarement.

Il existe bien d'autres difficultés telles que le nombre de disciplines dans lesquelles figurent des études multiples qui s'apparentent de près ou de loin au non-verbal mais qui concernent plus généralement le comportement humain, ce qui rend une investigation systématique quasiment impossible. Le temps que prendrait une telle recherche rendrait caduques les informations que l'on en tirerait, lors de leur publication. En outre, il convient de préciser qu'il existe dans la littérature un certain nombre de distinctions qui n'ont pas contribué à rapprocher verbal et non-verbal.

Le concept de comportement non-verbal posant que la communication humaine est à base de mouvements du corps on devrait pouvoir distinguer, par exemple, les mouvements de l'appareil bucco-phonatoire des mouvements provoqués par le simple jeu musculaire ainsi que ceux produits par une modification émotionnelle.

De même, on différencie les gestes produits par les sujets appartenant à une culture appréhendée comme «gesticulante» (Italiens), ayant des gestes réputés frustes, de ceux élaborés par les sujets les utilisant comme un «langage» tels les sourds-muets, gestes réputés sophistiqués.

C'est vraisemblablement pour dépasser, pour contourner, les difficultés qu'ont rencontrées les chercheurs à maîtriser la description d'éléments non-verbaux, que l'on trouve dans la littérature une série impressionnante de systèmes de notations qui empruntent leurs bases à des disciplines aussi éloignées que la danse ou le langage des sourds-muets.

On déplorera donc que chaque système n'étudie spécialement que la partie du corps qu'il privilégie : les pieds pour la danse, les mains pour la langue des signes des sourds-muets, le visage pour la psychiatrie, etc.

Aucun système de notation non-verbal n'est adéquat en soi pour permettre à un lecteur de reproduire exactement les actions envisagées par le scripteur. Le problème de fond rencontré par les systèmes de notation du non-verbal est simple — au moins dans sa formulation — comment traduire par une seule dimension un phénomène qui en comporte trois ?

Il est évident que les caractéristiques spatiales et temporelles des mouvements sont difficiles à transcrire de façon simultanée à l'aide du langage, qu'il soit oral ou écrit. Par ailleurs, cela implique de parvenir à déterminer avec précision l'origine et la fin d'un mouvement.

Pour établir une distinction entre mouvements corporels spécifiques et les répertorier à l'intérieur d'une séquence d'actions, il est nécessaire d'être capable d'identifier les limites des mouvements séparés (Rosenfeld, 1982). Il est particulièrement difficile de déterminer les limites d'actions lorsque le mouvement est complexe. Les critères de détermination des limites varient largement, évoluant du critère relativement implicite qu'un observateur a défini (Newtson, Engquist et Bois, 1977) au critère le plus explicite, défini statistiquement (Bobbitt, Gourevitch, Miller et Jensen, 1969). Dans ce type de problème où l'instrument de mesure est l'observation du mouvement, une question importante se pose : de quelle manière l'observateur humain fragmente-t-il la perception des mouvements dans la dimension temporelle ? (Cf. Johanson, 1973 ; Newton et al, 1977).

A quelle condition une pause dans une séquence de mouvements est-elle perçue comme partie d'un mouvement unitaire plutôt que comme période transitionnelle entre deux mouvements unitaires[36] ?

La réponse est importante pour la compréhension de la catégorisation du mouvement, ainsi que pour sa fiabilité. A cela s'ajoute l'énorme difficulté d'appréhender et de noter la quantité très importante d'informations qui parviennent simultanément d'individus interagissant dans une communication.

L'apparition de systèmes informatisés autorise maintenant une telle gestion d'informations, mais le problème n'est pas résolu pour autant.

Comment inférer un système globalement explicatif d'une telle masse d'informations ?

Il y a un abîme insondable entre les informations non-verbales enregistrées et la capacité de les analyser pour en déduire un modèle structural explicatif en partant d'observations comportementales.

Dans le domaine du non-verbal, il apparaît de plus en plus que sans théorie globalement explicative du phénomène communication aucune intégration ne soit possible. Corrélativement, les relations qu'entretiennent verbal et non-verbal sont problématiques.

Scheflen (1964, p. 320) note « des changements de position de tête et d'yeux après peu de phrases ». Il croit que ces changements marquent la fin d'une unité de structure à l'intérieur du discours. Il nomme ces changements point, position et présentation, qui semblent être grossièrement l'équivalent de ce que l'on pourrait appeler paragraphe, section et chapitre.

Dittmann et Llewellyn (1967) ont trouvé que certains mouvements de tête et de mains sont reliés aux aspects phonémiques du discours ; les hochements de tête, vocalisations, échanges de coup d'œil et sourires brefs ont un potentiel de marqueurs d'unités.

Ekman et Friesen (1969, p. 53) notent que l'action non-verbale peut répéter, augmenter, illustrer, accentuer ou contredire les mots...

La théorie générale des systèmes (Bertallanfy, 1973) affirmant que toute variable d'un système interagit si intimement avec les autres variables qu'il est impossible de séparer la cause de l'effet, une même variable peut donc être à la fois cause et effet. Or, par sa structure sujet-prédicat, la langue façonne le mode de pensée, induisant une conceptualisation en termes de cause et d'effet qui érige un certain nombre de barrières. De ce fait, le changement et la complexité excèdent le plus souvent le simple pouvoir de description qui est l'instrument habituel de la recherche sur le comportement non-verbal. Quelques chercheurs ont tenté cependant d'évaluer la contribution respective du verbal et du non-verbal à la communication.

On citera Birdwhistell (1974) pour qui, l'Américain moyen passe chaque jour très peu de temps à parler uniquement — de 10 à 11 minutes seulement — compte tenu du fait que paralangage, gestuelle, proxémie ou systèmes comparables d'autres modalités sensorielles sont intimement liés et composent la plus grande partie du système de communication. Il estime que 65 % de la signification sociale transmise dans une conversation entre deux personnes relève totalement d'éléments non vocaux.

4.2.3. Une variable souvent négligée : le contexte

On trouve dans cette remarque de Birdwhistell l'émergence de l'idée que l'étude de la communication s'est laissée enfermer dans un univers linguistique aboutissant à séparer l'étude du langage de l'étude des systèmes de communication non linguistiques, alors qu'en fait la communication interpersonnelle utilise beaucoup plus un système de communication non-verbale que la linguistique ne le laisse à penser.

Ducrot et Todorov écrivaient en 1972 : «Pour la plupart des linguistes il est possible et souhaitable de faire abstraction de toute considération de situation quitte à faire intervenir ensuite, comme facteur indépendant et supplémentaire, les effets situationnels». Cela revient donc à dire que la situation concerne la parole, non la langue, donc à accentuer la dichotomie linguistique/sujet communiquant. Il convient de dire que certains linguistes ont une approche différente.

Vœgelin, cité par Jakobson (1963) pose déjà le problème de l'interdépendance de diverses structures à l'intérieur d'une même langue. «Sans aucun doute, pout toute communauté linguistique, pour tout sujet parlant, il existe une unité de la langue, mais ce code global représente un système de sous-codes en communication réciproque».

Un autre problème méthodologique, évoqué peu souvent malgré son importance, concerne le contexte dans lequel sont réalisées ces observations ainsi que la nature des sujets qui ont servi de support à ces recherches. Ces éléments permettent pourtant d'inférer des valeurs de généralisation différentes, et il est aisé de concevoir l'ambiguïté qui peut résider à leurs bases lorsqu'ils ne sont pas clairement définis.

Par exemple, pour les chercheurs qui ont utilisé comme sujets des participants à des entretiens thérapeutiques, comment peut-on affirmer que le comportement non-verbal observé et décrit, est propre au sujet et non induit par le thérapeute, son statut et l'enjeu dont l'entretien est porteur ? Comment est-il possible pour un chercheur qui entreprend des recherches dans ce champ, de différencier les investigations thérapeutiques des études relevant du comportement non-verbal, alors qu'à l'évidence toutes sont incluses dans la littérature relative à la communication non-verbale ?

Il semble maintenant admis que l'approche de l'analyse du comportement non-verbal soit tributaire de la conception psychanalytique : Freud et quelques-uns de ses émules ont largement glosé sur le principe du comportement non-verbal pouvant révéler des processus inconsciemment réprimés, donc non verbalisés. (Freud, 1904 ; Ferenczi, 1926 ; Reich, 1949). On verra donc dans cette «filiation» l'origine de l'idée, couramment répandue, que le non-verbal peut révéler ce que le verbal ne dit pas et, parfois même, tente de cacher ou de nier.

Scherer et Ekman (1982) déclarent que des psychiatres rattachés à cette tradition ont considéré conjointement mouvements du corps et verbalisation et se sont servis de diverses classifications fonctionnelles du comportement et d'observations cliniques pour en mesurer la valeur de diagnostic.

Mahl (1968) pour sa part, met en garde contre une orientation interpersonnelle de la psychiatrie qui expose certains thérapeutes ou observateurs au risque de considérer tout ce que fait le patient comme significatif et, simultanément, de penser que sa motivation soit communicationnelle. On en profitera pour attirer l'attention sur l'erreur (pour ne pas dire le danger) qu'il y a à vouloir fournir des explications du comportement non-verbal dans toutes les situations. En dehors du fait qu'elles ne sont le plus souvent que des spéculations ou des données subjectives, elles risquent de déboucher sur des restrictions, voire des prohibitions, de certains types de gestes sur lesquels aura été porté un jugement de valeur négatif d'un point de vue social.

Flack (1966) parle à ce propos des «limites de partage des significations». Les relations peuvent être perturbées par une connaissance comportant un tel potentiel d'inexactitudes. L'être humain ne peut pas fonctionner avec la tranquillité d'esprit souhaitable lorsque sont portés à son niveau de perception trop d'informations, trop de détails — sur la manière dont il joue avec ses mains, tripote son briquet ou son stylo, fait des grimaces, etc. — qui, bien loin d'améliorer la communication, risquent au contraire de figer l'individu et de le pousser à l'isolement.

Une autre raison de ne pas essayer de comprendre à tout prix réside dans la difficulté d'interpréter correctement la variété infinie de comportements humains. Il n'est pas possible de traduire le comportement non-verbal individuel en éléments porteurs de sens dans toutes les circonstances. Dans certains cas, chercher à comprendre les autres au-delà des besoins habituels constitue une tendance névrotique[37].

Le champ d'investigation des mouvements du corps — rapidement baptisé communication non-verbale — est récent puisque son étude systématique a commencé il y a à peine trente ans. Depuis, la masse considérable de documents, d'études et de travaux publiés est telle qu'il devient impossible de les lire tous si l'on aborde seulement maintenant ce type de recherches. Pour s'en convaincre il n'est besoin que de constater le nombre de publications éditées dans la précédente décennie (1971-1980) qui s'élève à 1.411 (chiffre non exhaustif, relevé par Davis et Skupien, 1982).

D'une manière assez générale il ressort de cette littérature une idée principale : l'ensemble des activités posturales et gestuelles de l'individu communiquant jouerait un rôle essentiel dans la communication, en particulier en révélant ce que la communication verbale ne dit pas ou même en le contredisant, mais sans expliquer pourquoi ni dans quelle mesure il peut le faire.

Une autre idée, développée par Watzlawick et al (1967), voudrait que le verbal servît à transmettre des informations cependant que le non-verbal serait le vecteur de l'affectif, du relationnel.

Le quasi-monopole, de fait, du verbal dans les études sur la communication pourrait avoir entraîné par réaction, au cours des vingt-cinq dernières années, la place que l'on sait dans la littérature scientifique, des travaux ayant trait à l'étude du non-verbal. Notre propos n'est pas ici de la passer en revue — ce qui a déjà été fait dans de nombreuses études ayant pour thème gestualité et communication, en particulier Argentin (1982, 1983), Cosnier (1982), Feyereisen et de Lannoy (1985), Ricci Bitti (1977, 1983) — mais de noter que le concept qui paraît avoir rallié un nombre important de chercheurs est celui de comportement non-verbal. Or, il apparaît que cette notion de comportement — défini comme ensemble des réactions, des conduites d'un individu, observable objectivement — a induit pour partie les limites du champ de ces études à l'égale de l'approche réductionniste de la linguistique.

On notera combien la notion de comportement communicatif varie selon la conception des auteurs.

Pour Watzlawick (1967) on peut le définir comme tout comportement se produisant en présence d'un autre individu. Pour Ekman et Friesen (1969) le comportement communicatif existe lorsqu'un comportement non-verbal est accompagné ou suivi d'un accord dans une interprétation commune par un ou plusieurs «observateurs». Von Cranach (1973) pense que l'on doit séparer comportement communicatif de comportements informatif ou interactif. Fraser (1978) quant à lui, affirme que tout comportement ne doit pas être considéré comme communication. Il fait une différence entre le comportement qui dans certain contexte peut être interprété comme signe et la communication qui implique un système de signes socialement partagé (code).

Comme on peut s'en rendre compte, la notion de comportement communicatif — non-verbal en particulier — est loin d'impliquer la même acception pour tous les chercheurs qui l'utilisent.

On voudrait également faire remarquer, d'une part combien la notion de comportement non-verbal est redevable aux observations du comportement humain social à travers les cultures, et d'autre part combien ce comportement a varié et changé à travers les années ainsi qu'en attestent les ouvrages anciens traitant du savoir-vivre, de la politesse, des convenances, etc.

Un ouvrage datant du XVIe siècle — œuvre d'un auteur italien, Giovanelli de la Casa — met en garde l'apprenti gentilhomme contre le port de cure-dents sur le col ou le grattage en public de parties impudiques...

Le nez et ses excrétions semblent avoir retenu et captivé l'attention des observateurs, car on trouve un nombre incroyable de références dans la littérature populaire, les chansons, aussi bien que dans les textes du siècle dernier se voulant éducatifs. C'est ainsi qu'on invitait son prochain à ne pas se caresser le nez, lequel comme certain autre organe pouvait augmenter de taille par de fréquentes manipulations... (Vanderbilt, 1968). Enfin et surtout, ne pas regarder dans son mouchoir après s'être mouché «comme si des perles ou des rubis étaient tombés de votre cerveau»... (Turner, E.S, 1954, p. 49).

Au-delà de l'anecdote, on en profitera pour faire remarquer l'erreur qu'il y aurait à vouloir faire intervenir à toutes forces la notion de comportement non-verbal dans toutes les situations, car ce concept implique la mise en œuvre par le sujet du comportement adéquat relatif à son statut. Si l'on considère que ce même sujet peut dans la même journée avoir successivement un certain nombre de statuts différents tels que père de famille, chauffeur, travailleur, consommateur, client ou patient, il devrait donc, ainsi que le note Gumperz (1966) «dans chaque cas signaler son statut par son comportement, son vêtement, sa posture et le style de son discours» (p. 35) ce qui, on en conviendra, obligerait tout un chacun à devenir un perpétuel Frégoli[38]...

Pour ce qui nous concerne, on s'étonne que dans un nombre important d'études relatives au comportement non-verbal, au plan méthodologique, la base factuelle soit constituée souvent à partir de récit d'observateurs ou de témoins divers — d'impressions dans de nombreux cas — ainsi que l'a déjà fait remarquer Ekman (1973) et ne repose pas sur une méthodologie de la preuve plus expérimentale.

Ensuite on s'interroge, au plan théorique, sur l'importation dans l'explication des comportements non-verbaux, de modèles externes opérant parfois des recouvrements conceptuels, dont certains eussent été pour le moins discutables (cf. Argentin, 1983).

Kendon en reconnaît explicitement l'existence et la fragilité méthodologique. «(...) Elle représente (l'approche) une synthèse de différents courants de pensée incluant certains aspects de la philosophie pragmatique, de la psychiatrie interpersonnelle, des théories de l'information et de la cybernétique, de la linguistique structurelle et de l'éthologie. (...) Du fait que l'approche structurelle qui a été tentée n'a pas encore de méthodologie clairement formalisée, il semble plus approprié de l'illustrer au moyen d'études de cas d'une recherche spécifique plutôt que de donner une revue des techniques et des méthodes comme si elles étaient bien établies» (1982, p. 440). Et encore «Les canevas théoriques proposés sont davantage des orientations, car ils ne sont pas suffisamment approfondis, explicites et articulés. (...) De plus, il est impossible de poser un ensemble de règles, qui, si elles étaient suivies, mèneraient à des résultats fructueux» (p. 493). Il apparaît donc, à l'évidence, que cette façon de procéder ait introduit — et introduise — un certain nombre d'ambiguïtés qui sont liées à un certain nombre d'absences :

– absence fréquente de description des variables situationnelles (sujets, situation, enjeux...);

– absence de considération de l'environnement comme lieu non neutre de l'interaction et/ou acteur extérieur influençant cette interaction;

– absence d'interrogation réelle des structures minimales des objets systémiques mis en cause dans l'acte de communication (langue/gestuelle pour ce qui nous concerne);

– absence d'interrogation approfondie sur l'acquisition/appropriation de la gestuelle, en tout cas dans la littérature considérée.

Simultanément on observe un surcroît d'analyses des productions non-verbales débouchant sur une fuite en avant méthodologique. De plus en plus fin, de plus en plus précis, de plus en plus fondé physiologiquement... mais sans que soient posées des questions théoriques qui paraissent fondamentales. L'approche est plutôt de type : l'Italien du sud gesticule différemment que l'Italien du nord, quant à l'Anglais ou au Japonais... (cf. Shimoda, Argyle, Ricci Bitti, 1978).

Enfin, au cours des différentes approches du comportement non-verbal que l'on vient d'évoquer on a pu remarquer, de façon quasi systématique, qu'on décrit très souvent, on interprète peu, on explique rarement, on n'intègre jamais.

4.3. LA GESTUALITE DE COMMUNICATION : UN CHANGEMENT DE PARADIGME OU LA REINSERTION DANS LE CONTEXTE

Faisant suite à ce qui vient d'être dit à propos du comportement non-verbal, il serait erroné de croire que l'on considère cette notion comme un non-sens. Cette déclaration liminaire étant établie, on sera plus à l'aise en précisant notre position pour ce qui la concerne. On pourrait la résumer à peu près d'une formule si on disait qu'elle ne représente que la partie émergeante d'un iceberg nommé communication interpersonnelle (ne serait-ce qu'en raison de l'importance de la littérature descriptive qui s'y rattache)

Le comportement étant un processus plus qu'une structure matérielle et son organisation un aspect de sa nature transitoire, on considère que cette manière de concevoir les choses — fort à l'honneur dans la première moitié du siècle — pouvait s'appliquer théoriquement à la communication, à la réserve près que les concepts et les théories ne sont que les degrés qui mènent à la connaissance. On ne doit donc pas oublier que leur pertinence est limitée dans le temps, faute de quoi la recherche n'aurait plus de raison d'être... Or le mystérieux pouvoir de crédibilité et de véracité accordé par tradition[39] à la « chose écrite » a cependant traversé le temps pour une raison qui paraît simple. Certaines notions — révisées, modifiées, voire abandonnées — sont perpétuées par la « chose imprimée » et peuvent tromper un lecteur plus attaché à une théorie ou à un auteur qu'à un corpus ou un courant de pensée.

4.3.1. Importance du contexte

Ce schéma n'a été modifiée en rien par l'apparition de la radio ou de la télévision en raison du caractère labile de l'information diffusée. L'arrivée des magnétophone et magnétoscope n'a fait que reproduire

— en l'amplifiant — le phénomène de crédibilité de la source, puisque l'information diffusée est filtrée par des spécialistes «dignes de foi»... Au plan de la communication, par contre, l'art oratoire et la rhétorique sont revivifiées par la radio. L'habileté à utiliser et à maîtriser les effets paraverbaux du langage redevient une nécessité dans l'art de communiquer avec le public et surtout de le convaincre... Un bel exemple nous en est fourni par Pierre Bellemare, dans ses émissions d'Europe 1[40]. On peut donc se demander en quoi les effets paraverbaux d'inflexion, d'intonation, de cadence, etc. rendent plus crédible ce type de récit que s'il était prononcé d'une voix monocorde.

Pour ce qui nous concerne, la raison en apparaît simple : les modulations vocales évoquent et restituent le contexte du récit. C'est le phénomène bien connu des conteurs, qui par la richesse, la diversité et la mise en forme des informations véhiculées créent un contexte riche.

La télévision, quant à elle, a vocation de restituer la globalité de l'information. Au moins en théorie, car ce n'est pas toujours le cas. En réalité, dans les programmes d'informations, les tribunes, les débats, elle ne diffuse — ô paradoxe — que des messages radiophoniques associés à des images — partielles — de celui qui parle. Mais les effets paraverbaux ne suffisent plus car, par sa précision, l'image du locuteur perturbe et empêche l'évocation du contexte suggéré.

La réintroduction du contexte se fera par l'intermédiaire de la présentation d'images pertinentes au commentaire. On notera, par ailleurs, que le présentateur/commentateur utilise peu le jeu des expressions faciales, mimiques, hochements de tête et registre gestuel — en excluant en quasi-totalité l'utilisation de l'espace — pour donner l'impression d'une communication réelle et directe avec le locuté/spectateur. C'est en quelque sorte un travail de comédien, un rôle de composition pour femme ou homme/tronc... Il s'agit là d'un choix déterminé.

On notera que la même structuration de l'image se retrouve lors de la présentation qui est faite à la télévision des messages présidentiels, gouvernementaux ou simplement politiques, où il importe de créer un contexte faible afin que l'attention du téléspectateur ne soit pas distraite par une autre source d'information que le canal verbal, en lui conférant simultanément un caractère de réserve et de solennité.

Au contraire de la radio — vecteur de communication unicanal — où le commentateur doit fournir le contexte, à la télévision — vecteur multicanaux — ce rôle incombe aux images et à leur pouvoir évocateur infiniment supérieur. Cependant, il manque à l'une comme à l'autre l'élément essentiel à l'interaction de la communication : la rétroaction, c'est-à-dire la boucle retour de l'information[41], filtrée, analysée, intégrée, transformée, reformulée et renvoyée par l'intra-locuteur/spectateur/inter-locuteur[42]. D'autres moyens de communication (le télex, le télégraphe, le téléscripteur) gomment totalement le contexte par l'absence des indications fournies par les inflexions de voix, les mouvements du visage ou des mains; le téléphone non plus ne transmet pas la complicité d'un clin d'œil ou l'indication d'un geste... Pour ce qui nous concerne, on voudrait poser une question faussement naïve : est-ce bien un hasard si le développement des vecteurs instantanés audiovisuels de communication (satellite de télécommunication, téléconférence, etc.) coïncide avec le regain d'intérêt et le soudain engouement pour l'étude du non-verbal et de sa place dans la communication? Il paraît trop banal — ou trop calculé — de parler de cette coïncidence comme d'une idée dans l'air. On ne se satisfait pas d'une telle explication, pas plus que celle d'un thème de recherche à la mode; la science ne progresse pas au gré des caprices des chercheurs...

On pense plutôt que les utilisateurs de ces moyens de communication très sophistiqués — donc pauvres en contexte — à cause de l'instantanéité de l'information et donc de la réponse à fournir, se tournent vers les chercheurs pour leur demander un moyen de pallier ce manque de complément d'information, donc d'enrichir le contexte.

Un exemple de l'importance du contexte dans la communication nous est fourni par la série d'expériences de Warren (1970/1977). Dans l'une, un segment de mots enregistrés sur bande magnétique était remplacé par un bruit habituel de l'environnement (toux). Les sujets ayant écouté la bande se sont révélés incapables de découvrir la substitution, même après qu'on leur ait indiqué qu'elle existait... Par contre, dans une autre expérience, les sujets écoutaient une bande sur laquelle était répété indéfiniment, dans le silence, le même mot : tress. Rapidement (10 à 15 sec.), les sujets entendent des mots phonétiquement proches tels que stress, dress, press, tess, mais parfois totalement différents : joyce, florist, ou purse...

Ainsi, dans le premier cas la présence d'un context habituel permet de rétablir le sens d'un mot dont une syllabe manque, alors que dans le deuxième l'absence de contexte donne lieu à des illusions perceptives donc à des aberrations sémantiques.

Un autre exemple nous est fourni par la langue chinoise dans laquelle il est essentiel de connaître le contexte auquel appartient un idéogramme, si on veut trouver sa signification dans un dictionnaire (Wieger, 1972) sachant que :

– les 1 801 groupes d'idéogrammes les plus usuels sont accessibles par un minimum de 21 signes dont il faut prendre en compte le nombre de traits qui les composent pour les identifier (pp. 341-359);

– certains idéogrammes complexes peuvent être formés par adjonction ou superposition de deux ou plusieurs idéogrammes simples;

– l'ensemble des idéogrammes est accessible à l'aide d'une table des radicaux composée de 214 clés (pp. 781-783).

Les idéogrammes chinois constituent un exemple charnière de l'importance du contexte par rapport aux composantes verbales et non-verbales de la communication en raison d'une spécificité du chinois : celle d'être la seule langue simultanément verbale et non-verbale, *la lecture des idéogrammes ne s'opérant pas obligatoirement par l'intermédiaire de la phonétisation* comme dans les langues à l'alphabet. On peut donc savoir lire le chinois sans savoir le parler et réciproquement. Il en va de même pour l'écriture...

Dans le domaine du non-verbal, c'est toujours le contexte ou son absence qui fait que l'on porte un jugement de valeur sur les photographies; les «meilleures» étant les plus riches en contexte. C'est également une des raisons qui fait apprécier la peinture abstraite par les catégories sociales à contexte faible (à fort pouvoir d'abstraction) alors qu'elle l'est moins des catégories à contexte fort (à faible pouvoir d'abstraction).

Un autre contexte, celui des couleurs, a également une influence sur la perception ainsi que l'a montré Birren (1969) en variant systématiquement la couleur du fond sur lequel se trouvaient des échantillons de couleur.

A ce propos on rappellera que si les résultats de telle ou telle expérience ne sont pas révolutionnaires, c'est qu'une notion pas nécessairement nouvelle, mais parfois diffuse ou partiellement estompée, a besoin d'être reformalisée en fonction d'un contexte différent... Ainsi en est-il de l'expérience de Birren. Léonard de Vinci (1651) écrivait «chaque couleur paraît davantage auprès de sa contraire que de sa similaire». A son tour, deux siècles plus tard, un chimiste français publiait un traité complet sur le sujet[43].

4.3.2. La signification des gestes : une herméneutique

Le comportement non-verbal est loin d'avoir été défini de façon satisfaisante, et d'avoir fait la preuve qu'il constituait un vecteur heuristique, nécessaire et suffisant à l'établissement d'un corps de propositions théoriques capable de prédictions et susceptible de vérifications expérimentales. Quant à l'étude de la signification des gestes, pour n'être pas nouvelle, elle n'en est pas moins déconcertante car elle est souvent présentée :

– au plan culturel, comme une panacée à toutes les difficultés rencontrées dans les relations sociales ;

– au plan de la recherche, soit comme ayant la capacité de produire du sens isolément en dehors de tout contexte, soit comme complément du canal verbal de la communication.

Pour ce qui concerne la signification des gestes telle qu'elle est présentée dans les études de caractère culturel (ainsi se prétendent-elles...) elles relèvent davantage d'une analyse sauvage reposant trivialement sur des inférences naïves que sur des analyses objectivement fondées. Une magnifique illustration en est fournie par des ouvrages tels que *Comment déchiffrer quelqu'un comme un livre et qu'en faire*[44] ou *Connais-toi toi-même pour connaître les autres*[45]. Le premier ouvrage obtint un réel succès d'édition aux Etats-Unis, ce qui ne saurait surprendre personne lorsque l'on connaît, d'une part son contenu (comment interpréter la signification des gestes, des expressions du visage, des postures et des attitudes), et d'autre part le souci permanent des Américains pour l'efficacité. Par contre, ce qui a de quoi surprendre quelque peu un chercheur (et un psychologue...) c'est le fait que les auteurs soient pour l'un juriste et pour l'autre homme d'affaires, encore que le second ait apparemment atteint son objectif...

Dans le second livre, qui manifestement s'est beaucoup inspiré du précédent et visait le même succès de librairie, on a relevé quelques extraits dont on ne voudrait, sous aucun prétexte, frustrer le lecteur avide de percer (enfin) le mystère de la signification des gestes.

« L'homme rapproche les paumes de ses mains tout en entrelaçant ses doigts : il est satisfait et sûr de soi ;

– il presse ses mains l'une contre l'autre sans plier les doigts : c'est un impulsif, un joueur et un vantard ;

– il appuie légèrement une main contre l'autre : nature généreuse. ;

– il rapproche ses mains en formant comme une hémisphère : c'est un avare ;

– il serre son poignet dans une main : voilà un garçon d'humeur égale, équilibré, auquel on peut se fier » (p. 90).

On se bornera à noter deux observations. En premier lieu, curieusement il n'est pas précisé si ces affirmations péremptoires s'appliquent également aux femmes... ou doit-on en conclure que celles-ci ne gesticulent jamais ? En second lieu, ce précieux viatique si généreusement distribué devient inutile en raison de l'impossibilité pour un observateur de distinguer le simulateur de l'individu sincère, si la signification des gestes est univoque...

Après avoir passé au crible toutes les parties du corps — ainsi que leurs caractéristiques secondaires ou leurs fonctions — en attribuant à l'individu défauts ou qualités, l'auteur *dévoile* « la profonde signification des gestes anodins » (pp. 123-124) qui reflètent les traits du caractère :

– il touche rapidement le nez avec l'index : une décision importante est sur le point d'être prise. (...) Ce geste dénote un caractère prudent et réfléchi, mais en même temps irrésolu et plein d'appréhension (...) ;

– il frotte sa nuque à la naissance des cheveux : c'est un timide qui craint de se mettre en avant, mais redoute aussi les difficultés et s'effraie devant la perspective d'un échec (...) ;

– il se frotte continuellement les mains : signe typique de l'agitation intérieure, d'un manque de conviction et d'assurance, de la peur de toute contrariété, d'être mal jugé. etc., etc.

Les femmes n'échappent pas à ce dépeçage ni à cette dissection (p. 143) :

« (...) il n'est rien de plus facile que de juger une femme lorsqu'on regarde ses jambes :

– elle croise les jambes en balançant celle de droite : intelligente et ambitieuse ;

– elle entoure légèrement une jambe avec l'autre : trop imaginative ;

– elle allonge jambes et pieds : manque d'intelligence, d'humour, caractère grincheux ;

– elle allonge légèrement les jambes en posant négligemment un pied sur l'autre : superficielle, nonchalante, mais gaie et toujours de bonne humeur... »

La seule chose véritablement importante qui se dégage de la lecture de ces pages, c'est que même avec l'assistance de ce *vade mecum* et compte tenu de l'immense variété de la combinatoire des divers éléments corporels du non-verbal, il apparaît impossible de tracer un portrait-robot de l'homme, qu'il soit idéal ou abominable, grâce à sa gestualité...

L'un des éléments de la confusion régnant dans les études relatives à la signification des gestes provient du manque de clarté et de précision, donc de l'ambiguïté, qui réside dans les définitions du champ et des concepts méthodologiques utilisés pour recueillir et traiter les informations, ainsi que des inférences qui en sont tirées.

4.3.3. La gestualité des hommes politiques et son interprétation

Pour préciser notre propos on s'est inspiré de la lecture d'un article de presse[46] intitulé «Leçon de gestes», qui présente comme une étude qualitative «Les cinq gestes positifs et négatifs (qui) ont été définis et interprétés à partir des gestes les plus appréciés ou les plus décriés par les téléspectateurs interrogés, quel que soit l'homme politique qui les accomplit» (p. 16).

«L'originalité de cette étude réside dans la méthode mise au point par les deux chercheurs spécialistes de la communication non-verbale. Les entretiens ont été réalisés après un visionnage muet de deux tranches d'un quart d'heure de l'émission d'Antenne 2. (...) Ce choix a pour but, d'une part, d'isoler ‹l'image brute› sans interférence du ‹dit› et, d'autre part, d'analyser le rôle primordial du non-verbal dans la communication télévisuelle : gestuelle, posture, expression du visage, regard, sourire, mouvement des mains...» (p. 15)[47].

Pour ce qui concerne les résultats — de ce qui est en réalité une enquête sur la perception par le grand public de la gestualité des hommes politiques — ils sont totalement biaisés par un artéfact.

Comment pourrait-il en être autrement lorsque l'on fait visionner, en pleine campagne électorale, une bande vidéo (même muette) d'interviews des leaders politiques les plus en vue à des sujets saturés de leurs discours matraqués par toutes les chaînes de télévision?

Le sujet a en mémoire une représentation subjective récente accompagnée d'un jugement de valeur du «programme» du discours politique du leader dont on soumet les gestes à son jugement. Par un phénomène de surdétermination facile à comprendre, les gestes seront jugés positifs ou négatifs conformément à l'opinion du sujet sur l'homme politique dont il est question. D'ailleurs, on en trouve la confirmation dans l'éditorial de présentation de l'article, en italique (p. 15) : *Ce que tu es parle si fort que je n'entends même plus ce que tu dis...*

L'analyse qui en est faite ensuite laisse malheureusement dans l'ombre les méthodes utilisées pour recueillir les données de cette enquête ainsi que les critères ayant permis de formuler des inférences pour le moins discutables :

Pour ce qui concerne les termes de cette analyse, ils ressemblent étrangement aux textes précédemment cités (Nierenberg, Calero, 1971 ; Kurth, 1979). Qu'on en juge plutôt :
«Globalement, on peut considérer que les bons gestes sont des gestes coulés, lents et horizontaux. Les articulations doivent être souples, quasiment gommées, les doigts jamais crispés ni recroquevillés. Il peut y avoir de la fermeté et de la précision dans le geste, mais jamais de dureté ni de précipitation, encore moins de violence ou de brutalité. Les gestes négatifs sont des gestes de rupture avec le reste du corps, par exemple des bras gesticulant sur un corps immobile, soit des gestes saccadés, aigus, rapides et verticaux : les articulations sont raides, les doigts crispés et serrés» (p. 16).

On notera l'assimilation de «bons gestes» à gestes positifs ce qui constitue à n'en pas douter un jugement de valeur, car il convient de rappeler que positif signifie simplement : qui exprime une affirmation — par opposition à négatif : qui exprime une négation.

On remarquera que certains gestes pourraient correspondre à ces critères, malheureusement ils ne se situent pas tous dans la catégorie où ils devraient se trouver, d'où on peut en inférer que ce type de catégorisation n'est ni très précis ni très défini. La description qui s'ensuit pourrait tout à fait s'appliquer aux gestes de la danse, dont la qualité principale est la grâce... Les gestes négatifs, tels qu'ils sont présentés, évoquent davantage la gesticulation d'un automate telle que les mimes la présentent.

Ce qui pose question c'est l'incomplétude qui se manifeste dans la tentative de reconstitution de ce qui se voulait un exemple, incomplétude due à la présence de variables parasites non maîtrisées : posture, orientation du buste et de la face, expression du visage, en particulier présence ou absence de sourire.

Quelles que soient les motivations qui ont présidé à cette tentative de reconstruction, elle a le mérite (involontaire...) d'avoir permis la mise en évidence de deux choses :

— la difficulté, voire l'impossibilité de maîtriser toutes les variables non-verbales en l'absence d'une théorie globalement explicative de la communication qui en intègre tous les éléments ;

— la confusion (habituelle) qui existe en matière de gestualité entre fonction interprétative et fonction structurelle[48].

On peut remarquer que sur les cinq photographies illustrant les gestes catégorisés positifs, le personnage est souriant alors qu'il apparaît renfrogné sur les cinq autres. Or, de toute évidence, les indications fournies par le visage (souriant ou non) ne sont pas sans influencer le jugement que l'on demande de porter sur des gestes, en l'absence de tout autre contexte. Dans ce cas, c'est la présence ou l'absence de sourire qui va constituer un mini-contexte par l'identification de positif à sourire et inversement.

Il aurait fallu, soit que le personnage ait systématiquement un visage inexpressif (et dans ce cas, il est évident qu'il aurait perdu une part non négligeable de l'effet de contexte, quel que soit le cas de figure) soit que l'on ne voit que les gestes eux-mêmes (auquel cas l'absence totale de contexte aurait donné à l'article une tournure dogmatique peu crédible, compte tenu de l'absence de référence).

En fin d'article on peut encore lire « Ainsi, on peut considérer que les gestes négatifs le sont dans l'absolu, quelle que soit la façon dont ils sont faits ; en revanche, un geste n'est jamais positif dans l'absolu. La manière dont il est exécuté reste primordiale ».

Voilà une conclusion qui confirme tout à fait les termes de notre analyse. Les gestes négatifs resteront toujours ceux d'un automate, alors que les gestes positifs, qui ne se caractérisent que par la grâce de leur exécution, ne peuvent évidemment pas conserver leur qualificatif de manière absolue.

En fait cette « leçon de gestes » est plutôt une « chanson de geste » de l'homme politique...

On remarque toutefois avec intérêt que cette approche de la gestualité corrobore tout à fait notre propos général car cette catégorisation des gestes, pour imparfaite qu'elle soit — en positifs et négatifs, donc qui expriment quelque chose — confirme, si besoin en est, que **faire c'est dire**. Définir une catégorisation gestuelle est une chose, montrer qu'elle est valide et fiable en est une autre. C'est pourquoi lors d'une expérience très récente[49] on a voulu vérifier si cette notion de polarité était opérante ou non, au sens où elle est présentée.

Nos hypothèses par rapport à ce type de catégorisation étaient les suivantes :

– les gestes présentés peuvent être catégorisés comme positifs ou négatifs en présence d'un contexte ;

– les gestes présentés ne peuvent pas être catégorisés fiablement comme positifs ou négatifs en l'absence d'un contexte.

Pour ce faire, on a repris les photographies de l'article cité en référence — présentées dans un ordre différent — associées à deux questionnaires, et en utilisant la méthode dite des «juges», on a demandé aux sujets :

– dans la première condition, en regard de chaque photographie, d'indiquer la classification, positive ou négative, attribuée au geste effectué par le personnage de la photographie ;

– dans la seconde, en regard de chaque photographie (présentées dans le même ordre que ci-dessus mais en masquant le visage par du blanc) d'indiquer la classification, positive ou négative, attribuée au geste effectué par le personnage de la photographie.

Il est clair que ces conditions expérimentales sont différentes de celles utilisées par les auteurs (images fixes contre images vidéo), mais c'est une objection qui ne peut être retenue car en utilisant les photographies proposées par les auteurs pour illustrer leurs conclusions, cette reconstitution devrait permettre de parvenir aux mêmes résultats avec le premier questionnaire.

Pour le second il aurait fallu, ainsi qu'on l'a déjà fait remarquer, ne laisser subsister que les mains et les bras afin de supprimer toute information parasite, mais la disparité de conditions de présentation aurait été telle qu'elle aurait, en fait, conduit à mener deux expériences parallèles mais non comparables.

Les résultats enregistrés pour chaque épreuve confirment les attentes.

Dans la première expérience, les résultats obtenus sont conformes à l'interprétation fournie par les auteurs de l'enquête publiée. Au cours de cette première étude, les 500 items proposés à la perspicacité des «juges», les ont conduits à catégoriser de manière significative 5 gestes positifs et 5 gestes classés négatifs avec un pourcentage d'identification plus élevé de gestes classés négatifs (60,4 %) que de gestes classés positifs (39,6 %).

A la lumière de ces résultats, on peut mieux comprendre pourquoi les auteurs de l'article précité ont écrit « on peut considérer que les gestes négatifs le sont dans l'absolu, quelle que soit la manière dont ils sont faits ; en revanche, un geste n'est jamais positif dans l'absolu. La manière dont il est exécuté reste primordiale ».

Toutefois, c'est faire trop bon marché de l'importance des informations fournies par le visage du personnage, ainsi que va le montrer la deuxième partie de l'expérience. On verra, plus loin, que la manière dont les gestes sont exécutés n'est pas déterminante.

Dans la seconde épreuve, les résultats enregistrés indiquent que lorsque les indications fournies par le visage disparaissent les résultats sont modifiés de façon importante, quantitativement et qualitativement :

- Des 5 gestes catégorisés positifs dans la première épreuve, il n'en apparaît plus que 4 (3 sur 5 demeurent ; les 2 autres changent de catégorie et deviennent négatifs cependant qu'apparaît un geste négatif devenu positif...).

- Les 5 gestes catégorisés négatifs lors de l'épreuve précédente passent à 6 (4 sont inchangés, 1 devient positif alors que 2 des gestes positifs sont catégorisés négatifs).

- La plus grande difficulté à catégoriser les gestes est marquée par l'indétermination des choix : positif 48,8 %, négatif 51,2 %.

Les résultats de ces deux expériences regroupés dans le tableau 1 montrent l'influence de la présence des informations habituellement fournies par le visage et les différences de catégorisation qui en résultent.

Tableau 1. – *Les signes + et – représentent respectivement les catégorisations positives et négatives ; en gras les renversements de polarité.*

Situation N° photo	1	2	3	4	5	6	7	8	9	10
Expérience I (visage visible)	+	**+**	**+**	–	–	+	+	**–**	–	–
Expérience II (visage masqué)	+	**–**	**–**	–	–	+	+	**+**	–	–

En conclusion, on soulignera que les résultats présentés dans la presse comme un témoignage de la banalisation de la fonction interprétative de la communication non-verbale ne constituent — malheureusement pour les auteurs — qu'un artéfact imputable à la maîtrise imparfaite de l'ensemble des variables de la situation expérimentale.

On verra, plus avant[50], ce que devient la gestualité lorsqu'elle est analysée dans le cadre d'une théorie de la gestualité de communication.

4.3.4. Un changement de paradigme

A la suite de cette expérience, trois choses apparaissent clairement :
– dans le cadre de l'étude du système non-verbal gestuel, la réintroduction du contexte est nécessaire à **une fonction interprétative** correcte **de la gestualité** de communication;
– le contexte **est un élément non suffisant pour** conférer à la gestualité de communication la capacité de **produire du sens isolément**;
– la gestualité de communication est indissociable du contexte non-verbal[51], c'est-à-dire des autres informations fournies par les autres éléments non verbaux.

Le contexte non-verbal est constitué d'un ensemble de systèmes de signes composant, pour partie, la communication interpersonnelle. Cette notion de contexte non-verbal que l'on introduit ici veut marquer la liaison nécessaire — de notre point de vue — des éléments hétérogènes d'un ensemble ambigu baptisé non-verbal, rendu opératoire par le biais du concept de comportement.

On a relevé, au début de ce chapitre, la différence existant entre contexte et situation; on la retrouve également dans le contexte verbal. «Il faut distinguer le contexte, qui est linguistique, de la situation, qui est l'expérience non linguistique vécue. Le contexte peut cependant être considéré comme la traduction, par des moyens proprement linguistiques, de ce qui est pertinent dans la situation pour constituer le message. En situation, on montrera un crayon sur la table en disant : *Donnez-le-moi*, on écrira par contre : *Donnez-moi le crayon qui est sur la table* restituant ainsi la situation absente par le contexte linguistique» (Mounin, 1974, p. 83). On note dans cet énoncé une proposition curieuse : «Le contexte peut cependant être considéré comme la traduction, *par des moyens proprement linguistiques*[52], de ce qui est pertinent dans la situation pour constituer le message». Par quelle mystérieuse opération le geste devient-il un moyen proprement linguistique ? Qu'on se rassure, il n'en est rien; dans cette définition le geste n'est qu'une impression évanescente... un accessoire dans un cas de figure, l'énoncé *Donnez-le-moi* n'étant pas intrinsèquement porteur d'un sens précis.

Dans cet exemple, le linguiste reconnaît implicitement que la seule possibilité de production de sens simultanément à l'énoncé, c'est le geste... La seule possibilité de se dispenser de la désambiguïsation produite par l'information gestuelle, c'est de recréer un contexte verbal comportant l'ensemble des éléments de la situation : *Donnez-moi le crayon qui est sur la table*.

Corrélativement, on empruntera à Jakobson (1963) l'exemple suivant : « montrer du doigt a une signification imprécise, car le sens précis ne vient qu'avec le verbal », lequel exemple relié au précédent montre que contexte non-verbal et contexte verbal sont insécables et qu'il existe une relation de significativité réciproque entre verbal et non-verbal.

Cela étant, au non-verbal trop imprécis en tant que concept opérationnel, on a résolu de substituer celui de gestualité de communication permettant une intégration de la gestuelle à un schéma interactif global de la communication interpersonnelle, donc de changer de paradigme conceptuel et expérimental.

Un changement de paradigme est, sans équivoque, une nouvelle façon de penser les vieux problèmes (...). Un nouveau paradigme fait apparaître un principe qui avait toujours été présent mais que nous n'avions pas reconnu. Il inclut l'ancienne conception comme une vérité partielle, un aspect de la réalité, de la façon dont les choses fonctionnent, tout en leur permettant de fonctionner aussi bien d'autres façons » (Ferguson, 1981, pp. 20-21)...

« Chaque discipline scientifique est une île. La spécialisation a empêché la plupart des scientifiques d'aller visiter d'autres champs que le leur, aussi bien par peur de paraître insensés que par difficulté de communication. La synthèse est laissée aux quelques rares chercheurs dont l'irrépressible créativité et les percées conceptuelles sont le véritable moteur de toute la machinerie scientifique » (p. 105).

Un certain nombre de freins, de résistances, s'opposant à un changement de concept directeur, se sont manifestés et se manifestent encore. Les raisons n'en sont pas nouvelles, dont quelques-unes parmi les plus évidentes ont déjà été mentionnées.

« Il est apparu qu'une vénération presque mystique pour la théorie produise beaucoup plus de travaux pseudo-théoriques qu'un corpus substantiel et crédible de faits bien documentés. La faiblesse qui en résulte est que quelques *faits scientifiques* sont actuellement des mythes qui se perpétuent au nom de la science, car leurs *conclusions* ont été *démontrées* par des *expériences scientifiques* dans des *situations contrôlées*. Le comportement humain avec toutes ses variables n'est pas si aisément mesurable[53] » (Key, 1977, p. 48).

Pour ce qui nous concerne, on considère qu'un corpus de propositions théoriques préalable à toute expérimentation[54], vérifié expérimentalement ensuite, est une des voies qui autorisent à remettre en question un certain nombre de ces cadres de pensées — sans pour autant être systématiquement iconoclaste — ce qui n'est pas toujours le cas des théories interprétatives (auxquelles Key fait référence) dont une méthodologie de la preuve est bien souvent absente.

NOTES

[1] La notion de contexte est malaisée à définir de façon non ambiguë, compte tenu de sa polysémie. On précisera donc que les circonstances sont les éléments qui caractérisent une situation cependant que la situation est l'ensemble des conditions dans lesquelles l'individu se situe à un moment donné.
[2] A ce propos, on rappellera le mot de Gœthe «Was innen ist, ist aussen» (Ce qui est à l'intérieur, est à l'extérieur).
[3] Pour dénoter le contexte, Hall utilise les qualificatifs riche et pauvre; ceux-ci ayant une connotation parfois péjorative en français, on préfère utiliser fort et faible...
[4] Argentin (1986), voir § 5.3.
[5] Contexte : du latin contexere; tisser avec...
[6] Phénomène contourné intuitivement par les hommes politiques et les diplomates...
[7] Au sens de la Gestalt théorie : prédominance d'une forme privilégiée, plus stable et plus fréquente parmi toutes les autres possibles.
[8] Birdwhistell aurait-il lu Quintilius?
[9] Cité par Dantzig (1930, p. 2).
[10] «La physionomie ou des indices que la nature a mis au corps humain, par où l'on peut descouvrir les mœurs et les inclinations d'un chacun : avec un traité de la divination par les palpitations, et un autre par les marques naturelles. Le tout traduict du Grec d'Adamantius et de Melampe», Paris, Louis de Vandosme, 8 vol., 1636.
[11] Egalement auteur de *Le Lavater des dames : ou l'art de connoître les femmes sur leur physionomie, suivi d'un essai sur les moyens de procréer des enfants d'esprit*, Paris, éd. 1815.
[12] «Bien qu'Aristote ait ingénieusement et avec application organisé les actions du corps, qui n'ont rien à voir avec les gestes du corps, ceux-ci n'en sont pas moins compréhensibles par l'être, d'un plus grand usage et avantage» (1605/1952, p. 49).
[13] Cette idée sera reprise plus tard par Pardoe (1923), puis par Kendon (1984) qui en fera le titre choc d'une communication et d'un article...
[14] On notera à ce propos qu'Austin attribue à Cicéron d'avoir dit : l'action est le langage du corps (1806/1966, p. 1).

[15] Cette démarche a été reprise par de nombreux chercheurs. Kendon reprendra cette problématique en faisant des observations à la fois sur les mouvements du corps et les vocalisations (1967, p. 32) ainsi que Condon et Ogston (1966, p. 338) qui indiquent que leur analyse «révèle des organisations harmonieuses et synchrones de changement entre mouvements du corps et verbalisation, à la fois dans les comportements intra-individuel et interactionnel».
[16] Objet au sens étymologique d'objectum : ce qui est placé devant soi.
[17] Parfois même totalement...
[18] Cité par Kendon (1984).
[19] Pour plus amples détails, voir Key (1975, pp. 81-99).
[20] Apparemment, il semble donc exempt de faute de le faire n'importe quel autre jour...
[21] On peut prévoir le comportement humain, pas celui de l'individu...
[22] Ainsi qu'on l'a fait remarquer à l'auteur; ces configurations ayant cependant déjà été codifiées par Birdwhistell (1970, pp. 268-270).
[23] Pas plus de deux interlocuteurs, assis face à face, sans mesure de distance précise.
[24] Les poissons semblent avoir inspiré les chercheurs... Birdwhistell (1970, p. 6) ne déclare-t-il pas : «Ce n'est pas en sortant les poissons de l'eau que l'on peut étudier leur comportement social...».
[25] Les artistes ont apporté une contribution importante, et évidente au cours de l'histoire, à l'étude de l'expression faciale. Ce que l'on sait moins c'est que certains reçurent des missions officielles, tel Géricault requis par un médecin de l'hôpital de la Salpêtrière, à Paris, pour faire une étude des visages d'aliénés internés.
[26] C'est nous qui soulignons...
[27] A l'époque de Darwin, au moins, on pouvait passer à la postérité avec ce genre de «hobby»...
[28] «Puisque la littérature en psychologie n'était pas d'un grand secours pour expliquer de tels résultats, nous avons alors décidé de nous tourner vers la peinture» (p. 192).
[29] Ces gestes sont rapportés dans la Bible, mais transposés en main placée sur la cuisse «Abraham dit à sa servante : mets ta main sur ma cuisse et je vais te faire jurer par Dieu, le Dieu du paradis et de la terre...» (Genèse, 24, 2-3).
[30] Chang Cheng-Ming (1937) parle «d'étymologie gestuelle» prise dans le même sens que les linguistes comparatistes à propos des relations de l'étymologie et du langage.
[31] Emprunt à une langue étrangère.
[32] C'est une démarche analogue qui conduisit l'astronome grec Ptolémée à concevoir dans son Almageste le système astronomique qui porte son nom, selon lequel le soleil et les étoiles tournent autour de la Terre...
[33] Considéré comme un ensemble arbitraire de composants qui ont des référents autres qu'eux-mêmes, ce qui implique qu'un «dictionnaire» de ces éléments et de leurs référents soit établi, sans actualisation périodique comme un dictionnaire de langue, puisque par définition un code est clos et figé (cf. Ekman et Friesen, 1969).
[34] Certains chercheurs, psychanalystes, ont néanmoins explicitement séparé leurs inférences sur la communication, de la communication avec leurs patients, en particulier Mahl (1968).
[35] La question n'est pas nouvelle... «La difficulté que chacun peut éprouver dans la conversation (...) n'est pas de comprendre ce que pense l'autre, mais de dégager ses pensées d'après les signes ou les mots qui souvent ne concordent pas». Cordemoy (1667), cité par Chomsky (1965, p. 201).
[36] «Or donc, si je comprends bien, vous faites, et vous savez pourquoi vous faites, mais vous ne savez pas pourquoi vous savez que vous savez ce que vous faites?» (ECO, 1982, p. 262).

[37] Ce qui ne veut pas dire, ainsi que certains esprits mal intentionnés pourraient le conclure trop hâtivement, que tous les chercheurs soient en proie à des tendances névrotiques... ainsi que le laissait entendre Lacan...
[38] Illusionniste italien du début du siècle, célèbre pour la rapidité de transformation de ses personnages.
[39] «La tradition peut prolonger pendant des années, voire des générations, des idées qui ont été depuis longtemps abandonnées en privé. Personne ne conspire pour détruire ces vieux cadres de pensée; ainsi ils continuent à nous influencer et à décourager les innovateurs» (de Tocqueville, 1839).
[40] Le temps des assassins, les dossiers extraordinaires, etc.
[41] A l'exception des émissions-débats ou des tribunes libres où l'on sollicite une réponse par le truchement d'un système média (téléphone, minitel, etc.).
[42] Pour la définition du statut du sujet communiquant, cf. Ghiglione, R, et al. (1986).
[43] CHEVREUL, M.E., *De la loi du contraste simultané des couleurs*, Paris, 1877.
[44] NIERENBERG, G.I. et CALERO, H.H., *How to read a person like a book, and what to do about it*, New York, Hawthorn Books, 1971, 184 pages.
[45] KURTH, H. (1979), Paris, Tchou Ariston, 208 pages. trad. de l'allemand, Genève, Ed. Keller.
[46] *L'événement du Jeudi*, n° 68, semaine du 20 au 26 février 1986. R. Lhermitte; M. Bechtold et J.F. Le Men.
[47] On fera courtoisement remarquer que «l'originalité» de cette méthode est d'avoir été mise au point, utilisée antérieurement (1982) et décrite lors de deux publications (Argentin, 1984, 1985).
[48] Cf. supra, § 5.1.
[49] Argentin, G. (1988).
[50] Cf. supra, § 5.4.
[51] On verra un peu plus avant que dans certains cas elle est également indissociable du contexte verbal.
[52] C'est nous qui soulignons.
[53] Les mots en italique sont dans le texte anglais original.
[54] Ce qui exclut toute expérience «pour voir» si coutumière des systèmes interprétatifs...

Chapitre V
Gestualité
et communication interpersonnelle :
Les interactions verbal/non-verbal

Si l'on considère le problème des relations pouvant exister entre gestualité et communication, force nous est de constater qu'à ce jour, l'approche de la gestualité[1] s'est opérée selon deux grands axes :
- l'indépendance du non-verbal gestuel par rapport au verbal ;
- la dépendance du non-verbal gestuel par rapport au verbal.

Tous les travaux qui s'y rapportent font référence au verbal, soit pour l'y soumettre soit pour l'en séparer, ce qui néanmoins implique pour le non-verbal gestuel — dans chaque hypothèse — l'assignation d'une fonction interprétative.

C'est pourquoi, trouvant ce type d'approche par trop réductionniste, on propose d'aborder le problème en termes différents, selon une troisième voie : la concomitance et l'interaction systémique verbal/non-verbal gestuel n'assignant plus à la gestualité une fonction interprétative purement spéculative, lui conférerait *ipso facto* une fonction structurelle constituant un paradigme d'approche plus globalisant en réinsérant la gestualité dans le contexte le plus habituel, celui de l'interlocution communicative[2].

Cela étant, ce qui importe n'est plus de savoir si le geste est porteur de sens, isolément ou non, mais de mettre à jour le mode d'élaboration du sens qu'il produit en relation avec les autres sous-systèmes de signes — verbaux et non-verbaux — interconnectés et en interactions dans la communication interpersonnelle.

5.1. LA GESTUALITE : UNE FONCTION INTERPRETATIVE OU UNE FONCTION STRUCTURELLE ?

On a vu combien l'absence ou la présence de contexte pouvait influencer l'approche du non-verbal et par conséquent structurer le champ des études relatives à la gestualité, au point de ne lui reconnaître le plus souvent qu'une fonction corrélative et/ou interprétative du verbal. Ce système interprétatif — attribué généreusement à la gestualité — a généré à sa suite un problème théorique qui a agité longtemps (et agite encore...) le monde des chercheurs : celui du caractère d'intentionnalité de la communication avec toutes les implications qui en découlent et qui posent plus de questions qu'elles n'apportent de réponses. (On l'a déjà vu en partie à propos des comportements communicatifs[3]). En effet, si l'on distingue le caractère intentionnel ou non de la communication transmise par le vecteur non-verbal — ce qui implique l'existence d'un code culturellement et socialement partagé — il faut également considérer que dans chaque cas de figure, celui qui perçoit le message doive se poser un certain nombre de questions de type :

– ce message m'est-il destiné ou non ?

– est-il volontairement émis ou non ?

– est-il sincère ou non ? car ainsi que le fait remarquer Eco (1975) : « il reste toujours le doute que l'émetteur fasse semblant d'agir inconsciemment ; dans certains cas, l'émetteur peut réellement avoir l'intention de communiquer quelque chose alors que le destinataire pense que son comportement n'est pas intentionnel ; il arrive encore que le sujet agisse inconsciemment tandis que le destinataire lui attribue l'intention de communiquer sans en avoir l'air, etc. »

Comme on peut s'en assurer, les réponses sont moins précises que les questions et on considère qu'il s'agit là d'un vieux serpent de mer qui resurgit de temps en temps sans que quiconque ne puisse apporter d'élément déterminant de son existence.

La gestualité est apparue comme objet digne d'études en même temps que la conception d'un «système» non-verbal chargé d'en décrire la forme. On devrait de façon plus appropriée le qualifier «d'esprit de système» c'est-à-dire d'une tendance à tout ramener à un système préconçu (le comportement) au détriment d'une appréciation plus objective de la réalité des échanges entre individus.

Afin de percevoir plus aisément les différents aspects des recherches relatives à l'étude de la production gestuelle on a réparti celle-ci selon deux grands axes :

a) la production gestuelle en soi; c'est-à-dire une approche par le biais d'un «système non-verbal»;

b) la production gestuelle en relation avec un autre sujet; c'est-à-dire une tentative de structuration de «communication non-verbale».

5.1.1. Le «système non-verbal»

A travers la multiplicité des études qui sont consacrées à la gestualité on ne rencontre le plus souvent que des recherches qui s'efforcent de la décrire comme un fonctionnement interprétatif en tentant de le rendre intelligible à travers un certain nombre de classifications catégorielles[4] telles que celles — entre autres — élaborées par Rosenfeld (1966); Freedman et Offman (1967); Mahl (1968); Ekman et Friesen (1969); sans oublier la classification structurale proposée par Birdwhistell (1952).

Cet aspect des études relatif à la production gestuelle se caractérise, ainsi qu'on l'a déjà dit, par la description de l'observable et la mise en place d'une certaine méthodologie destinée à élaborer soit des systèmes de classification, soit des systèmes de mesure.

C'est précisément le cas d'une étude, déjà citée, d'Ekman et Friesen (1969) s'intitulant «The repertoire of Nonverbal behavior» qui est sans doute l'une des tentatives les plus importantes de constituer un ensemble sémiologique gestuel qu'il est intéressant de rapporter ici dans la mesure où Ekman et Friesen sont parmi les auteurs les plus représentatifs de ce type de recherches.

Cette catégorisation a été déterminée par référence à trois critères de sélection :

– *l'usage* (constitué des conditions d'exercice de ce comportement : conditions extérieures, relations avec le comportement verbal, intentionnalité, feedback du récepteur);

– *l'origine* (soit innée soit acquise : spécifiquement ou culturellement);

– *le mode de codification* (relation entre l'acte et sa signification, soit extrinsèque en tant qu'arbitraire ou iconique, soit intrinsèque en tant que rapport visuel avec le signifié sans lui ressembler ni en être l'image);

qui spécifient une classification en cinq catégories principales — visant à rendre intelligible la diversité du comportement non-verbal gestuel, à partir d'observations et d'enquêtes approfondies sur la variété des comportements gestuels.

A. Les gestes emblématiques ont une traduction verbale directe, identifiables aisément (exemple, les gestes de salutation).

B. Les gestes illustrateurs sont associés à la parole et se subdivisent en sept types :

- les bâtons accentuant un mot ou une phrase ;
- les idéographes indiquant une direction de pensée, l'enchaînement du discours ;
- les déictiques montrant un objet ;
- les spatiaux révélant une relation spatiale ;
- les rythmiques marquant une scansion ;
- les kinétographes désignant une action corporelle ;
- les pictographes brossant un tableau de leur référent.

C. Les gestes qui expriment un état émotionnel, correspondant aux mimiques faciales et au jeu expressif de la physionomie.

D. Les gestes régulateurs, liés au flux de la parole. Ils maintiennent et régularisent la nature progressive et régressive de la parole et de l'écoute. Ils se subdivisent en trois registres :

- le point, marquant la fin d'une unité structurée dans une interaction verbale ;
- la position, réunissant plusieurs éléments tels que posture ou variations de proxemie ;
- la présentation englobant la totalité des mouvements corporels qui détournent ou éloignent de l'interaction dans laquelle elle se situe.

E. Les gestes d'adaptation visent à satisfaire des besoins d'ordre sensoriel, affectif, actif et sont divisés en :

- autoadaptateur (auto-contact) ;
- hétéroadaptateurs (contact avec l'autre) ;
- objectadaptateurs (tripoter un objet, fumer...).

Plus tard (1972), les auteurs reconnaîtront que les mouvements des mains peuvent se réduire à des emblèmes, à des illustrateurs ou à des adaptateurs. S'inspirant vraisemblablement de ce système de classification Argyle (1975), avec une méthodologie différente, édifie un système de classification moins précis, mais constituant néanmoins une tentative de mise en relation Sujet/Système. On trouve également dans cette classification cinq catégories

a) Les gestes illustrateurs et autres signes en relation avec le langage.

b) Les signes conventionnels et le langage des signes.

c) Les mouvements qui expriment les états émotionnels dans les relations interpersonnelles.

d) Les mouvements qui expriment la personnalité.

e) Les mouvements utilisés dans les rituels ou les cérémonies.

Une critique des travaux antérieurs d'Ekman (1964; 1965a; 1965b; Ekman, Friesen et al., 1968) a été portée par Wiener, Devoe, Rubinow, Geller, (1972, p. 193) : «Ekman, Friesen et coll. ont pris comme échantillon de comportements non-verbaux uniquement ceux d'un contexte particulier : l'interview psychiatrique. Dans ce contexte interpersonnel particulier (lequel a été utilisé comme source de données par de nombreux chercheurs travaillant sur le comportement non-verbal), la communication verbale n'est pas neutre». C'est peut-être pour cela que les auteurs ainsi critiqués se justifieront (Ekman, Friesen, 1972) en disant que «la variété des mouvements corporels ou gestuels n'est pas réductible à un phénomène unifié» ni surtout «à l'explication par un seul modèle, serait-il neurophysiologique, linguistique ou psychologique...»

Abandonnant les systèmes de classification du comportement non-verbal, fonctionnellement peu pertinents, Ekman, Friesen et coll. s'orienteront alors vers les systèmes de mesure avec le F.A.S.T.[5] (1971) destiné, théoriquement, à mesurer les modifications du visage et leurs amplitudes lors de manifestations émotionnelles. Mais le F.A.S.T. ne semble pas satisfaisant car Ekman lui-même dira (1982a, p. 364) : «Ce système de mesure était incomplet, vague et influencé par les différences d'apparence liées aux individus et à l'âge[6]».

Nullement découragés par ces deux tentatives, Ekman et Friesen (1978) élaboreront alors un autre système de mesure le F.A.C.S.[7] — système de codage des mouvements faciaux — qui permet d'établir et de mesurer cinq aspects du mouvement facial :

1. Codification, possible en quarante-quatre unités d'actions.

2. Intensité, mesurée sur une échelle en cinq points.

3. Latéralité, divisée en bilatérale ou asymétrique, cette dernière mesurée sur une échelle en six points.

4. Lieu d'action.
5. Temps de manifestation.

Ce système de mesure ne sera sans doute plus «vague et incomplet», car il s'appuiera sur la littérature médicale relative à la neuro-anatomie des muscles faciaux pour déterminer un système de codage mécaniste énumérant les muscles du visage mis en mouvements à l'aide d'enregistrements électromyographiques (EMG). Cette fois donc, l'instrument de mesure ne sera pas critiquable... au moins sur les dimensions précision et exhaustivité.

On citera à propos de ce système, l'opinion de Birdwhistell à ce sujet : «si vous vous intéressez à la communication, dire que les muscles font l'expression revient à dire que l'air passant par les cordes vocales produit les phonèmes, que la phonétique articulatoire pourrait être substituée à la phonologie.» (Mac Dermott, 1980).

Qu'on nous pardonne d'avoir rapporté quelque peu longuement les travaux d'Ekman, Friesen *et al.* Toutefois cela nous semble justifié d'abord par la somme que ces travaux représentent et ensuite en raison de l'importance qu'on leur accorde généralement.

On a voulu rendre explicite que la visée téléologique de ces travaux n'était pas tant une explication psychologique de la communication non-verbale, qu'une tentative d'assimilation fonctionnelle et interprétative du comportement non-verbal à la communication, ce que l'ambiguïté des publications — à ce niveau — n'a jamais contribué à dissiper.

Au sein de ce même courant d'études une autre approche va proposer, par analogie au modèle linguistique structuraliste, un système de classification structurale des mouvements en terme d'unités et de combinaisons d'unités, à des niveaux différents.

Birdwhistell (1952...1970) va la nommer kinésique et sa taxonomie calquée sur le phoné / phonème de la linguistique deviendra kiné / kinème / kinémorphème[8].

Pour Birdwhistell, si la gestualité est en redondance avec le message verbal, elle n'est pas que cela : elle a ses particularités qui donnent à la communication un aspect multiforme. De là, les analogies et les différences entre parole et geste. Cependant, il marque une certaine réticence à un parallèle trop poussé. «Il est fort possible que nous forcions les données du mouvement corporel dans une trame pseudo-linguistique» (1965).

Dans sa terminologie, l'unité minimale du code gestuel porte le nom de Kiné : c'est le plus petit élément perceptible des mouvements corporels.

Ce même mouvement répété, dans un seul signal, avant de revenir à sa position de départ, forme un kinème (exemple : les mouvements des sourcils). Les kinèmes se combinent entre eux, tout en se joignant à d'autres formes kinésiques et constituent les unités supérieures : les kinémorphes et les kinémorphèmes selon des variables de rapidité, d'amplitude et d'intensité nommés «qualificateurs de mouvements» (1967) auxquels sont assignés des degrés d'une échelle normative :
- trois pour la rapidité (staccato, normal, allegro);
- cinq pour l'amplitude (étroit, limité, normal, étendu, ample);
- cinq pour l'intensité (très tendu, tendu, normal, relâché, très relâché).

A leur tour, les kinémorphèmes en se combinant vont former des constructions kinémorphiques complexes analogues aux propositions, phrases et paragraphes du langage verbal.

Les kinémorphèmes supra-segmentaux, qui sont liés à la parole connotent un système d'accentuation (accent principal, accent secondaire, non accentuation et désaccentuation) et assument ainsi une fonction syntaxique comme, par exemple, les légers mouvements de tête, le clignement d'yeux, le pincement des lèvres, les frissonnements d'épaules, de mains, etc. lesquels constituent des «marques kinésiques» et semblent être, dans le code gestuel, analogues aux adjectifs, aux adverbes, aux pronoms, aux verbes.

Ces marqueurs — au nombre de cinq — tentent de définir une série oppositionnelle de comportement gestuel dans un environnement verbal déterminé :
- *marques de proxémie*, associées aux pronoms;
- *marques de temps*, associées aux verbes et combinées aux formes pronominales;
- *marques d'espaces*, qui spécifient les positions et accompagnent les verbes d'action;
- *marques de manière*, qui soulignent les modalités définies par les locutions adverbiales;
- *marques de démonstration*, qui accentuent les effets du discours.

Ainsi, une analyse de niveau macrokinésique appuyée sur celle d'un niveau microkinésique permettrait-elle de rendre compte du champ d'intentionnalité gestuelle associée au message verbal...

On notera cependant que Birdwhistell, dans un protocole méthodologique exposé ultérieurement (1970), distingue «les comportements gestuels indicatifs pouvant être reproduits à volonté par un sujet — avec des sens déterminés — des comportements expressifs dont il n'a pas réellement conscience, puisqu'il peut même nier les avoir réalisés lorsque l'expérimentateur lui demande de les reproduire», vérifiant ainsi une observation déjà effectuée par Freud[9] : «J'appelle gestes symptomatiques ceux que l'on exécute machinalement, inconsciemment, sans y faire attention, comme en se jouant, auxquels on aimerait refuser toute signification et que l'on déclare indifférents et effets du hasard si l'on est questionné à leur sujet».

Contrairement aux chercheurs qui semblent amalgamer signes et communication, Birdwhistell les a distingués explicitement dès ses premiers écrits. L'une de ses inférences, centrale à n'en pas douter, est d'avoir montré que la communication non-verbale pouvait être considérée, et analysée plus utilement, de la même manière que la communication verbale. Compte tenu de cet objectif, Birdwhistell et coll. vont observer tous les mouvements pour tenter d'en dégager des unités de base susceptibles d'être considérées comme des blocs constitutifs de tous mouvements à l'instar du phonème pris comme élément constitutif des mots. On notera cependant une différence importante. Si les linguistes structuralistes appliquent leur analyse aux occurrences verbales qui ont déjà été désignées et acceptées comme événements significatifs, les «kinésicistes» par contre, n'ont pas — du moins à notre connaissance — spécifié un ensemble de mouvements significatifs auquel on puisse appliquer une analyse structuraliste. En tous cas les critères de sélection n'ont pas été indiqués, mais il se dégage de leurs écrits, que l'utilisation d'une telle méthodologie devrait conduire à la découverte des mouvements qui sont significatifs et à ce que pourrait être la signification de ces mouvements...

Cela étant, on ne voit pas très bien comment un système de communication peut être spécifié par l'utilisation de certains points de l'analyse structuraliste. Bien que l'on puisse comprendre comment procéder à une telle analyse d'un système de communication défini, on imagine mal comment découvrir un système de communication par l'analyse des plus petites unités communes d'une modalité. En outre, il n'est pas évident que cette analyse puisse conduire à une spécification des occurrences de signification à moins de présupposer que structure et signification sont en corrélation d'une manière non encore précisée.

Si on prend les comportements non-verbaux comme paradigme de communication, cette hypothèse paraît difficilement soutenable. Dans la communication verbale, la relation Symbole/Référents apparaissant comme arbitraire, il semble peu probable que cette même relation dans les systèmes de communication non-verbale ne soit pas moins arbitraire.

Birdwhistell (1970) reconnaît cette difficulté puisqu'il note que des mouvements identiques peuvent servir à différentes fonctions cependant que des mouvements différents peuvent servir à des fonctions similaires.

Allant encore plus loin dans son autocritique avec un courage et une probité qui lui font honneur, il déclare : « Durant plusieurs années, j'ai espéré qu'une recherche systématique révélerait un développement hiérarchique strict dans lequel les kinés pourraient être dérivés des articulations, les kinémorphes, des ensembles de kinés, et que les kinémorphèmes seraient construits par une grammaire qui aurait pu être considérée comme une phrase kinésique. Bien que des percées encourageantes aient été faites en ce sens, je suis obligé de dire que, jusqu'à présent, j'ai été incapable de découvrir une telle grammaire. De même ai-je été incapable d'isoler la simple hiérarchie que je cherchais » (1970, p. 197).

Néanmoins il croit que la signification d'un mouvement sera mise à jour par *l'analyse soigneuse du contexte global dans lequel le mouvement se produit*[10].

5.1.2. La « communication non-verbale »

Dans le survol du second aspect envisagé de la production gestuelle, on considérera successivement les études relatives aux relations Société/Sujet/Gestuelle.

Les relations Sujet/Société apparaissent dans les études transculturelles qui relatent des comportements gestuels. On ne citera que quelques exemples de recherches pour illustrer ce propos.

Hewes (1955), Saitz, Cervenka (1962) ont établi des « catalogues » de postures spécifiques à certaines cultures.

Gunter, cité par Efron (1972) a tenté de montrer que la race juive utilisait une gestuelle typique qui permettait de la reconnaître parmi d'autres. Graham et Argyle (1975) ont testé l'efficacité de la transmission culturelle entre Anglais et Italiens à travers la différence de gestualité.

Pour Contarello (1980), les différences culturelles de gestuelle sont manifestes dans les gestes symboliques; de même il existe des différences interculturelles dans le fait de tirer la langue (Smith, Chase, Lieblich, 1974). Par ailleurs, Exline (1963); Argyle et Dean (1965); Argyle, Lalljee et Cook (1968); Argyle (1970); Scheiden et Hanswick (1977) ont montré qu'en fonction des différences de sexes il existait des différences interindividuelles dans les comportements gestuels. Des différences interindividuelles ont été également mises en évidence en fonction de l'environnement.

Ekman, Friesen (1972), Freedman (1972), Natale (1977), Waxer (1977) ont pris en compte l'état émotionnel des sujets; Mehrabian (1968), Tofalo (1975), les relations inter-locuteurs; Argyle, Dean (1965), Exline (1965), Mehrabian (1971), Schutz (1974), Tofalo (1977), le thème de la conversation; enfin, Vidulich (1967) et Tway, le lieu de l'interaction.

Autre courant de recherche, celui qui s'articule autour du concept d'équilibre. Tout locuteur étant soumis à des effets d'attraction et d'évitement vis-à-vis de l'autre doit trouver une position «stable» en s'ajustant à ces forces antagonistes : Argyle, Dean (1965), Argyle (1970), Argyle, Cook (1976).

Les études relatives aux relations Sujet/Gestuelle sont de loin les plus nombreuses. On peut y constater que la quasi-totalité des recherches portent sur le versant de la production — ce qui correspond comme pour les études précédentes à la description de l'observable — le versant appropriation étant inexistant et le versant acquisition faible.

Dans les études transculturelles on a remarqué que la production gestuelle était indépendante des sujets dans la mesure où ceux-ci n'étaient jamais caractérisés.

Un autre ensemble de recherches fait place à un sujet support de l'expression des émotions, mais à un sujet composé d'un assemblage de «pièces détachées» qui fonctionnent néanmoins en symbiose, sans grand-chose de plus. L'accent sera d'ailleurs mis dans les recherches tantôt sur telle ou telle partie du corps considérée comme vecteur expressif, tantôt sur l'interprétation des expressions non-verbales.

De façon générale, le visage est considéré par la plupart des auteurs ayant traité de l'expression des émotions comme le principal et le meilleur émetteur*[a] d'où l'intérêt porté à telle ou telle partie du visage. Ainsi le sourire, généralement considéré comme l'une des expressions faciales les plus facilement décodables, ne pouvait manquer de susciter l'intérêt des chercheurs.

Ekman, Friesen (1969a), Ekman (1973) ont proposé un modèle d'expression de l'émotion[11] dans lequel le sourire est, à la fois, universel et spécifique à une culture. Reprenant les travaux de Duchenne (1876) sur l'électrophysiologie, Ekman, Friesen (1978a), Hager, Ekman (1982) démontrent les mécanismes physiologiques du sourire ou notent que le sourire est plus asymétrique lorsqu'il est demandé que lorsqu'il est spontané (Ekman, 1980 ; Ekman, Hager, Friesen, 1981) ou bien encore qu'il est, avec la surprise, la seule manifestation émotionnelle qui puisse être vu de 45 mètres...! (Hager, Ekman, 1979).

Enfin, Ekman, Friesen (1982b) présentent l'hypothèse de trois catégories de sourires différents (vrai, faux, triste). D'autres chercheurs n'ont pas trouvé de différence dans la fréquence des sourires entre sujets sincères et sujets menteurs*[b].

Corrélativement, les taux de sourire au cours d'échanges ont également été largement étudiés*[c].

Le regard est une variable très étudiée. Un certain nombre de chercheurs ont essayé de déterminer son rôle*[d].

On accordera une attention particulière aux travaux d'Argyle pour qui la communication par le regard est un fait social qui n'est plus à démontrer. L'importance primordiale de son rôle tient au fait qu'il est à la fois canal (de perception) et signal (d'émission) permettant un échange rapide et étroitement coordonné de signaux verbaux et non-verbaux (1982).

Le regard apparaît également comme un moyen de signalisation des relations avec autrui*[e], et est considéré comme un moyen d'expression des émotions*[f].

---

* Afin de ne pas alourdir outre mesure la lecture et de ne pas rebuter le lecteur que les suites de références n'intéressent pas, celles-ci sont reportées en annexe. Elles seront signalées par un astérisque suivi d'une lettre, afin de ne pas les confondre avec les notes bas de page.

Le taux de contact oculaire a semblé être un champ d'investigations intéressant (Exline, 1963). Pour Argyle, Dean (1965), le taux de contact est lié à la distance interindividuelle. D'autres études le constituent en indicateur de niveau d'intimité [*g].

Le rôle du regard dans le comportement social, en particulier dans une interaction entre plusieurs individus, a suscité également tout un courant de recherches [*h].

Beattie (1980) s'intéressant à l'interaction visuelle dans la conversation a constaté que le regard lancé par le locuteur à la fin de son intervention réduisait la latence de la réponse, mais uniquement lorsque la conversation est lente et hésitante.

On doit toutefois considérer que ce type d'inférence est très limité car il s'agit là d'un fait culturel. Chaque société codifie de façon différente l'usage que l'on peut faire du regard et les individus se montrent très sensibles au respect du code qui régit la façon de regarder.

Tous les auteurs ayant traité de l'expression des émotions sont d'accord pour reconnaître que le visage est le principal et meilleur émetteur [*j].

Dans l'identification des émotions, divers auteurs ont montré qu'il n'existait pas de différence significative entre sexes [*k].

Cependant, les hommes seraient meilleurs juges que les femmes dans le décodage de certaines émotions [*l].

Cette identification partielle renvoie essentiellement à la prise en considération d'une activité cognitive et à une extension corrélative des sources de production gestuelle considérées : mains et corps [*m].

L'examen du champ des recherches relatives aux relations Système gestuel/Système de langue montre bien les limites auxquelles se heurtent les études uniquement descriptives ainsi que les lacunes dues à l'absence d'interrogation quant à la relation objet théorique langue/ objet théorique gestuelle considérés dans leurs structures minimales. En effet, certaines études (Condon, Ogston, 1966; Kendon, 1972) montrent que les gestes sont corrélés avec la production langagière.

Selon Klein (1965), Mahl (1968), Dittman, Llewllyn (1969), les mains véhiculent la structure de la pensée.

Lorsqu'on demande à des sujets de parler en s'abstenant de faire des gestes ou des mouvements de mains, on note un nombre d'hésitations plus grand et même le contenu verbal est modifié. (Graham, Heywood, 1975; Rimé, 1984). Inversement les gestes des mains constituent le soutien de la communication verbale en y ajoutant une information (Graham, Argyle, 1975).

Une autre recherche signale que les mouvements continus des mains l'une contre l'autre sont en relation avec le processus d'encodage (Kendon, 1972). Pour Blass *et al.* (1974), les mouvements de mains sont liés à la performance linguistique. Enfin, les mouvements d'attouchement du corps ou du visage occupent également une large place dans la recherche.

Lindenfeld (1971) a tenté de mettre en évidence l'existence de manifestations synchrones entre éléments kinésiques et structures syntaxiques en observant, en termes d'occurrence et de durée lors d'entretiens, la posture et le mouvement de pieds et de jambes corrélativement à une séquence grammaticale constituant une unité syntaxique.

Autre synchronisme étudié, à travers les indices non-verbaux, celui des tours de paroles *[n].

Sur le versant de l'acquisition, comme on peut le penser on retrouve ici un débat déjà ancien, mais non tranché, qui structure tout un pan de ce versant : le débat acquis/inné.

Parmi les «promoteurs» de l'innéité de l'expression des émotions Darwin (1872) est sans doute l'un des plus anciens et des plus connus. Très schématiquement la thèse qu'il soutient est la suivante : l'origine de l'expression des émotions chez l'homme réside dans ses conduites d'adaptation à l'environnement, conduites générées par l'instinct et transmises génétiquement. Toutefois ses continuateurs, sans rejeter les thèses darwiniennes en ce domaine, tentent de se singulariser par l'apport de compléments théoriques *[p].

Enfin, pour tenter de démontrer le bien-fondé de l'innéité de l'expression des émotions, Eibl-Eibesfeldt (1973), enfermé dans une logique se voulant rigoureusement démonstrative, a comparé les manifestations expressives d'enfants nés aveugles et sourds aux mouvements expressifs d'enfants non handicapés pour en conclure que leur comportement ne devait rien à l'acquisition...

Il convient de préciser que ces dernières conceptions ont des opposants; notamment les chercheurs qui ont mis en évidence les différences interindividuelles et interculturelles (comme on l'a vu précédemment) dans le codage ou le décodage de l'expression des émotions ainsi que dans les comportements gestuels *[q].

5.1.3. Une approche différente

On a présenté à grands traits les différentes options qui ont structuré les recherches se rapportant à la fonction interprétative assignée[12] à la gestualité dans la communication interpersonnelle. L'idée centrale qui s'en dégage est que la gestualité ainsi que les autres éléments non-verbaux qui interviennent dans la communication sont généralement considérés comme n'ayant que des fonctions d'accompagnement, voire de subordination, ou de substitution *par rapport à* l'expression verbale, ce qui équivaut à reconnaître une fonction prépondérante au verbal tel Birdwhistell tentant de découvrir une homologie fonctionnelle en analysant la gestuelle à travers une grille de lecture directement dérivée du modèle linguistique «puisque inséparable de la communication verbale» (1964).

Ce problème de fond est résumé dans la formulation «par rapport à». Il nous semble que c'est là qu'intervient une erreur initiale (et ancienne...) dans le raisonnement qui consiste à considérer le langage comme vecteur spécifique et unique de la communication humaine; les autres éléments, en toute logique, ne pouvant donc qu'être subordonnés ou accessoires. La conséquence en est que les individus considérés sont doués de la parole, mais qu'ils ne communiquent pas, ce qui constitue une différence fondamentale.

Dans la communication, le sens produit et transmis n'est pas le fait d'un sujet parlant mais celui d'un sujet communiquant, c'est-à-dire la résultante de l'interaction des différents systèmes de signes mis en jeu conjointement et simultanément.

Or les questions que les chercheurs se sont posées étaient de type : le geste est-il compréhensible ou non en tant que tel ? isolément ou non ? La gestualité est-elle un «vrai» langage ? en possède-t-elle les traits distinctifs ? etc.

Corrélativement, le fait que la multitude de recherches axées tant sur le «système» que sur la «communication» non-verbale n'ait pas permis de déboucher sur une théorie globale de la communication nous a conduit à nous demander si les questions posées étaient les bonnes et si, en conséquence, la solution n'impliquait pas un changement d'orientation de ces questions.

On ouvrira une parenthèse pour indiquer que l'exemple de la pugnacité d'un Birdwhistell n'est pas étrangère à ce retour à la case départ, de même que son influence au plan épistémologique.

«La pluralité est un point de départ essentiel pour toute recherche sur la communication. Même au sein de la pluralité, la dyade est un terrible piège pour un grand nombre de chercheurs en sciences sociales. Voyez ce que nous apprend l'astronomie ! Les astronomes soutiennent que le problème de deux corps est sans solution ; on ne sait comment le caser dans le système. Vous ne pouvez pas comparer deux choses. *Tant que vous n'avez pas appris que la comparaison de deux choses n'est pas réalisable, tout ce vous pouvez faire est d'observer les différences qu'il y a entre elles*[13]. (rapporté par Mac Dermott, 1980).

La fonction interprétative de la gestualité n'ayant pas permis l'émergence d'une théorie globalisante de la communication interindividuelle, et la solution ne passant donc pas par l'analyse de phénomènes étudiés séparément, on s'est demandé s'il ne fallait pas plutôt raisonner en termes de processus c'est-à-dire considérer que verbal et éléments non-verbaux sont des phénomènes associés, constituant chacun une étape dans la progression cognitive de l'élaboration d'un projet de sens.

L'idée de cette démarche nous est apparue à la lecture d'une autre réflexion de Birdwhistell : «(...) quand j'apprends à mes étudiants comment il faut observer un match de basket, ils n'ont pas le droit de regarder où se trouve le ballon. S'ils ne savent pas où est le ballon sans le regarder, ils ne sont pas à l'intérieur du système. *S'ils suivent le ballon, ils suivront des joueurs individuels, en tâchant de deviner leurs intentions et leur but. Ils verront le ballon mais non la trajectoire*»[14] (Winkin, 1981, p. 295).

Cette image nous est apparue comme pertinente à la démarche des chercheurs cités précédemment.

En considérant le non-verbal et la gestualité sous l'angle d'une fonction interprétative, *ils ne voyaient que le ballon mais non la trajectoire*...

Cela étant posé, la communication peut se définir selon trois conceptions différentes, en fonction d'une option essentielle :

– soit on privilégie le verbal, ce qui donnerait une définition de type : la communication est une activité verbale volontaire orientée vers un sujet[15] ;

– soit on subordonne le non-verbal au verbal, auquel cas il suffirait de rajouter à la définition précédente : illustrée par les registres non-verbaux ;

– soit on considère que verbal et non-verbal sont des productions cognitives en interaction, ce qui amènerait une définition de type : la communication est un processus permanent d'élaboration et de production de sens à plusieurs niveaux d'action.

Dans ce cas on perçoit nettement que le concept de fonction interprétative de la gestualité ne soit plus opérant dans le cadre de cette dernière définition, et que la gestualité devenue partie intégrante de la structure de communication remplisse donc à ce titre une fonction structurelle.

5.2. UNE THEORIE INTERACTIVE DE LA GESTUALITE DE COMMUNICATION : LE SYSTEME M.A.P.

Après avoir passé en revue les grandes options qui ont déterminé les recherches relatives au non-verbal en général et à la gestualité en particulier, il est apparu que cette dernière devrait s'insérer dans la communication en remplissant une fonction structurelle.

Or, l'aspect médiat de la gestualité — considérée comme système de signes — abordé dans la littérature consacrée au non-verbal par le biais du comportement dans les relations sujet/société, est à la fois peu et mal évoqué car limité à la seule description de l'observable.

Concrètement, le problème de fond rencontré par les divers systèmes qui tentent de les relater est simple (au moins dans sa formulation) : comment ramener à une dimension, pour le traduire, un phénomène qui en comporte trois ?

D'évidence, les caractéristiques spatio-temporelles de la gestualité se prêtent mal à une simultanéité de description avec le verbal. D'où la grande complexité à appréhender et à noter l'énorme quantité d'informations qui parviennent — dans le même temps — d'interlocuteurs en situation de communication. C'est vraisemblablement pour dépasser ou contourner les difficultés à maîtriser la description d'éléments non-verbaux que l'on trouve dans la littérature une série impressionnante de systèmes de notations, empruntant d'ailleurs leurs bases à des disciplines parfois très éloignées de la problématique en question. Dans ces conditions, comment s'étonner que chaque système n'étudie que la partie du corps qu'il privilégie ? Aucun système de notation du non-verbal n'est réellement adéquat pour permettre à son utilisateur de reproduire intégralement une action en cours.

L'apparition de systèmes informatisés[16] qui autorisent maintenant la gestion d'une telle quantité d'informations n'a pas résolu le problème pour autant, car la question posée reste toujours sans réponse : Comment inférer un système globalement explicatif d'une telle masse de données ?

On considère qu'analyser des informations non-verbales enregistrées est une chose, mais que vouloir en déduire un modèle structural explicatif en partant d'observations comportementales en est une autre.

On hasardera une analogie en disant que *c'est comme si un sourd-muet tentait de comprendre le solfège (et non la musique) en regardant l'enregistrement vidéo d'un instrumentiste!*

5.2.1. Les prémices

De plus en plus, il semble que sans théorie globalement explicative de la communication aucune intégration ne soit possible. Cela dit, il apparaît qu'en prenant en compte simultanément production gestuelle et production langagière, on introduise une dimension absente des études linguistiques : l'étude interactive sujet/sous-systèmes de signes/système de signes.

Il s'ensuit qu'en considérant que l'interaction de plusieurs systèmes de signes liés entre eux — dans laquelle sont impliqués des sujets en situation sociale — va produire une communication, on débouche sur quatre types de questions : 1° de quels sujets s'agit-il? 2° de quelles relations s'agit-il? 3° de quels systèmes s'agit-il? 4° que produit l'interaction sujets/systèmes de signes? auxquelles on tentera de répondre successivement.

Dans les études relatives aux relations sujet/gestuelle on a vu que le sujet est le plus souvent absent ou indéterminé. Le sujet dont il est question ici possède un statut de communiquant qui lui confère une existence réelle.

Ce sujet est défini par un ensemble de déterminismes régis par des utilités sociales. Celles-ci sont génératrices de systèmes de signes dont l'utilisation et/ou l'extension constituent des constructeurs de réalité.

Ces constructeurs de réalité à leur tour détermineront les systèmes et sous-systèmes de signes qui construiront/détermineront la réalité du sujet et, ce faisant, le détermineront en tant qu'être social. Ce même sujet, être biologique, devenu être bio-social par l'acquisition et l'appropriation des systèmes de signes déterminera à son tour sa réalité référentielle[17] par l'introduction de ces systèmes de signes, instituant au sein des utilités sociales une production porteuse d'enjeux — la communication — qui s'inscrira dans un contrat, négociable et révocable, entre acteurs sociaux.

Ainsi le bain systémique du sujet à l'intérieur des systèmes de signes interconnectés renvoie tout à la fois à la production et à l'utilisation du sens et à la construction des réalités référentielles.

Le «bain systémique culturel» dans lequel tout individu est plongé au cours de sa période de socialisation va déterminer la nature des relations d'acquisition, d'appropriation et de production des systèmes de signes qu'il utilisera pour communiquer.

De manière corrélative, on a pu constater des déficiences pathologiques irréversibles dues à l'absence de «période de maturation» de l'individu dans un bain systémique socio-culturel.

La communication serait alors le moyen pour l'individu d'affirmer sa propre image en intégrant les autres, la société et le monde[18]. Cette fonction d'intégration se retrouve dans le choix que fait le sujet des mots et des gestes qu'il utilise pour communiquer.

Pourquoi devrait-on considérer la communication interindividuelle comme fonctionnant selon deux types de comportements isolés, — la parole comme comportement verbal et le geste comme comportement non-verbal — chacun ayant sa grille de lecture et d'analyse?

L'homme n'est pas constitué d'entités isolées, mais bien au contraire d'éléments interdépendants, interactifs, modulables et substituables. Pourquoi donc la fonction de communication ne s'exercerait-elle pas de façon analogue?

Cette notion de fonctionnement corrélatif n'est pas à franchement parler une idée tout à fait nouvelle, mais ce n'est que maintenant que l'on est en mesure de vérifier de manière expérimentale le bien-fondé de ce qui n'était qu'un postulat.

On a pu remarquer dans la littérature consacrée aux différentes tentatives de catégorisation des manifestations corporelles ou gestuelles, qu'aucune ne relevait de quelque concept unificateur que ce soit, qui prenne en compte l'interaction de différents systèmes de signes à l'intérieur du phénomène communication. Cette absence nous a conduit à concevoir notre approche dans les termes suivants : ne pas créer d'autre catégorisation, mais commencer par aborder théoriquement le lien existant entre verbal et non-verbal gestuel et l'opérationnaliser grâce à une contre-partie méthodologique qui serait, elle, catégorielle.

On s'est donc interrogé sur la nature des relations verbal/non-verbal gestuel, dont il semble à l'évidence qu'elles soient de différents types, aussi bien d'ordre systémique que d'ordre interactif situationnel.

Au plan systémique, il est clair que l'anticipation de la production gestuelle sur celle du verbal (cf. Dittman, Llewllyn, 1969) indique que le geste est un signe médiat entre cognition et production de sens.

Il est donc légitime de se demander si, pour partie, le sens produit lors d'une interlocution n'est pas le résultat d'interactions entre différents systèmes de signes structurellement compatibles et liés entre eux.

Si l'on se réfère à la théorie du langage-objet (Beauvois, Ghiglione, 1981), on voit comment il est possible de rendre compte de la relation sujet communiquant/langue, cette dernière étant approchée comme objet théorique — dans un rapport d'appropriation — utilisé soit au décodage systémique du monde (appelé attitude paradigmatique par référence à Jakobson; 1956) soit comme outil de communication interpersonnelle (attitude syntagmatique)[19]. C'est donc en partant d'une possible homologie que l'on a été amené à poser le principe d'un objet théorique «gestuelle» et en proposer une structure partiellement analogue à celle de l'objet «langue».

Ces structures étant partiellement compatibles, il s'ensuit que :
– les relations système verbal/système gestuel seront d'identité partielle des mécanismes lexicalo-syntaxiques constitutifs de la langue;
– l'interaction système verbal/système gestuel produira du sens.

Comme on peut le percevoir, la gestualité n'est pas un système d'expression isolé mais un sous-système du système global qu'est la communication, au même titre que le verbal, le paraverbal ou la proxémique.

Cela étant posé, on peut parler de système gestuel[20] sans que cela ne constitue un abus de langue, restant entendu qu'il s'insère dans un macro-système interactif.

Dès lors, abandonnant les notions de comportement non-verbal et de codes gestuels, il est apparu nécessaire d'étudier la gestualité de communication selon un modèle qui lui soit propre et non à travers des schémas, plus ou moins adaptés, dérivés d'autres systèmes de signes. C'est pourquoi nos hypothèses nous ont amené à élaborer, à spécifier et à mettre en œuvre une catégorisation et un corps de propositions théoriques, dont on parlera plus avant qui permette de répondre au souci théorique de prise en considération tout à la fois des relations de divers systèmes de signes entre eux (verbal/non-verbal) et des relations sujet/systèmes de signes à travers l'acquisition, l'appropriation et l'utilisation des systèmes de signes par le sujet.

5.2.2. Les relations interactives du système de signes non-verbal gestuel

D'évidence, les instruments d'analyse ne sont pas sans effets sur ce genre d'approche. Il est hors de doute que la vidéo a fait apparaître des éléments qui sont restés ignorés au siècle dernier lorsque les observations relevaient de croquis ou de notations humaines[21]. L'observation et l'analyse de situations de communication réelles — enregistrées en vidéo sur le terrain — ont permis d'inférer que le système de signes non-verbal gestuel pourrait être catégorisé et réparti selon trois grands types de relations : avec la parole, avec la langue, avec l'environnement (pris dans un sens général).

– Au plan de la parole, le système de signes non-verbal gestuel contribue à lever l'ambiguïté possible de l'énoncé émis en raison de l'homonymie/homophonie ou des conditions environnementales qui ne permettent pas une audition/compréhension correcte.

– Au plan de la langue, le système de signes non-verbal gestuel s'articule selon l'axe des substitutions et des contiguïtés. On a pu vérifier expérimentalement que le système de signes non-verbal gestuel fonctionnait bien selon des axes de substitution et de contiguïté avec le système de langue.

– Au plan de l'environnement, c'est-à-dire de l'interaction sujet/système de signes, on a constaté qu'elle produisait des séquences non-verbales gestuelles ou posturales sans relation avec la production de l'énoncé verbal, constituant des manifestations kinésiques traduisant les tentatives d'adaptation du sujet à un environnement donné.

C'est donc ce schéma multirelationnel qui a inspiré l'élaboration d'une catégorisation gestuelle que l'on a voulu simple, bien que prenant en compte tout à la fois les relations des différents systèmes de signes entre eux et les relations sujet/système de signes à travers l'acquisition, l'appropriation et l'utilisation. C'est donc cette mise en forme qui a permis de concrétiser une catégorisation où «les signes ont la même signification pour celui qui les produit que pour d'autres, stimulés par ces mêmes signes», selon la conception sémiotique de Ch. Morris (1946).

Cette catégorisation nous l'avons appelée M.A.P. par référence aux initiales des termes Métaphorique, Adaptateur et Ponctuateur, qui définissent ses divers registres.

* Le premier registre gestuel, **M**, procédant par analogie, fonctionne selon un mécanisme de substitution/redoublement entre signes équivalents bien que de natures différentes, d'où le terme «métaphorique».

* Le second, **A**, se traduisant par la manifestation et la production d'une gestuelle au sens large, marque un besoin d'adaptation — pas nécessairement volitif — du sujet en réponse aux stimulations de l'environnement immédiat, d'où le terme «adaptateur».

* Enfin le troisième registre, **P**, qui modalise et marque le discours sur la base d'un mécanisme de contiguïté des signes est une sorte de scansion, de ponctuation d'où le terme «ponctuateur».

On notera que la gestuelle de deux de ces registres, respectivement M et P est directement liée à l'énoncé verbal — parfois même elle l'anticipe — et de ce fait est nécessairement produite aux moments de l'énonciation.

Par contre, la gestuelle du registre A n'a aucun rapport direct avec le verbal; elle est produite indifféremment — et éventuellement simultanément — par le locuteur et le ou les locutés.

Etudier isolément chaque sous-système du système de signe global qu'est la communication équivaudrait à signifier que chaque posture ou chaque geste renvoie de façon univoque à un sens particulier. Or, dans notre propos, ce n'est que dans un contexte d'ensemble des systèmes de signes, lui-même intégré dans un contexte d'interaction, que le sens pourra se former. Ce qui revient à dire que la communication interindividuelle ne peut s'approcher qu'en terme systémique.

Très souvent, il semble que l'on ait confondu paradigmatisation du verbal — c'est-à-dire substitution d'un geste ou d'une séquence gestuelle à un message verbal — et apparition d'un hypothétique code gestuel, implicitement compréhensible par tout sujet d'une même culture.

Cette paradigmatisation est le résultat de l'interaction sujet/environnement qui induit dès lors la substitution et l'utilisation du système de signes le mieux adapté à l'environnement spécifique dans lequel se produit la communication interindividuelle. Ainsi en est-il dans les domaines :

– des sports d'équipes où la vitesse de transmission du message est prépondérante;

– dans un environnement où le bruit ambiant empêche la bonne compréhension du message verbal (foule, usine, etc.);

– dans un environnement où, au contraire, le silence est imposé (studios de cinéma, d'enregistrements, lieux du culte, cérémonies, etc.);

– dans un environnement où la distance rend la communication verbale inopérante car inintelligible ; etc.

Donner la mesure de la distorsion et des limites des phénomènes de perception est une chose, donner une explication rationnelle de l'élaboration du sens produit par la communication en est une autre.

La texture gestuelle du système de communication établit le lien, en association ou en parallèle, avec la texture verbale entre les déterminismes sociologiques ayant affecté les modes d'appropriation des systèmes de signification de l'individu et une actualisation interactive, datée et signifiante, de ces systèmes. En outre la texture gestuelle de la communication modalise le discours en permettant les équivalences par substitution et les combinatoires par contiguïté.

Considérant les divers éléments de cette nouvelle approche de la gestualité, une inférence s'est imposée : envisager une approche plus systémique, plus situationnelle, plus interactive visant à spécifier et à développer un ensemble unifiant et fonctionnel permettant d'inscrire non plus le non-verbal (trop imprécis en tant que concept opérationnel) mais la gestualité de communication dans un schéma interactif interpersonnel, c'est-à-dire changer de paradigme conceptuel et expérimental, ainsi qu'on l'a déjà précisé.

Ce schéma de communication, on peut le définir comme un système global de signes, en interactions avec l'environnement social, composé de sous-systèmes interconnectés et interagissant, identifiés comme suit :

* éléments verbaux langagiers ;
* éléments paraverbaux [22] ;
* éléments non-verbaux gestuels, posturaux et corporels ;
* éléments non-verbaux transmis indépendamment et/ou simultanément par différents vecteurs, d'origines individuelle ou sociale (attributs) ;
* éléments proxémiques [23] ;

Dans le postulat initial, le système verbal n'est plus considéré comme un système majeur doté de satellites mais comme un sous-système, au même titre que le non-verbal (avec certains niveaux de structures analogues), le paraverbal ou les éléments de proxémie, dont les interactions avec l'environnement concourent à former du sens et à constituer la base structurelle de la communication interpersonnelle.

A l'intérieur du champ ainsi constitué, on s'est centré sur la relation interactive éléments non-verbaux gestuels/éléments verbaux en situation d'interlocution communicative.

5.2.3. Les bases théoriques

Un certain nombre d'études nous ont fourni des orientations concernant les relations verbal/non-verbal qui y sont évoquées — sans que pour autant on reprenne les notions ou concepts tels quels — et fait apparaître un certain nombre de points de convergence avec notre approche.

Dans cette perspective, on citera les points suivants :
* les mains véhiculent la structure de la pensée (Mahl, 1968);
* les gestes des mains constituent le soutien de la communication verbale (Graham, Argyle, 1975);
* les gestes sont corrélés avec la production langagière (Kendon, 1972);
* le comportement kinésique ne met pas seulement en évidence l'interaction sociale mais également la transformation de la pensée à travers les mots (Mahl, 1968);
* lorsqu'on demande à des sujets de parler sans faire de mouvements avec leurs mains, on observe un plus grand nombre d'hésitations et même une modification du contenu verbal (Graham, Heywood, 1975; Rimé, 1982).

De cet ensemble, on a dégagé deux grands axes qui structurent notre approche :

A. La communication est un fait global dans lequel sont impliqués différents systèmes de signes.

B. La gestualité participe avec le langage à l'élaboration et à la production de sens, qui est la fonction essentielle de la communication.

Dans le champ ainsi déterminé — après avoir visionné et analysé à l'aide de la grille de lecture M.A.P. des enregistrements vidéo de conversation entre plusieurs personnes — poursuivant notre étude, un certain nombre d'hypothèses ont pu être formulées; hypothèses qui ont été ensuite regroupées en un concept : celui d'attitudes gestuelles.

On n'ignore pas à quel point le concept d'attitude est flou et polysémique; chacun l'utilise selon une acceptation dont l'ambiguïté n'a d'égale que son équivalent anglais «set»... Pour notre part, attitude doit s'entendre au sens de polarisation durable des conduites d'un sujet ; cette notion de polarisation impliquant en outre un aspect unificateur et dynamique.

Les attitudes gestuelles, à l'instar des attitudes langagières — permettant de réguler de façon systémique le décodage du monde ou la communication interindividuelle — constituent un relais entre les antécédents sociologiques de l'individu, à travers les variables situationnelles, et sa production communicative.

Comme l'a fait remarquer Dorna (1980), les différentes situations sociales de communication utilisent «préférentiellement soit un modèle C_1 où les acteurs de l'interlocution utilisent des places non échangeables» (c'est-à-dire à un seul canal de communication ouvert), soit un modèle C_n où les places sont échangeables» (tous les canaux sont ouverts). Par ailleurs, «les investissements langagiers traduisent dans la parole une distribution spécifique des parties du discours qui créent entre l'émetteur et le récepteur des zones de convergence et de divergence».

Pour ce qui nous concerne, il apparaît manifeste que :

1° L'attitude gestuelle rende compte du modèle de communication (C_1 ou C_n) en fonction duquel l'individu a été socialisé.

2° Cette même attitude gestuelle, par la prégnance de son modèle de pratique communicative, entraînera la mise en œuvre préférentielle d'un registre gestuel (M ou P).

3° La production préférentielle de l'un de ces registres amènera des zones de convergence et de divergence entre sujets communiquants.

Prenant pour base les éléments conceptuels apportés dans cette approche différente de la communication non-verbale, on trouvera en annexe le corpus de propositions théoriques qui a servi de cadre à la validation expérimentale qui a suivi.

Enfin, on se doit de reconnaître, dans un minimum d'objectivité, que chacun peut selon son gré proposer une catégorisation arbitraire et donc, dans ces conditions, ne voir ici qu'une tentative supplémentaire. Cependant, dans la mesure où celle-ci se présente sous forme de corpus de propositions théoriques et de validations expérimentales, on pourra en juger en toute connaissance de cause... ce qui n'est pas si fréquent.

5.3. LE SYSTEME M.A.P. : UNE PROBATION EXPERIMENTALE

Cette dernière partie sera consacrée plus spécialement à rapporter les différentes expériences qui ont été réalisées[24] — aux fins de tester le bien-fondé des hypothèses et la réalité fonctionnelle du système — ainsi que les résultats expérimentaux qui en sont issus. On s'est attaché autant que faire se pouvait à ne pas réaliser des expériences de laboratoire, où, quelles que soient les précautions méthodologiques apportées à leurs réalisations les conditions de passation ne sont jamais identiques à ce que produit la réalité (dans tout bon scénario l'imprévu n'a pas de place...). C'est pourquoi, chaque fois que cela a été possible, on a enregistré des situations de terrain conformes à la réalité quotidienne de la communication interpersonnelle.

Dans l'étude de ce système gestuel, on a testé plus spécialement certains aspects fondamentaux du corpus de propositions qui rend compte de notre théorisation. On a donc procédé à plusieurs séries d'expériences, dont la première était destinée à vérifier que la catégorisation proposée était fonctionnelle, valide, fiable[25], indépendante et exhaustive.

5.3.1. Première série expérimentale

Afin de mener à bien cette série d'expériences, il était indispensable de disposer, aux fins d'analyse, d'une situation de communication réelle dans laquelle on n'interviendrait en aucune façon. Pour y parvenir, on a réalisé plusieurs enregistrements vidéo (de 50') de conversations libres, ayant pour thème général la peine de mort, entre quatre sujets masculins de même tranche d'âge et de même catégorie socio-professionnelle. Pour les besoins expérimentaux on a ensuite retenu de cet ensemble une bande vidéo, d'où on a extrait au hasard quatre séquences d'une minute chacune. Ces séquences ont été ensuite soumises à l'appréciation de 60 sujets dans le cadre de la méthode «des juges». Ils avaient pour tâche de classer les gestes produits par les interlocuteurs selon la grille proposée (M.A.P.), classement ultérieurement confronté au nôtre. La conformité (ou la non-conformité) des réponses devait indiquer si la catégorisation fonctionnait pour les «juges» comme pour «l'expert» qui l'a bâtie.

Afin de tester également son exhaustivité, les juges avaient la possibilité de classer «autre catégorie» les gestes qui leur paraissaient ne pas entrer dans l'un des trois registres M/A/P.

Cette expérience a été divisée en trois conditions — comportant chacune deux présentations[26] — dont la rationalité expérimentale est la suivante :

* Dans la condition I, la présentation des items aux «juges» comporte un ensemble d'informations optimal afin d'enregistrer le maximum possible de réponses conformes. La 1re présentation se déroule en continu : son + image. La 2e marque, en outre, un arrêt sur image.

* Dans la condition II, la présentation des items comporte une réduction drastique des informations afin de déterminer quel est le minimum de réponses conformes que l'on puisse obtenir. La 1re présentation se déroule en continu : images seules (son coupé). La 2e marque, en outre, un arrêt sur image.

* Dans la condition III, la présentation des items comporte un ensemble médian d'informations afin de vérifier que le nombre de réponses conformes s'insère entre les résultats précédents[27]. La 1re présentation est identique à son homologue de la condition I. La 2e identique à son homologue de la condition II.

Les résultats, qui confirment les attentes, ont été regroupés dans le mini-tableau suivant :

Tableau 1. - *Les chiffres expriment les pourcentages de réponses conformes aux items, sauf la catégorie surnuméraire, évidemment...*

Catégories Conditions expérimentales	M	A	P	Autre
Condition I	86,4	97,5	78,9	2,8
Condition II	77,5	95,0	58,6	
Condition III	81,1	97,0	66,4	

On remarquera que :

– Les variations des conditions expérimentales n'ont aucune influence significative sur les résultats du registre A, démontrant ainsi son absence de relation avec le verbal.

– Dans le registre M, les résultats enregistrés, quelles que soient les conditions expérimentales, varient dans une fourchette assez étroite, mettant ainsi en évidence la relation de substitution qu'il entretient avec le verbal.

– Dans le registre P, les résultats obtenus qui varient de façon significative selon les conditions expérimentales permettent d'inférer une relation de contiguïté présentée avec le verbal.

– La possibilité « autre catégorie » offerte aux juges ne recueille que 2,8 % des résultats démontrant ainsi l'exhaustivité et la fiabilité de la catégorisation proposée.

– Les résultats obtenus dans la condition III s'inscrivent, comme prévu, entre les résultats des conditions I et II.

De ce qui précède, on infère que *les gestes ayant une relation systémique avec le verbal ne sont jamais confondus avec ceux qui ont une relation non systémique.* Par ailleurs, le nombre d'erreurs de catégorisation systématiquement plus faible pour le registre M que pour le registre P accrédite le principe d'une relation de substitution entre le registre M et le verbal.

Dans la condition II, malgré la réduction drastique des conditions de présentation des items (sans son), le nombre de réponses conformes est significativement supérieur au total de réponses erronées ($p < .001$).

L'analyse de ces dernières (non-conformes à la catégorisation de l'expert) confirme la nature des relations qu'entretient chaque catégorie dans chaque registre gestuel avec le verbal. En outre, elle permet de percevoir clairement que le nombre d'erreurs croît avec la dépendance de la catégorie au verbal ainsi qu'on peut le voir dans le tableau 2.

Tableau 2. – *En l'absence de parole, plus la dépendance au verbal s'accroît plus le nombre d'erreurs augmente de manière significative.*

Catégories	A	M	P
Nombre d'erreurs	↘	±	↗
Rapport avec le Verbal	SANS	SUBSTITUTION	CONTIGUITE
Relation avec le Verbal	Dépendance ↘	Dépendance ±	Dépendance ↗

L'ensemble de ces résultats atteste que les registres M/A/P — issus d'une théorie préalable — présentent une efficacité certaine. Pour dissiper toute ambiguïté, il convient maintenant de montrer que le rapport d'appropriation lié aux fonctions du système gestuel est de même nature que celui mis à jour pour le système verbal[28]. Si tel est le cas, on peut supposer que la structure des objets en cause est la même (en partie du moins), ce qui sous-entendrait qu'ils soient compatibles et confirmerait qu'ils constituent les composantes du système global de communication interpersonnelle.

Dans cette optique, on rappellera que selon les déterminismes sociaux auxquels ils ont été (ou sont) confrontés, les interlocuteurs privilégieront :

– Soit le décodage du monde ; ce qui se traduit par l'importance des démonstratifs textuels en particulier et la maximisation du caractère interlocutoire de la co-construction de la référence. Dans ce cas, le place sociale ou la situation d'interlocution du sujet l'entraîneront à mettre en œuvre davantage le registre gestuel M que le registre P.

– Soit la médiation au monde ; ce qui se traduit par l'importance des indices d'élaboration syntaxique, des indices de deixis et la minimisation du caractère interlocutoire de la co-construction de la référence. Dans ce cas, la place sociale ou la situation d'interlocution du sujet l'entraîneront à mettre en œuvre davantage le registre gestuel P que le registre M.

5.3.2. Deuxième série expérimentale

Dans cette seconde série, destinée à vérifier ce qui vient d'être énoncé, on a repris les enregistrements vidéo dont on disposait pour la première série et on en a retenu deux. Chacun comportait une conversation libre ayant pour thème la peine de mort entre quatre sujets masculins de même tranche d'âge. Chaque groupe de quatre était composé de catégories socio-professionnelles différentes, la première comprenant des ouvriers, la seconde des cadres.

Notre hypothèse (le sujet appropie la gestuelle selon un schéma de même type que celui qu'il a utilisé lors de son appropriation du langage, eu égard aux déterminismes sociologiques dans lesquels il a été socialisé) doit impliquer la mise en œuvre préférentielle d'un des registres lié au verbal, en fonction de la catégorie d'appartenance socio-professionnelle du sujet.

Ainsi pour les ouvriers, un système lexicalo-syntaxique imparfaitement possédé amènera une utilisation plus grande du registre M que du registre P, alors que pour les cadres, la co-construction de la référence apportera une inversion de ce schéma et la mise en œuvre préférentielle du registre P.

L'ensemble peut être schématisé de la façon suivante :
◊ Pour les «ouvriers» la relation $P-M<0$ traduira l'hypothèse émise.
◊ Pour les «cadres» ce sera la relation $P-M>0$.

On a donc analysé intégralement — à l'aide de la catégorisation M.A.P. — les cinq premières minutes des deux bandes vidéo afin d'avoir des conditions d'adaptation à l'environnement et de passation expérimentale comparables dans les deux groupes. On trouvera les résultats[29] présentés en valeur absolue dans le tableau 3 et en pourcentage dans la figure 1.

Il est aisé de constater que les relations [P−M] sont résolument conformes aux prédictions de l'hypothèse et que les résultats s'inversent en passant d'un groupe à l'autre.

Tableau 3.

	Cadres	Ouvriers
M	23	110
A	64	49
P	71	47

Les chiffres comptabilisent la production gestuelle des sujets par registre dans chaque catégorie.

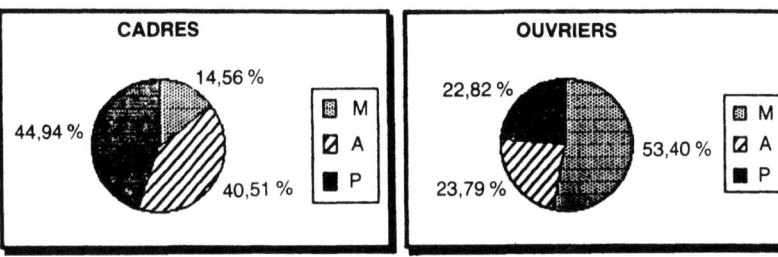

Figure 1.

Ainsi, une idée souvent formulée dans la littérature — celle d'une gestuelle liée à une norme culturelle — se trouve infirmée par la vérification de l'hypothèse. Cependant si cette norme ainsi formulée est irrecevable, elle pourrait néanmoins être prise en compte à la condition de s'étudier sous forme d'indice de gestualité, fourni par le rapport arithmétique non-verbal/verbal, qui correspondrait à une «constante culturelle» puisqu'on ne constate pas de différence significative entre groupes «ouvriers» et «cadres».

On a suggéré[30] que cet indice puisse constituer un outil pour initier l'étude de cette constante culturelle qui pourrait s'infléchir vers une norme sociale de «disibilité gestuelle».

L'analyse détaillée de cet indice de gestualité constante fait apparaître cette constante comme une *norme de régulation gestuelle*, ou autrement dit une régulation systémique. La quantité de gestes qu'un individu produit s'auto-régule, par rapport à la quantité de mots qu'il prononce lors d'une communication interindividuelle, et cela quel que soit son groupe d'appartenance socio-culturel comme le montre le tableau 4.

Tableau 4. – *On a repris les chiffres du tableau 3 complétés du nombre total de mots prononcés par les sujets pendant chaque séquence analysée (5').* L'indice de Régulation Gestuelle est le quotient du total N.V. par le total V.

Sujets \ Catégories	M	A	P	Total N.V. (Gestes)	Total V. (Mots)	I.R.G. (N.V./V.)
Cadres	23	64	71	158	1092	0.145
Ouvriers	110	49	47	206	1285	0.160

On peut remarquer que la différence entre les indices de gestualité des catégories socio-professionnelles n'est pas significative, ce qui va dans le sens d'une norme de régulation.

On pourrait noter également que l'évolution du registre A semble aller dans le même sens que celle du registre P. Il s'agit cependant d'un artéfact dû à un effet de contexte, ainsi qu'on pourra le vérifier dans les séries expérimentales suivantes.

Par contre, on a constaté[31] que le sujet qui parle peu va centrer sa production gestuelle sur le registre A, alors que lorsqu'il parle davantage elle va se porter sur les registres M ou P, préférentiellement utilisés par le groupe relevant des déterminismes selon lesquels il a été socialisé.

On ouvrira une brève parenthèse pour laisser percer l'objection qui se présente immédiatement à l'esprit, à propos de la norme de régulation gestuelle : peut-on appliquer le même principe aux Italiens ? (car selon une idée reçue, on considère habituellement la culture italienne comme gesticulante).

En fait les Italiens ne gesticulent pas plus que les autres et, en réalité, la différence ne porte que sur la modalité d'exécution. Le geste se déroule plus longtemps, il est plus itératif et constitue ce qu'il conviendrait d'appeler une forme emphatique de la gestualité...

5.3.3. Troisième série expérimentale

Au cours d'une troisième série, après la mise en évidence des déterminismes ayant présidé à l'appropriation du système gestuel, on s'est attaqué à sa dynamique situationnelle afin de montrer que la mise en œuvre et l'utilisation des différents registres de la gestuelle ne sont pas justiciables d'un code mais d'un fait attitudinel.

On a donc vérifié que la structure de la situation de communication en accordant aux interlocuteurs, tantôt une place dominée (C_1) dans la co-construction de la référence tantôt une place dominante (C_n) allait produire chez l'interlocuteur une modification de sa gestuelle. Ainsi selon le modèle C_1 ou C_n — prédéterminé expérimentalement — appliqué à la situation d'interlocution, les sujets adoptent une attitude gestuelle que l'on peut prédire et qui sera de type :

* $P-M$ $(C_1) > P-M$ (C_n) avec une constante $P-M < 0$ pour les catégories socio-culturellement peu favorisées eu égard aux déterminismes sociaux généraux ;

* $P-M$ $(C_1) < P-M$ (C_n) avec une constante $P-M > 0$ pour les catégories socio-culturellement plus favorisées eu égard aux déterminismes sociaux généraux.

Pour ce faire, on a réparti cette série expérimentale en quatre conditions, chacune étant définie par la modification — ou non, au cours de l'interaction — des modèles utilisés lors des situations de communication dans lesquelles sont placés les sujets. Ces modifications permettent d'explorer toute la combinatoire des variations possibles ainsi que le montre le tableau 5.

Tableau 5. – *Le schéma de communication C_1 ne comportant qu'un seul canal ouvert correspond à une place dominée au sein de l'interaction alors que le schéma C_n (multicanalité ouverte) correspond à une place dominante.*

Conditions expérimentales Temps	Condition I		Condition II		Condition III		Condition IV	
	C_1	C_n	C_1	C_n	C_1	C_n	C_1	C_n
De 0 à 10'	░			░	░			░
De 11 à 20'		░	░			░	░	
De 21 à 30'	░			░		░		░

Pour chaque condition, on a réalisé un enregistrement vidéo de trente minutes, au cours duquel quatre sujets masculins de même tranche d'âge et de la même catégorie socio-culturelle (cadres) conversent librement sur le thème de la peine de mort. Au cours des conversations enregistrées lors de chaque condition, l'expérimentateur va chaque dix minutes faire varier le modèle de communication utilisé, selon le schéma exposé.

Les résultats sont présentés dans les figures 2 et 3.

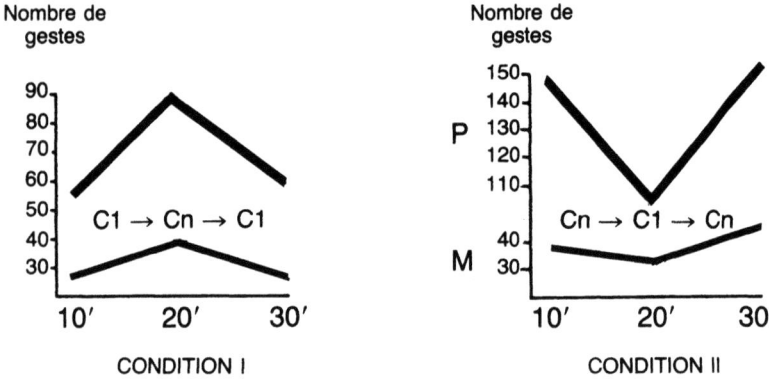

Figure 2.

Tableau 6. – *Condition I.*

Registres gestuels \ Situations	C_1 de 0 à 10'	C_n de 11 à 20'	C_1 de 21 à 30'
M	28	37	28
A	149	158	150
P	56	89	60
Total	233	284	238

Tableau 7. – *Condition II.*

Registres gestuels \ Situations	C_n de 0 à 10'	C_1 de 11 à 20'	C_n de 21 à 30'
M	40	33	42
A	116	116	106
P	147	108	152
Total	303	257	300

L'analyse des résultats présentés dans la figure 2 et les tableaux 6 et 7 apporte des réponses intéressantes et montre de manière explicite que :

* dans tous les cas de figure, se confirme la relation $P - M > 0$, constante, telle que déjà démontrée dans la seconde série expérimentale ;

* lors des changements de configuration du schéma de communication interpersonnelle, les variations observées des registres M et P vont dans le sens prévu par l'hypothèse :

$C_1 \to C_n \to C_1$: augmentation en C_n (condition I)

$C_n \to C_1 \to C_n$: diminution en C_1 (condition II)

Dans la condition I, on remarquera en particulier l'identité significative des valeurs entre configuration de départ et de retour (C_1) ainsi que l'augmentation — également significative — de celles observées en C_n.

L'absence de variation significative des chiffres relevés pour le registre A indique sans équivoque son indépendance par rapport au verbal.

Dans la condition II, le même phénomène se reproduit, en suivant l'inversion des modèles de communication utilisés. Le léger fléchissement des chiffres du registre A lors du retour en C_n traduit bien le caractère d'adaptation à l'environnement de ce registre.

De la lecture des résultats des tableaux 6 et 7 on peut inférer que ni l'interversion des situations ni le renouvellement des sujets dans chaque condition n'influent en rien sur les modifications prévues des registres gestuels. On y voit, par contre, la confirmation des effets produits par l'appropriation d'attitudes gestuelles mettant en évidence l'influence d'interactions dans la communication interindividuelle.

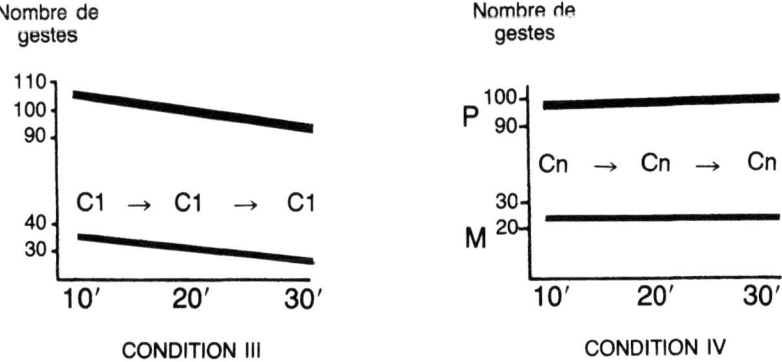

Figure 3.

Tableau 8. – *Condition III.*

Registres gestuels \ Situations	C_1 de 0 à 10'	C_1 de 11 à 20'	C_1 de 21 à 30'
M	36	32	26
A	155	140	145
P	107	100	86
Total	298	272	257

Tableau 9. – *Condition IV.*

Registres gestuels \ Situations	C_n de 0 à 10'	C_n de 11 à 20'	C_n de 21 à 30'
M	23	22	23
A	141	149	141
P	98	100	100
Total	262	271	264

L'analyse des résultats présentés dans la figure 3 et les tableaux 8 et 9 confirme que la relation $P-M>0$ est constante ;

* de façon corrélative, l'absence de modification de configuration dans les conditions III et IV n'apporte aucune variation significative.

Dans la condition III, on notera cependant que le renforcement d'une situation de communication à un seul canal ouvert (C_1) semble provoquer une diminution de la production gestuelle, c'est-à-dire une augmentation du contrôle attitudinel gestuel, ainsi qu'en attestent les chiffres décroissants enregistrés dans les registres M et P. Toutefois, il convient de dire qu'il ne s'agit que d'une tendance car les différences de résultats pour chaque registre ne sont pas statistiquement significatives. Les variations du registre A vont dans le sens de l'indépendance face au verbal.

Dans la condition IV, on observera que le renforcement d'une situation de communication à plusieurs canaux ouverts (C_n) ne présente aucune modification significative de la production gestuelle des sujets, quel que soit le registre considéré. Le registre A, pour sa part, montrant des variations aléatoires indépendantes de la production langagière.

En conclusion, quel que soit le registre gestuel dominant (M ou P) mis en œuvre par les sujets dans une situation de communication interpersonnelle déterminée (C_1 ou C_n) la gestuelle développée ne correspond pas à l'utilisation d'un code implicite — dont personne ne connaît la nature — mais à une attitude face à la gestuelle considérée comme objet de relation entre sujet et langue d'une part, et entre sujet et environnement d'autre part.

5.3.4. Quatrième série expérimentale

Lors d'une quatrième série, on a voulu tester la validité de la théorie de la gestualité de communication dans ses effets en situation de communication interpersonnelle, lors d'une interaction entre sujets de catégories d'appartenance socio-professionnelle différentes, placés tour à tour en position dominante ou dominée.

Notre hypothèse était la suivante :

– dans une communication interpersonnelle impliquant des sujets ayant été socialisés selon des déterminismes sociologiques différents, un objet thématique non familier de l'univers de référence habituel des sujets de l'une des catégories socio-culturelles en présence, induira une modification dans la mise en œuvre du registre gestuel dominant lié au verbal, quelle que soit la catégorie d'appartenance des sujets.

Cette modification s'opérera de la manière suivante :

* Lorsque des sujets ayant été socialisés dans une classe socio-culturellement peu favorisée se trouveront dans une situation interactive de communication avec des sujets ayant été socialisés dans une classe socio-culturellement plus favorisée — et que l'objet thématique sera non familier de leur univers de référence habituel — la production gestuelle du registre dominant lié au verbal sera en régression.

* Lorsque des sujets ayant été socialisés dans une classe socio-culturellement favorisée, se trouveront dans une situation interactive de communication avec des sujets ayant été socialisés dans une classe socio-culturellement plus défavorisée — et que l'objet thématique sera non familier de leur univers de référence habituel — la production gestuelle du registre dominant lié au verbal sera en régression.

Afin de tester cette hypothèse, on a sélectionné pour chaque condition — à l'aide d'un questionnaire de type curriculum vitæ — des sujets de chaque catégorie socio-culturelle, appartenant à la même tranche d'âge.

Pour la première catégorie, on a retenu des cadres supérieurs, fils de cadres. Pour la seconde, on a choisi des ouvriers qualifiés, fils d'ouvriers.

La situation expérimentale présente deux conditions, chacune comportant un objet thématique différent :

– dans la condition I, la communication portait sur un thème abstrait, non familier de l'univers de référence habituel des sujets de la seconde catégorie ;

– dans la condition II sur un thème concret non familier de l'univers de référence habituel des sujets de la première catégorie.

Dans chaque condition, on a réalisé un enregistrement vidéo de 30 minutes au cours duquel 4 sujets conversent librement sur un thème donné lors de la lecture de la consigne, la communication s'opérationnalisant selon un schéma de type multicanal impliquant plusieurs canaux ouverts (C_n).

En vue de simplifier la lecture, on a appelé cadres les sujets de la première catégorie et ouvriers ceux de la seconde, sans que pour autant cette terminologie n'entraîne de connotation péjorative.

Ensuite, on a analysé la gestualité de communication à l'aide de la catégorisation du système M.A.P. pour chaque condition. Après dépouillement des résultats[32], ceux-ci ont été regroupés dans les tableaux 10 et 11, présentés simultanément en valeur absolue et en pourcentage.

Si l'on considère les résultats relevés dans le tableau 10 (thème abstrait), on constate que la mise en œuvre du registre gestuel dominant, par les sujets de chaque catégorie socio-professionnelle, est conforme à leur attitude gestuelle respective, traduite par les relations suivantes :

pour les cadres : $P-M>0$; *pour les ouvriers* : $P-M<0$.

Par contre, l'importance de la production gestuelle du registre A chez les ouvriers traduit très clairement les problèmes adaptatifs rencontrés par des sujets liés à d'autres par un enjeu commun mais relevant de catégories socio-culturelles différentes. Pour ce qui concerne les résultats mentionnés dans le tableau 11 (thème concret), deux faits attirent l'attention :

- L'augmentation très significative de la production gestuelle du registre M pour chaque catégorie.
- L'inversion de l'ordre des valeurs dans la production gestuelle des registres A et P, inversion sur laquelle on reviendra plus loin.

Tableau 10. – *(Condition I)*.

Sujets / Registres gestuels	M	A	P	Total
Cadres	60	97	178	335
Ouvriers	101	283	34	418
Total	161	380	212	753

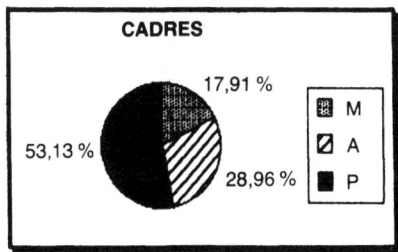
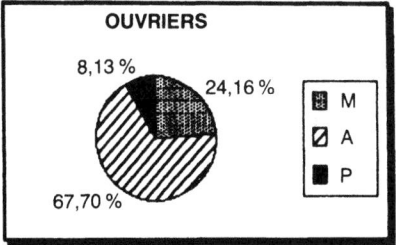

Tableau 11. – *(Condition II)*.

Sujets / Registres gestuels	M	A	P	Total
Cadres	102	194	57	353
Ouvriers	204	179	70	453
Total	306	373	127	806

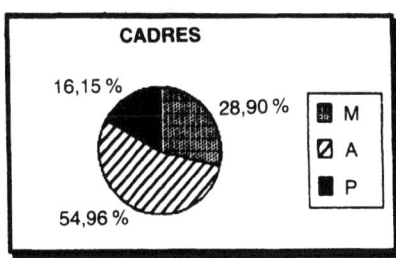
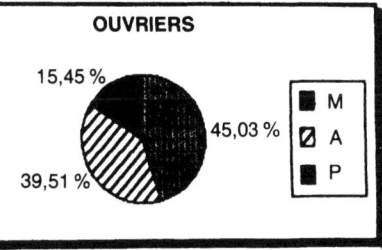

Afin de rendre cet ensemble de résultats plus cohérent, on a procédé à un regroupement par catégories socio-professionnelles en prenant comme grille de lecture non plus les conditions expérimentales mais les situations de communication des sujets face à l'objet thématique.

C'est ainsi que la figure 4 fait apparaître entre la situation I (objet thématique familier ou O.T.F.) et la situation II (objet thématique non familier ou O.T.N.F.) un certain nombre de convergences et de divergences ;

1) chez les cadres :

* une diminution très significative de la production gestuelle du registre dominant lié au verbal, propre à la catégorie (P) ;

* une augmentation très significative du registre A ;

* une augmentation peu significative du registre M ;

2) chez les ouvriers :

* une diminution très significative de la production gestuelle du registre dominant lié au verbal, propre à la catégorie (M) ;

* une augmentation très significative du registre A ;

* une diminution peu significative du registre P.

De façon fort explicite on constate — conformément à l'hypothèse et quantitativement parlant — une régression du registre gestuel dominant lié au verbal, chez les sujets de chaque catégorie. On remarque la forte augmentation de la production gestuelle du registre A, aussi nette pour les cadres que pour les ouvriers, qui traduit les tentatives adaptatives des sujets à l'environnement, réputé anxiogène pour un certain nombre de raisons :

– objet thématique non familier de l'univers de référence ;

– objet thématique supposé familier de l'univers de référence des locuteurs ;

– crainte de tenir des propos non avérés face à des «spécialistes» ; etc.

Si l'on se contente de la lecture des tableaux 10 et 11, on serait fondé a supposer que la modification des résultats enregistrée lorsqu'on passe d'une condition à l'autre est imputable à l'objet thématique.

Si, par contre, on considère les résultats tels que regroupés dans la figure 4, on s'aperçoit que leurs modifications sont en réalité provoquées par les interactions entre sujets d'appartenances socio-culturelles différentes placés en situation d'interlocution communicative.

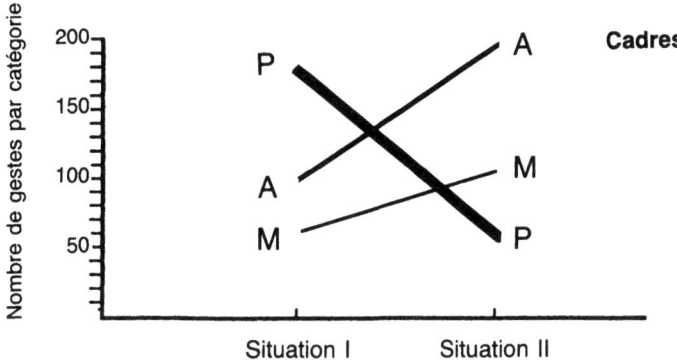
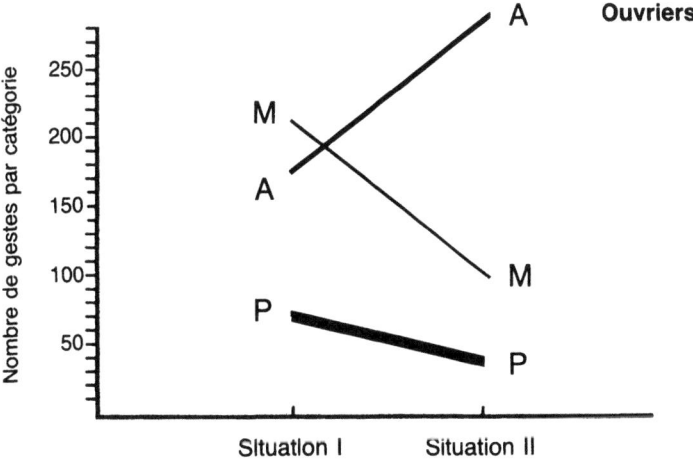

Figure 4
Situation I→ Objet thématique familier.
Situation II→ Objet thématique non familier.

Cela étant, on peut considérer que :
– l'augmentation de la production du registre gestuel lié au verbal, non dominant chez les cadres (M) ;
– la régression de la production globale des registres gestuels liés au verbal, non dominant (P) et dominant (M) chez les ouvriers ;
correspondent à la dimention interactive de la communication.

Si l'on prend cette nouvelle dimension comme nouvelle grille de lecture, on constate alors que :

* dans la situation I (position dominante) chaque groupe de sujets adopte une mise en œuvre *spécifique* des différents registres gestuels *conforme* à l'attitude gestuelle de chaque catégorie socio-culturelle ;

* dans la situation II (position dominée) chaque groupe de sujets adopte une mise en œuvre *identique* des différents registres gestuels ; mais *non conforme* à l'attitude gestuelle de sa catégorie d'appartenance socio-culturelle pour les cadres.

Afin d'en rendre compte avec plus de clarté, on a regroupé ces éléments dans le tableau 12 ci-dessous.

Tableau 12.

	Cadres	Ouvriers
Condition I (O.T.F.)	P>A>M	M>A>P
Condition II (O.T.N.F.)	A>M>P	A>M>P

Il apparaît donc qu'en situation d'interlocution communicative liée à un objet thématique non familier, donc en position dominée, la stratégie développée par des sujets d'appartenance socio-culturelle différente, et l'interaction qui en résulte, induisent pour *tous les sujets* impliqués dans la relation une maximisation de la production du registre gestuel non lié au verbal (A).

Pour ce qui concerne les registres gestuels directement liés au verbal, ils subissent tous des modifications. Celles-ci présentent la caractéristique commune à chaque catégorie socio-culturelle d'aller dans le sens d'une mise à niveau d'un savoir non partagé, tant au plan du verbal que du gestuel.

On se trouve donc dans une situation de *décodage du monde* telle que précisée au début de ce chapitre : « la place sociale ou la situation d'interlocution du sujet l'entraîneront à mettre davantage en œuvre le registre gestuel M que le registre P ».

Le parallèle entre structure du langage-objet[33] et structure du geste-objet se poursuit donc en mettant en évidence la non-fixation du sujet à une structure gestuelle rigide mais conforme à une attitude dynamique, en fonction d'une stratégie d'influence liée à l'enjeu thématique de la communication.

Ainsi, en fonction de la situation d'interlocution dans laquelle le sujet se situera, il adoptera soit une attitude gestuelle de décodage du monde (en position dominée) commune à toutes les catégories d'appartenance socio-culturelle, soit une attitude gestuelle de communication (en position dominante) conforme au modèle socio-culturel dans laquelle sa catégorie d'appartenance a été socialisée.

Afin de bien préciser cette notion, on a comparé dans les figures 5 et 6 les différents résultats déjà recueillis (tableaux 3, 10 et 11) montrant les sujets de chaque catégorie socio-culturelle en situation d'interlocution interactive en positions : égalitaire (hachures foncées), dominante (hachures claires) et dominée (sans hachure).

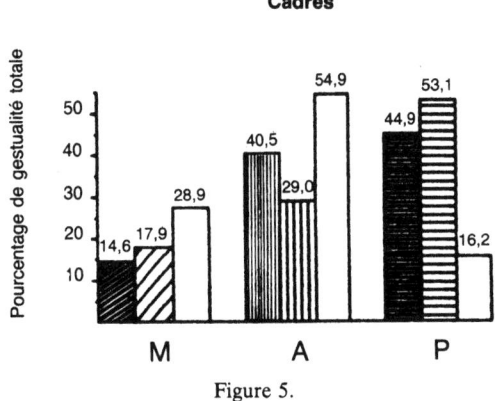

Figure 5.

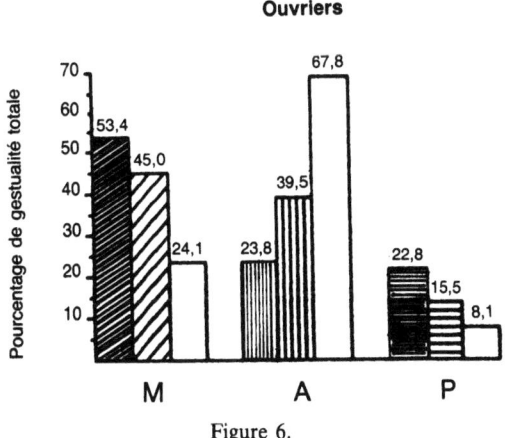

Figure 6.

Afin de pouvoir comparer ces différents résultats, pour chaque registre gestuel les chiffres représentent un pourcentage de la gestualité totale.

Dans chaque figure et pour chaque catégorie socio-culturelle, les situations de communication sont représentées :

– en hachures foncées lorsque les sujets sont en position d'interlocution égalitaire[34] (avec des sujets de même catégorie socio-culturelle que la leur) impliquant un O.T.F. de leur univers de référence habituel ;

– en hachures claires lorsque les sujets sont en position d'interlocution dominante (avec des sujets de catégorie socio-culturelle différente de la leur) impliquant un O.T.F. de leur univers de référence habituel ;

– sans hachure lorsque les sujets sont en position d'interlocution dominée (avec des sujets de catégorie socio-culturelle différente de la leur) impliquant un O.T.N.F. de leur univers de référence habituel.

L'analyse de ces deux tableaux met en évidence un certain nombre de remarques fort intéressantes :

* *Pour le registre A*

– les variations très nettes en fonction de la situation d'interlocution des sujets, variations qui traduisent de façon manifeste les efforts d'adaptation à l'environnement culturel en fonction de la situation d'interlocution ;

– l'effet de distanciation très net par rapport aux registres gestuels liés au verbal, sauf pour les sujets des deux catégories en position d'interlocution égalitaire où il existe une différence non significative entre registres gestuels A et P ;

– on remarquera également que — logiquement — pour les cadres, la position d'interlocution dominante est celle qui provoque le moins de problèmes adaptatifs alors que pour les ouvriers c'est la position égalitaire ; par contre, la plus insécurisante est la position d'interlocution dominée pour les deux catégories. On trouve donc ici la traduction gestuelle de l'enjeu dont la communication est porteuse.

* *Pour le registre M*

Sa mise en œuvre et son utilisation semblent laisser apparaître un principe analogue au principe d'emphase décrit par le phonéticien P. Passy[35], principe qui, on s'en souvient, rendait responsable des changements phonétiques deux notions antagonistes :

* 1) le langage tend constamment à se débarrasser de ce qui est superflu (loi du moindre effort) ;
* 2) le langage tend constamment à mettre en relief ce qui est nécessaire (principe d'emphase).

En effet, on peut constater que la loi du moindre effort semble être opérante pour les cadres en situation d'interlocution égalitaire et pour les ouvriers en situation d'interlocution dominée.

Par contre, le principe d'emphase semble pouvoir rendre compte de la mise en œuvre de ce registre gestuel pour les cadres en situation d'interlocution dominée et pour les ouvriers lorsqu'ils se trouvent en situation d'interlocution égalitaire.

La position des sujets en situation d'interlocution dominante voit logiquement la mise en œuvre préférentielle du registre gestuel dominant spécifique de chaque catégorie.

Par ailleurs, on notera que ce principe d'emphase s'intègre de façon cohérente à la théorie attitudinelle de l'objet gestuelle, attitude de décodage du monde ou de communication déjà énoncée.

Enfin en accord avec l'hypothèse, on constate pour les ouvriers en situation d'interlocution dominée une régression de la mise en œuvre du registre dominant, spécifique de la catégorie socio-culturelle.

Pour le registre P

C'est dans ce registre que se manifeste le plus clairement la dimension interactive de la gestualité lorsque les sujets de chaque catégorie se situent en position d'interlocution dominée.

Afin de dissiper toute équivoque possible à ce propos, on rappellera que cette interaction n'est pas imputable à l'objet thématique en cause — qu'il soit abstrait ou concret — comme inducteur possible d'une gestuelle dépendante d'un registre quelconque. Si tel était le cas, on devrait constater pour les ouvriers en situation d'interlocution dominée une augmentation de la production du registre P, ce qui ne se produit pas.

En accord avec l'hypothèse, on constate pour les cadres en situation d'interlocution dominée une régression de la mise en œuvre du registre dominant, spécifique de la catégorie socio-culturelle.

Si on compare les figures 5 et 6 et que l'on prenne les situations d'interaction comme nouvelle grille de lecture, on perçoit très nettement que :

1) en situation d'interlocution égalitaire, la mise en œuvre des registres gestuels est conforme à l'attitude gestuelle des sujets de chaque catégorie ($P-M>0$ pour les cadres et $P-M<0$ pour les ouvriers);

2) en situation d'interlocution dominante, la mise en œuvre des registres gestuels — dominant et non dominant — est en progression pour les cadres, alors qu'elle est en régression pour les ouvriers;

3) en situation d'interlocution dominée, la mise en œuvre du registre gestuel dominant est en régression pour chaque catégorie, alors que la mise en œuvre du registre gestuel non dominant est en progression pour les cadres et en régression pour les ouvriers;

4) pour ce qui concerne le registre A, sa mise en œuvre reste médiane entre registres en situations d'interlocution égalitaire ou dominante, alors qu'elle devient principale en situation d'interlocution dominée, la catégorie d'appartenance des sujets n'y étant d'aucune influence.

Pour résumer, s'il s'avère que l'hypothèse est vérifiée, on peut de surcroît constater qu'en situation d'interaction de communication :

– l'interaction la plus forte à lieu, pour tous les sujets, lorsqu'ils se trouvent en situation d'interlocution dominée;

– la mise en œuvre des registres gestuels dominants, en situation d'interlocution dominante, est conforme à celle de l'attitude de la catégorie d'appartenance socio-culturelle;

– la mise en œuvre du registre gestuel dominant en situation d'interlocution dominée n'est pas modifiée pour les ouvriers;

– la mise en œuvre du registre gestuel dominant en situation d'interlocution dominée est modifiée pour les cadres dans le sens de l'attitude gestuelle des ouvriers, ce qui souligne la mise en pratique d'une stratégie discursive tendant à minimiser les effets d'une situation d'interlocution en position dominée et visant à créer un nivellement, s'orientant vers une position égalitaire;

– la mise en œuvre du registre gestuel non lié au verbal marque une progression très significative quand on passe, dans une situation d'interlocution, d'une position dominante à une position dominée quelle que soit la catégorie d'appartenance socio-culturelle des sujets.

– la catégorie d'appartenance socio-culturelle des sujets est déterminante de :

* l'acquisition, l'appropriation et la production des différents registres gestuels;

* l'occurrence d'un registre gestuel dominant ;
* la mise en œuvre et l'utilisation du registre gestuel dominant.

5.3.5. Cinquième série expérimentale

Pour vérifier l'importance et l'influence de l'interaction dans la communication, on a réalisé ensuite une série expérimentale[36] où les sujets étaient placés en situation d'élocution simple, c'est-à-dire sans interlocuteur. Afin de contrôler le contenu du discours — pour ne pas induire chez les sujets d'effets gestuels spécifiques — et la similitude des situations d'élocution, on a demandé à chacun des sujets des catégories socio-culturelles concernées (cadres et ouvriers) de lire un texte[36bis] posé sur une table devant lui, texte n'induisant pas une gestualité particulièrement orientée vers l'un ou l'autre des registres gestuels liés au verbal.

Notre hypothèse était la suivante :

En l'absence d'interaction de communication (situation d'élocution monologique) donc en présence d'un contexte pauvre, les sujets vont produire une gestualité de communication conforme à leur catégorie d'appartenance socio-culturelle.

L'analyse des données recueillies au cours de cette expérience a été effectuée en utilisant la catégorisation du système M.A.P.

Après dépouillement selon cette grille, les résultats ont été regroupés dans le tableau ci-dessous.

Tableau 13.

Registres gestuels	M		A		P	
Sujets	1	2	1	2	1	2
Cadres	19.0 %	17.9 %	28.6 %	29.0 %	52.4 %	53.1 %
Ouvriers	45.8 %	45.0 %	41.7 %	39.5 %	12.5 %	15.5 %

Les chiffres représentent pour chaque registre :
1 : le pourcentage par rapport à l'ensemble de la production gestuelle, dans la présente expérience ;
2 : un rappel des pourcentages évoqués dans la série expérimentale précédente, pour chaque catégorie socio-culturelle, située en position d'élocution dominante (cf. figures 5 et 6).

L'ensemble des résultats enregistrés au cours de cette expérience montre qu'en l'absence d'interlocuteur — donc d'interaction — la mise

en œuvre des registres gestuels est conforme à l'attitude gestuelle spécifique de la catégorie d'appartenance socio-culturelle des sujets, soit :
- pour les ouvriers : M>A>P ;
- pour les cadres : P>A>M.

A la lecture du tableau 13, on remarquera que dans la situation expérimentale les sujets mettent en œuvre une production gestuelle significativement identique à celle développée dans une situation d'interlocution différente telle que présentée dans la quatrième série expérimentale : une position *dominante pour chaque catégorie socio-professionnelle.*

Cette similitude de mise en œuvre des registres gestuels apparaît encore plus évidente en présentant ces résultats sous forme d'histogrammes, dans lesquels les hachurés rappellent certains résultats de l'expérience précédente (position dominante) et les non hachurés les résultats de la présente expérience.

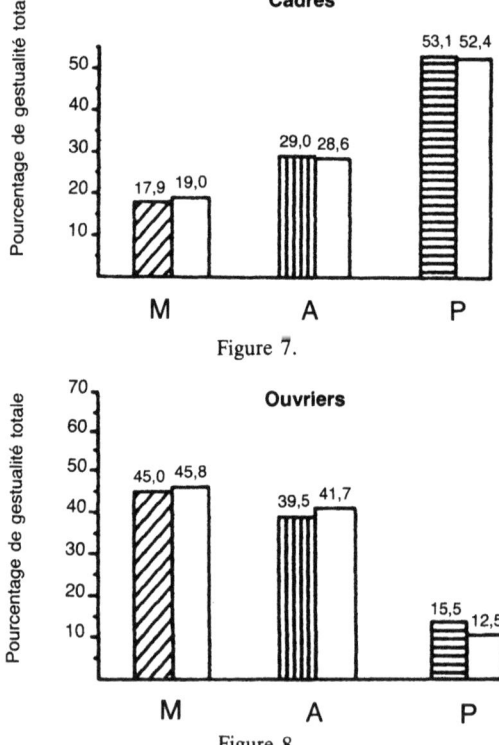

Figure 7.

Figure 8.

On remarquera que dans la situation expérimentale présente, les sujets — quelle que soit leur catégorie d'appartenance socio-culturelle — mettent en œuvre une production gestuelle significativement identique à celle développée en situation d'interlocution dominante.

Cette similitude des résultats peut s'expliquer par l'absence d'interlocuteur (situation contextuelle n'induisant ni position égalitaire ni position dominée), qui place le sujet dans une position d'autant plus dominante qu'il peut imaginer s'attribuer les mérites d'un discours valorisant qu'il n'a pas à produire mais à lire.

Enfin il convient de signaler à nouveau que l'objet thématique n'est pas en cause dans la mise en œuvre des registres gestuels.

Si tel était le cas, on devrait trouver pour chaque catégorie socio-culturelle une production gestuelle identique à celles de la situation II représentée figure 4. On peut constater qu'il n'en est rien...

5.3.6. Sixième série expérimentale

Pour en terminer avec la vérification des principales hypothèses contenues dans le corpus théorique du système MAP, on rapportera une dernière expérience destinée à mieux cerner la notion de contexte non-verbal ainsi que sa mise en évidence.

On a vu lors de la première expérimentation que l'absence de contexte verbal (présentation de film muet) avait peu d'influence sur des sujets ayant pour tâche de catégoriser la gestualité (condition II du tableau 1).

On aura noté également que ces même sujets disposaient cependant des diverses informations fournies par le contexte non-verbal (proxémie, postures, enchaînements des gestes, environnement, etc.). Les conditions de cette expérience ne permettaient pas de mesurer l'influence éventuelle du contexte non-verbal dans la mise en œuvre des différents registres gestuels, c'est pourquoi on a voulu en tester les effets.

Notre hypothèse était que pour tout sujet issu d'une même culture, en l'absence de contexte verbal, la présence d'un contexte non-verbal — ou la possibilité d'en reconstituer un — devait permettre l'élaboration d'au moins un projet de sens et pour chacun la reconnaissance et l'identification de la mise en œuvre des registres gestuels, spécifique à sa catégorie socio-culturelle.

Pour réaliser cette expérimentation[37] et afin de ne pas créer d'effet de contexte parasite induit par l'environnement (laboratoire, université, etc.) on a interrogé des sujets pris au hasard dans un lieu public : le hall de la Gare du Nord, face au tableau d'affichage des horaires de départ et d'arrivée des trains de grandes lignes, lieu privilégié s'il en est pour trouver des sujets disponibles...

Les sujets retenus l'ont été en fonction des critères suivants : de sexe masculin, de même tranche d'âge, de langue maternelle française ; en outre ils devaient mentionner sur la feuille de réponse leur profession et celle de leurs parents.

Pour la passation, on a utilisé quatre photographies d'un mime professionel présentant des postures banales (telles que boire, lire ou fumer) qui ont été soumises aux sujets selon trois conditions expérimentales.

Toutes les photographies — en noir et blanc — représentaient le sujet en buste, vêtu d'un maillot collant clair sur fond noir uni.

– Sur la photo N° 1 le personnage, vu de trois-quarts face, mimait l'action de boire, main droite à hauteur de la bouche, main gauche ouverte paume en l'air, yeux mi-clos et bouche ouverte, menton en avant.

– La photo N° 2 présentait la même posture, vue de profil.

– Sur la photo N° 3 le personnage, vu de face, mimait l'action de fumer, main droite à hauteur de la bouche doigts repliés vers la paume sauf l'index et le majeur ouverts formant un V, yeux mi-clos, bouche entrouverte formant un O.

– Sur la photo N° 4 le personnage, vu de face, mimait l'action de lire, mains ouvertes paumes vers le visage pouces en l'air, yeux baissés vers les mains.

• Dans la condition 1, les photos ont été présentées successivement, une par une, avec la consigne suivante : « Voici la photographie d'un personnage ; votre tâche consiste à indiquer quelle est la signification que vous attribuez à son geste. Veuillez donc l'écrire ci-dessous. D'avance, merci. »

• Dans la condition 2, les photos ont été présentées dans le même ordre mais assemblées sur une seule feuille, avec la consigne suivante : « Voici les photographies d'un personnage ; votre tâche consiste à indiquer quelle est la signification que vous attribuez à chaque geste. Veuillez l'écrire ci-dessous. D'avance merci. »

• La condition 3 sera analysée séparément.

L'ensemble des résultats de ces deux conditions ont été regroupés dans le tableau ci-dessous.

Tableau 14. – *Les chiffres indiquent le nombre de significations différentes recueillies dans chaque condition pour l'ensemble des sujets (n = 76).*

Présentation \ Photo N°	1	2	3	4
Séparément (CONDITION 1)	14	8	8	6
Ensemble (CONDITION 2)	3	2	1	1

Ainsi qu'on le voit, les résultats obtenus ne manquent pas d'intérêt...

On constate sans surprise, de notre point de vue, la différence significative qui existe entre les résultats recueillis dans les deux conditions.

A titre d'exemple, pour le personnage qui fume (photo N° 3) les significations fournies pour ce geste ont été les suivantes :

– dans la condition 1 : quelqu'un qui fume, qui indique le chiffre 2, qui fait la lettre V, qui coupe avec des ciseaux, qui compte sur ses doigts, qui menace, qui veut convaincre et enfin, couper le sifflet ;

– dans la condition 2 : quelqu'un qui fume.

Par ailleurs un aspect commun des résultats de chaque condition attire l'attention, c'est la quantité décroissante des significations proposées, simultanément à la progression de la lecture des photographies.

Dans la condition 1, il semble que les sujets associent la mémorisation de la lecture précédente à la nouvelle lecture pour constituer une représentation d'un contexte associatif signifiant possible. Une lecture additionnelle visant à rendre l'ensemble plus cohérent, amène une diminution des significations divergentes tendant à réduire la dissonance cognitive.

Dans la condition 2, la présentation simultanée des photographies crée un effet de contexte relatif permettant la production de significations cohérentes, donc moins nombreuses mais également décroissantes.

Comme on peut en juger, l'ensemble de ces résultats met en difficulté l'hypothèse d'existence d'un «code gestuel» partagé par les individus d'une même culture (à plus forte raison certaines formes de gestualité prétendue universelle), hypothèse soutenue par un certain nombre d'auteurs anglo-saxons (en particulier D. Morris, 1978; 1986), mais ils attirent surtout l'attention sur la «décontextualisation» — si l'on veut bien nous pardonner ce barbarisme — vraisemblablement absente de ce type de recherche, ce qui tendrait à montrer que ce code gestuel supposé serait davantage :

– un artéfact dû à la présence d'un contexte non-verbal ignoré et non maîtrisé ;

– autre chose qu'un code puisque ne possédant pas de système défini de règles de production autorisant en retour l'univocité d'une interprétation correcte ;

– une manifestation dépendante du contexte dans lequel elle est produite ;

– une réalité du piège des systèmes explicatifs.

Deux constatations importantes effectuées au cours de la passation confirment ces inférences :

1) Dans la condition 1, l'aspect «figé» du mouvement et l'absence totale d'autre source d'information ont perturbé les personnes interrogées au point de les inciter à tenter de reproduire le geste avec la ou les mains afin d'essayer de saisir le sens que l'image ne leur révélait pas, donc de resituer le geste dans un mouvement-contexte signifiant, s'inscrivant lui-même dans le contexte historique du sujet.

2) Dans la condition 2, *aucune* des personnes interrogées n'a inscrit de réponse dès la présentation des images sans avoir préalablement regardé longuement et successivement chaque photo ; l'ensemble, seul, leur permettant de recréer un contexte cohérent.

Les sujets, interrogés après la passation, ont clairement indiqué que c'était la réunion des images et leur influence mutuelle qui leur avait permis de fournir une signification pour chacune.

Ainsi, en l'absence de tout contexte un geste n'a pas de signification absolue, mais une pluralité de sens possibles dépendant d'un contexte défini par la propre histoire du sujet.

D'autre part, on a pu constater que les sujets situés dans un environnement non expérimental étaient plus disponibles, plus coopératifs et que les réponses gagnaient en spontanéité.

• Dans la condition 3, les photos ont été présentées selon le même protocole que dans la condition 2 — assemblées sur une seule feuille

—, avec la consigne suivante : « Voici les photographies d'un personnage ; votre tâche consiste à indiquer quelle est la signification que vous attribuez à chaque geste :
* A) il ponctue une phrase ou accentue une idée ;
* B) il décrit une action ou un objet.

Votre grille de réponse comporte quatre lignes numérotées, chacune divisée en A et B. Chaque ligne correspondant à la photo portant le même numéro, veuillez mettre une croix dans la case A ou B correspondant à votre choix. D'avance merci. »

On trouvera ci-dessous les résultats regroupés dans la figure 9.

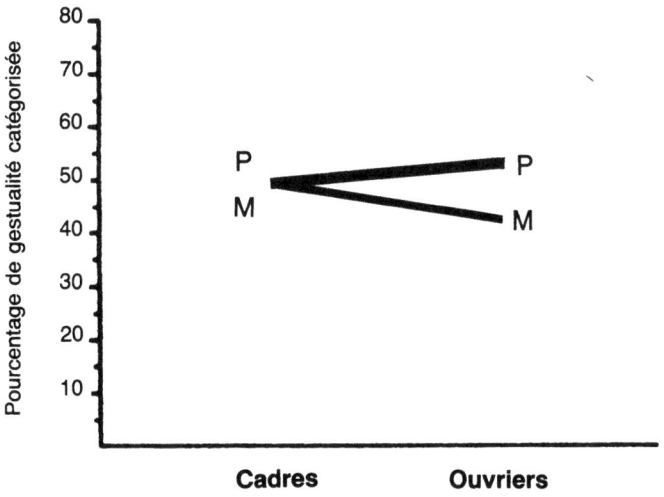

	Cadres	Ouvriers
M (B)	48.4	43.2
P (A)	48.4	53.4
N.C.	3.2	3.4

Figure 9. – *Les chiffres représentent le pourcentage de gestes catégorisés par rapport à l'ensemble des registres gestuels catégorisés par les sujets.*
N.C. indique le pourcentage de gestes non catégorisés.

Les résultats ci-dessus mettent en évidence l'influence du contexte sur la gestualité de communication.

En l'absence de tout contexte, verbal ou non-verbal, on peut constater que la similitude des résultats enregistrés pour chaque registre gestuel lié au verbal atteste l'incapacité des sujets à déterminer une catégorisation (alors qu'elle demeure possible en présence du contexte non-verbal seul).

On se souvient que les photographies représentaient un personnage *mimant* des actions habituelles, donc incontestablement des gestes **M**étaphoriques. En fait, que peut-on constater?

Schématiquement, les résultats se répartissent par moitié selon les deux possibilités de classification, c'est-à-dire selon une distribution aléatoire. Or, on a constaté dans la première expérience réalisée que le registre gestuel identifié avec un minimum d'erreurs était justement

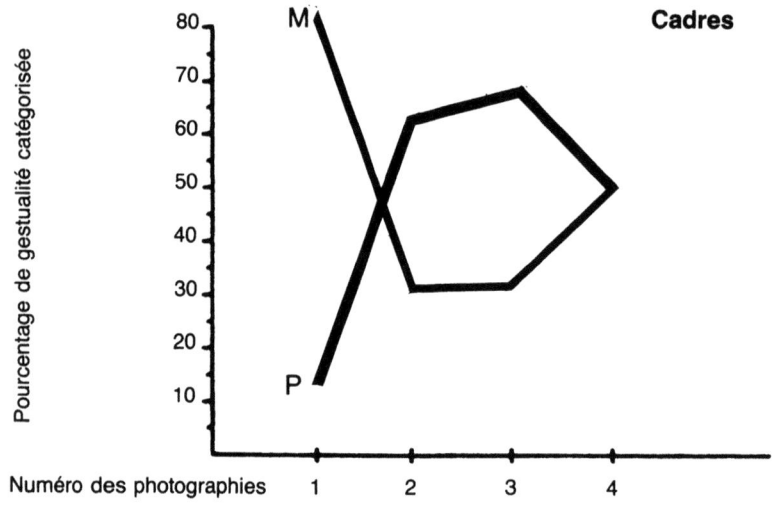

Numéro des photographies	1	2	3	4
M (B)	81.3	31.3	31.3	50.0
P (A)	12.5	62.5	68.7	50.0
N.C.	6.2	6.2	0	0

Figure 10. – *Pour chaque registre les chiffres indiquent, par photo, des pourcentages du total des items.*
N.C. représente le pourcentage de gestes non catégorisés.

ce registre **M**... Il semble donc avéré que le contexte tienne une place d'importance dans la capacité d'identifier et d'interpréter correctement la gestualité de communication.

Le dépouillement des résultats par catégorie socio-culturelle et par item est encore plus révélateur ainsi qu'on peut en juger d'après les figures 10 et 11.

La comparaison des résultats des figures 10 et 11 fait apparaître que la catégorie socio-culturelle d'appartenance des sujets, en l'absence de tout contexte, perd toute spécificité dans l'identification de registres gestuels que le sujet ne peut pas/plus approprier.

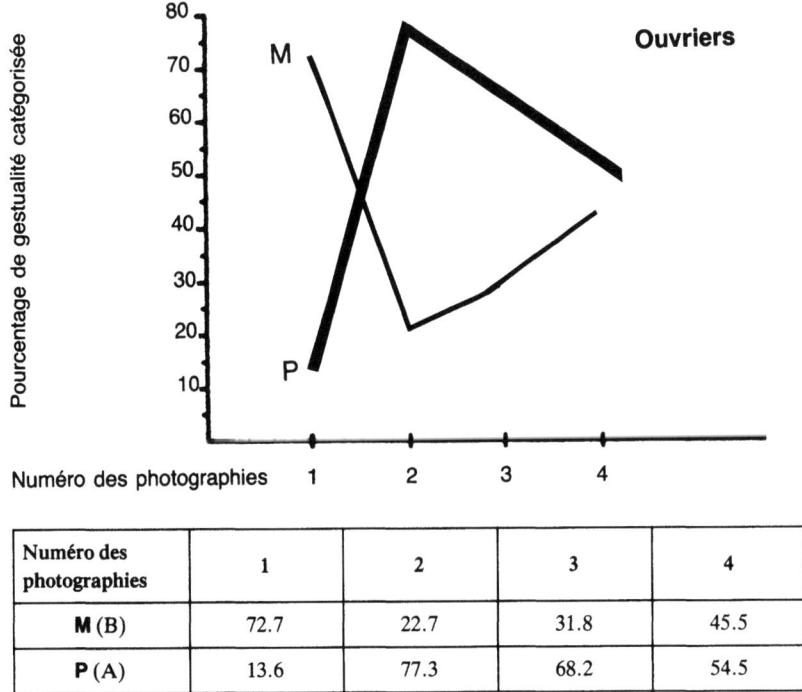

Numéro des photographies	1	2	3	4
M (B)	72.7	22.7	31.8	45.5
P (A)	13.6	77.3	68.2	54.5
N.C.	3.7	0	0	0

Figure 11. – *Pour chaque registre les chiffres indiquent, par photo, des pourcentages du total des items.*
N.C. représente le pourcentage de gestes non catégorisés.

Il est tout à fait symptomatique de remarquer, dans chaque catégorie socio-culturelle, un renversement de catégorisation — hautement significatif — entre la photo 1 et la photo 2, alors qu'elles représentent le même geste...

On notera le même consensus dans l'erreur, très significatif également, à l'égard de la photo N° 3 pour laquelle on enregistre des réponses identiques quelle que soit la catégorie d'appartenance des sujets.

Les cadres identifient la photo N° 4 (comme la photo N° 1) au registre **M** davantage que ne le font les ouvriers paradoxalement à l'appropriation du registre gestuel dominant spécifique de leur catégorie.

On pourrait émettre l'hypothèse que la prégnance[38] du registre gestuel dominant propre à la catégorie socio-culturelle explique pour partie le pourcentage plus faible d'items non catégorisés chez les ouvriers que chez les cadres. Cependant, ce genre d'hypothèse se trouve invalidé par les résultats totaux par catégories (3.2 % pour les cadres et 3.4 pour les ouvriers) que l'on peut rapprocher des résultats de même nature enregistrés lors de la première expérience (2.8 %).

A l'issue de cette expérimentation, il s'avère donc que l'hypothèse est vérifiée c'est-à-dire que la présence d'un contexte minimum est nécessaire à l'identification et à l'interprétation de la gestualité de communication.

Toutefois, en réexaminant ces résultats une question subsidiaire s'est imposée à nous : l'indécision de la classification en registres gestuels par les sujets est-elle imputable à la réduction de la catégorisation aux deux seuls registres **M** et **P** liés au verbal ?

C'est pourquoi lors d'une très récente expérimentation[39], on a repris le même protocole expérimental — mais comportant cette fois les trois registres gestuels **M**, **A** et **P** — en demandant aux sujets (cadres) de classer par registre les gestes produits par le personnage de la photo.

La simple lecture des résultats — portant sur 250 items — permet de s'assurer que la réduction de la catégorisation à deux registres n'est pas déterminante de l'indécision des sujets quant à la classification en registres gestuels.

Les résultats par items, exprimés en pourcentages, sont les suivants :

M	A	P	N.C.	Total
32.0	30.4	32.8	4.8	100.0

* N.C. correspond aux réponses : non catégorisable.

Comme on peut le constater, on se trouve en présence d'une distribution de même type aléatoire que celle enregistrée dans l'expérimentation précédente. Pour illustrer davantage l'influence du contexte, on a regroupé dans la figure 12 ci-dessous les résultats précités et ceux extraits d'une expérimentation précédente (cf. figure 5) relatifs à des sujets de la même catégorie socio-culturelle.

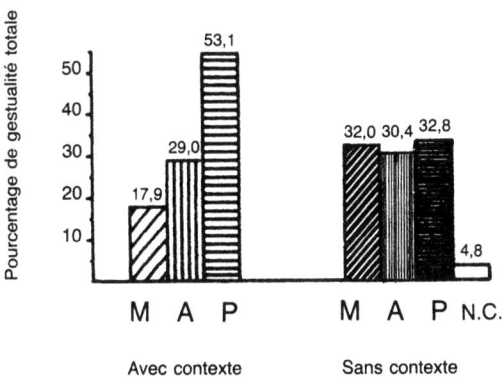

Figure 12.

On notera au passage la confirmation (une fois encore) de l'indépendance du registre **A** par rapport au verbal puisque les résultats, en présence ou en l'absence de contexte, ne présentent pas de différences statistiquement significatives, ce qui n'est pas le cas des autres registres gestuels...

C'est sur cette dernière confirmation de l'importance du contexte et donc de la dimension interactive de la gestualité de communication que l'on en terminera avec l'approche expérimentale du système M.A.P.

Ce qui ne signifie pas pour autant la fin des recherches qu'on y consacre, mais ceci sera l'objet d'un autre ouvrage...

5.4. QUELQUES EXEMPLES D'ANALYSE DE LA GESTUALITE DE COMMUNICATION : LE DISCOURS POLITIQUE

Dans une tentative d'interprétation de la gestuelle produite lors d'un discours politique, on a vu que les auteurs d'un article déjà cité[40] ont utilisé pour l'analyser la méthode dite «des juges» pour en tirer une explication reposant sur l'opinion exprimée par les sujets, en espérant découvrir un éventuel consensus interprétatif.

Une telle démarche, outre le fait qu'elle laisse dans l'ombre la base théorique sur laquelle elle s'appuie, ne prend pas en compte :

– d'une part la surdétermination des juges à l'égard du discours politique, qui fait douter de l'objectivité des réponses;

– d'autre part, l'ambiguïté de la catégorisation proposée qui, de son fait même, induit une liaison avec la forme mais pas avec le contenu du discours.

Ce faisant, on ne s'attache qu'à la superficialité, à la partie émergée de l'iceberg... C'est là que réside une des ambiguïtés proposées par ce qui a été appelé communication non-verbale.

Pour ce qui nous concerne, on l'aura compris, la gestualité n'est ni le fruit du hasard, ni la manifestation d'un hypothétique code appris — on ne sait comment — mais la participation non vocale au message à transmettre; participation qui révèle l'existence d'une stratégie visant à optimiser la communication. Ce but est-il généralement atteint ?

C'est dans le discours politique, en particulier, que cette interrogation prend toute sa valeur et toute son acuité.

C'est la question posée (mal) par les auteurs de l'article précité : quels sont les bons et les mauvais gestes ? Ce type de demande implique dans l'ambiguïté de sa formulation une idée de jugement de valeur et véhicule simultanément la notion d'apprentissage.

Lorsqu'on examine la globalité de la production communicative du discours politique avec la nouvelle grille de lecture que constitue le système M.A.P., on s'aperçoit que la dichotomie est autre.

La gestualité de communication peut se répartir, schématiquement, en deux grandes classes de gestes : ceux qui sont associés volontairement au discours, dans le cadre d'une stratégie discursive à visée persuasive, et ceux — souvent produits en enchaînements séquentiels — qui échappent au contrôle volontaire du sujet et sont indifféremment associés ou non au discours.

Dès lors, on perçoit l'importance de la gestualité de communication dans la production et la perception du message politique où, un sujet confronté à une tâche consistant à persuader un interlocuteur «type» (c'est-à-dire un interlocuteur non identifié, absent de la situation, ne présentant aucune caractéristique connue autre que celle de son attitude à l'égard de l'objet thématique en cause) doit construire l'existence du référent faisant l'objet de la persuasion (Bromberg, Ghiglione; 1988) non seulement en utilisant l'appareil lexicalo-syntaxique dont il dispose mais également à l'aide de l'appareil gestuo-mimo-postural qui viendra soit illustrer soit souligner les points importants du discours.

L'influence de la gestualité de communication prend encore plus de relief à la télévision où le cadrage serré du personnage, en gommant la presque totalité de l'environnement, focalise l'attention sur «l'expression» dont le moindre aspect est magnifié, ainsi qu'on va le montrer.

5.4.1. Les éléments structurels

Sur un plan scientifique, l'analyse de la gestualité de communication produite dans un discours en situation naturelle (par opposition à un discours produit en situation expérimentale ou de laboratoire) montre sans conteste la validité de la théorie et la fiabilité du système M.A.P.

En outre, il permet de mettre en évidence les stratégies cognitivo-discursives développées par le locuteur pour désambiguïser son discours, c'est-à-dire renforcer sa cohérence interne afin que le ou les locutés puissent suivre l'argumentation développée et identifier clairement le but poursuivi.

Cela étant dit, afin de montrer que les résultats ne sont pas d'ordre aléatoire, il convient de mettre en parallèle des analyses portant sur des entretiens d'hommes politiques issus de catégories socio-culturelles différentes ainsi que d'horizons politiques divergents.

La France étant un pays où l'on sollicite le vote des citoyens selon un rythme plus élevé que dans la plupart des démocraties, les discours politiques ne manquent pas et la matière à analyser ne fait pas défaut...

Cependant, pour pouvoir comparer des données comparables il fallait enregistrer des discours produits dans les mêmes conditions afin de rester dans un paradigme scientifique. C'est pourquoi on a sélectionné l'émission d'Antenne 2 intitulée «L'heure de vérité», car les conditions de l'entretien du personnage politique et des journalistes se répètent à chaque fois selon un processus immuable, en alternant les séquences d'entretien avec les journalistes «résidents» de l'émission, A. Duhamel et A. du Roy, les journalistes invités, et les réponses aux questions posées par les téléspectateurs par l'entremise de S.V.P.

Ainsi chaque homme politique sera confronté aux mêmes cas de figure — soit un interlocuteur présent et identifié, soit un interlocuteur absent de la situation de communication et non identifié — comportant des stratégies identiques, liées à :

– des réalités à affirmer, en s'orientant vers une clôture immédiate ou progressive de l'interlocution ;

– des réalités à construire, en insistant sur l'image d'un monde possible projeté sur le monde réel ;

– des réalités à comparer, en projetant l'image d'un monde possible sur autres mondes possibles.

Ces trois stratégies types seront développées alternativement avec des mises en œuvre différentes selon la priorité accordée au but à atteindre.

A chaque stratégie correspond une mise en place cognitivo-discursive amenant le locuteur à utiliser préférentiellement un registre gestuel.

Logiquement, le premier type de situation de communication évoqué devrait conduire le locuteur à utiliser principalement le registre gestuel **P**, tandis que le second serait davantage saturé en registre **M**.

Cependant, on verra que plus la stratégie est intégrée à l'idéation, mieux le discours est maîtrisé, plus le locuteur aura la possibilité de choisir entre la mise en œuvre du registre gestuel habituellement dominant propre à sa catégorie socio-culturelle pour s'adresser à des locutés cibles de la même catégorie, ou de transgresser — donc de pervertir — l'attitude gestuelle propre à sa catégorie socio-culturelle en adoptant celle des locutés cibles à qui il s'adresse s'ils appartiennent à une catégorie socio-culturelle autre que celle dans laquelle il a été socialisé. La finalité de cette stratégie étant de réduire l'entropie du message, c'est-à-dire de réduire le nombre des possibilités d'interprétation du message, donc en réduire l'incertitude (cf. Shannon et Weaver ; 1948).

Est-ce à dire que le locuteur va transformer entièrement sa gestualité, ce qui serait incongru puisqu'elle n'est pas apprise ?

Pas du tout, les fréquences d'apparition des différents registres vont simplement être modifiées pour rendre la partie gestuelle du message plus «conforme» à la gestualité type produite par la catégorie de locutés cibles afin qu'ils approprient le message en «blocs».

On pourra constater ainsi — une nouvelle fois — que la gestualité de communication n'est ni un élément de complément, ni un élément de remplacement de la langue mais se confirme être un élément redondant, c'est-à-dire *un élément qui ne peut pas ne pas apparaître dans un certain contexte mais dont le contenu d'information en soi est pratiquement nul.*

Dans le troisième type de stratégie évoqué, on verra une mise en œuvre du registre dominant de la gestualité de communication conforme à celle de la catégorie d'appartenance socio-culturelle du locuteur dans laquelle il a été socialisé.

Cela dit, une remarque s'impose : la communication interpersonnelle étant constituée de constructions syntaxico-sémantiques régies par une série de fonctions stratégico-rhétorico-gestuelles interactives qui prennent également en compte l'environnement, il existe néanmoins — au plan des registres gestuels — un élément qui échappe à la vigilance du locuteur et exerce une fonction de «révélateur»[41] du trouble ou de la maîtrise de la situation de communication *hic et nunc*.

Celui-là ou celle-ci se manifesteront à travers la mise en œuvre du registre **A** selon des modalités variables, de types, de séquences, de fréquence et de quantité.

5.4.2. Deux éléments d'analyse : l'attitude gestuelle et la fréquence gestuelle

Afin d'illustrer notre propos, on a choisi d'analyser six discours d'hommes politiques — trois de «gauche» (MM. Fabius, Jospin et Marchais) et trois de «droite» (MM. Barre, Chirac et Giscard d'Estaing) — enregistrés au cours d'une série d'émissions télévisées d'Antenne 2 : «L'heure de vérité», diffusées à l'occasion de la campagne en vue des élections législatives de mars 1986.

La procédure adoptée pour chaque analyse a été la suivante :

– la totalité de la production gestuelle, visible, de l'orateur a été décryptée selon le système M.A.P. pour chaque registre gestuel;

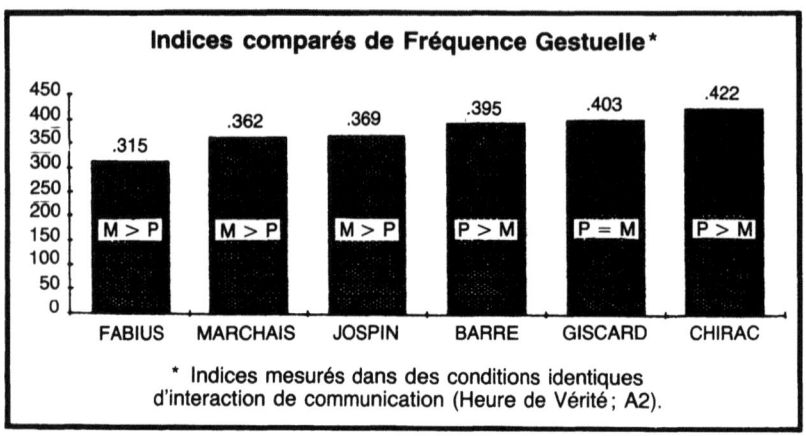

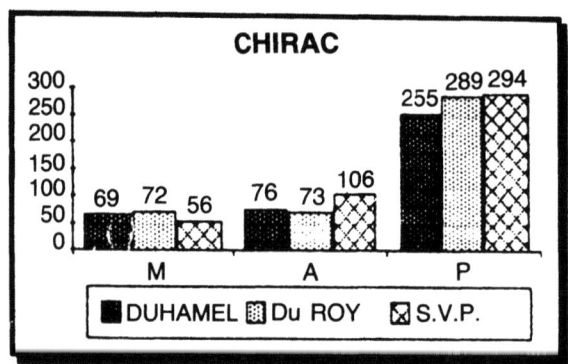

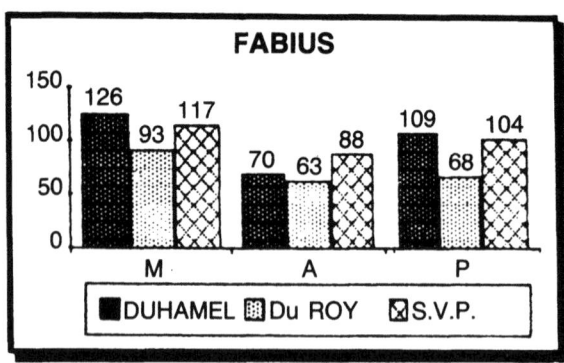

Tableau 15.

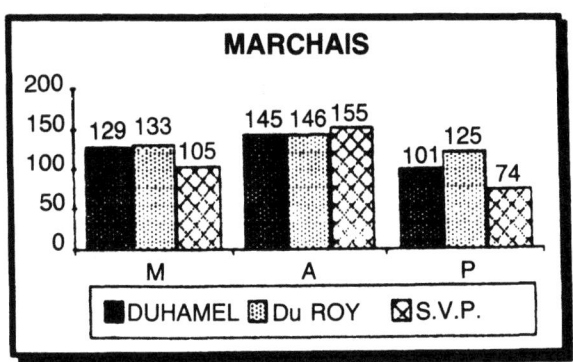
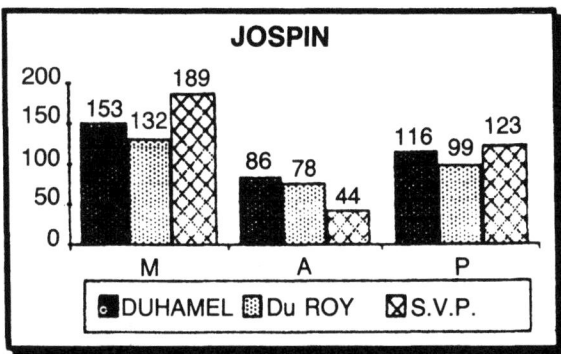
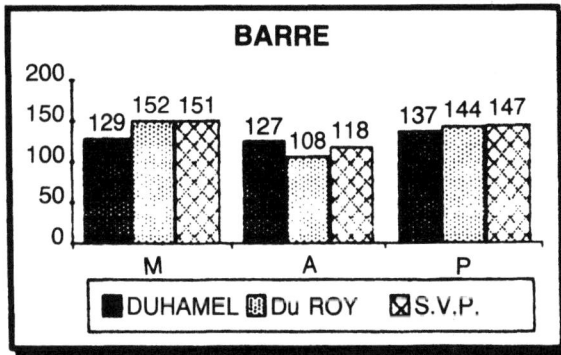
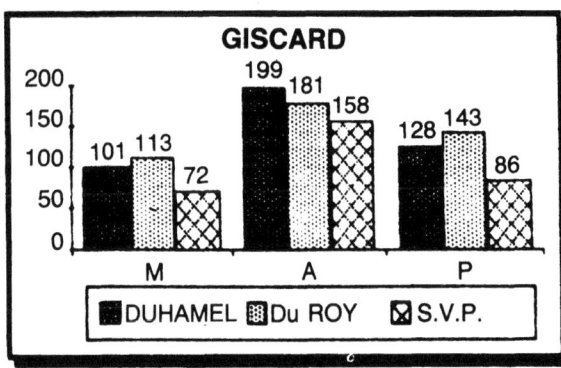

Tableau 15.

– le temps de parole a été décompté de la durée totale lorsque les gestes du locuteur n'étaient pas visibles ainsi que lors de l'intervention du journaliste interlocuteur ;

– le temps de parole mesuré étant différent pour chaque production analysée, on a calculé la fréquence gestuelle de chaque orateur afin de pouvoir comparer des éléments comparables.

Pour ne pas alourdir la lecture par un ensemble de tableaux de résultats que l'on pourra trouver par ailleurs[42] et qui seraient fastidieux pour un non-spécialiste, on a préféré les résumer sous forme d'histogrammes ou de secteurs plus directement accessibles et intelligibles.

Dans le tableau 15, on a regroupé les indices de fréquence gestuelle des différents orateurs en prenant pour critère de présentation la mise en œuvre de leur registre gestuel dominant dans le sens **M** vers **P**.

Toutefois, il convient d'être nuancé dans sa lecture, car un coup d'œil rapide pourrait amener à y voir un Chirac plus «gesticulant» qu'un Fabius, mais un Marchais proche d'un Jospin ou encore un Barre voisin d'un Giscard[43], ce qui reste globalement vrai mais nécessite néanmoins quelques précisions car cela laisserait à penser qu'il puisse exister une gestuelle de gauche ou une gestuelle de droite, ce qui est totalement inexact.

En réalité, il s'agit là pour chacun d'eux d'un indice global brut. Lorsqu'on analyse un peu plus finement les fréquences de gestualité des registres gestuels des productions discursives individuelles, comme on peut le voir dans la série d'histogrammes ci-contre, on constate que cet indice de fréquence gestuelle évolue et varie en fonction soit d'un interlocuteur présent et identifié (journaliste), soit d'un interlocuteur absent de la situation de communication (S.V.P.) donc de l'interaction de communication.

Une analyse polémique du type de celles qui justifient les titres des journaux pourrait faire dire que «**Barre et Chirac ne se soucient pas de l'opinion des téléspectateurs**» ou encore «**Marchais et Giscard face aux questions des téléspectateurs : un certain malaise**», etc.

C'est le problème bien connu du choix de la grille de lecture des statistiques.

Pour ce qui nous concerne, on notera l'influence que peut avoir la notion d'interlocuteur absent sur les «pattern»[44] stratégiques que le locuteur développe. Ainsi on remarquera qu'elle apparaît sans effet sur les premiers ou ex-premiers ministres, qu'il s'agisse de Barre, Chirac, ou Fabius. Pour Jospin, le défaut d'interlocuteur identifié dans le contexte communicatif créé une situation qu'il maîtrise (**A −**, **M** et **P +**). Par contre, pour Marchais, il augmente le degré d'incertitude (**A +**, **M** et **P −**).

Enfin, pour Giscard, cette absence d'interlocuteur avéré se traduit par un retrait, une sorte de désengagement de quelqu'un qui n'a plus rien à prouver (**A −**, **M −**, **P −**).

D'une manière générale, on remarque que l'absence d'un interlocuteur clairement identifié produit des effets, même s'ils sont masqués par une apparente maîtrise de la situation, car *chaque* orateur se tourne vers un journaliste présent, lors de sa réponse à la question posée par S.V.P., au lieu de s'adresser à la caméra derrière laquelle se trouve virtuellement son interlocuteur.

Si l'on considère, par ailleurs, l'influence d'un interlocuteur présent et identifié sur les variations de la fréquence gestuelle de l'orateur, on peut noter globalement des effets induits par l'interaction de communication, ainsi que le montre le tableau 16.

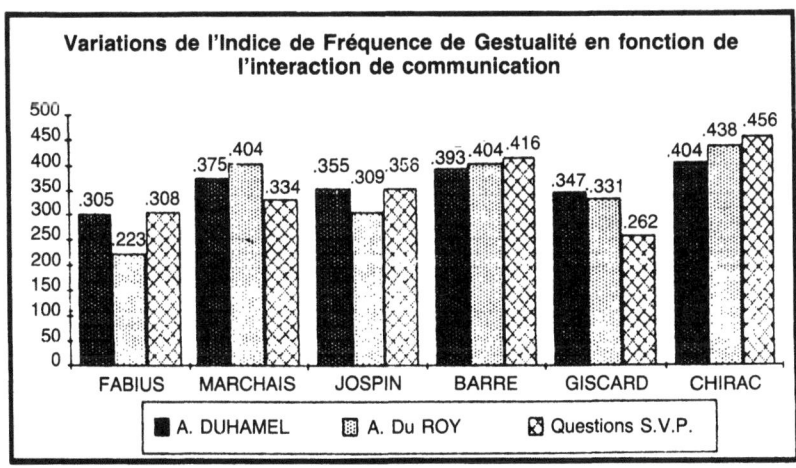

Tableau 16.

Un indice de fréquence gestuelle élevé est le signe de la perception d'un faible degré d'adhésion de l'interlocuteur. A l'inverse, la perception par l'orateur d'un degré d'adhésion satisfaisant induira un indice de fréquence gestuelle moins important.

On remarquera dans le tableau 16 que Marchais et Barre ont le même indice de fréquence gestuelle face au même journaliste. Peut-on en inférer qu'ils utilisent une stratégie gestuelle identique dans une situation d'interaction de communication identique, ce qui laisserait supposer qu'ils ont un discours également identique ? On montrera plus loin qu'il n'en est rien pour ce qui concerne la mise en œuvre des registres gestuels (voir tableau 18) car pour le discours, si chacun croit savoir qu'il n'en est rien, cela n'est pas aussi évident que l'on peut le supposer. Lors d'une étude qualitative de l'émission télévisée «Parlons France», Bechtold et Le Men[45] ont réalisé «un montage dans lequel Laurent Fabius a la voix et le discours de Jacques Chirac» et un autre où le «discours est totalement déstructuré et absurde» (p. 126). Les résultats en sont assez surprenants.

«Cette découverte du mixage (...) se fait au bout de dix minutes sur une émission d'un quart d'heure : délai très long pour un analyste politique. Cette découverte tendrait à prouver que, *pendant une dizaine de minutes, les discours des hommes politiques sont interchangeables. Enfin, un quart des personnes interrogées ne s'aperçoit de rien*»[46] (p. 128).

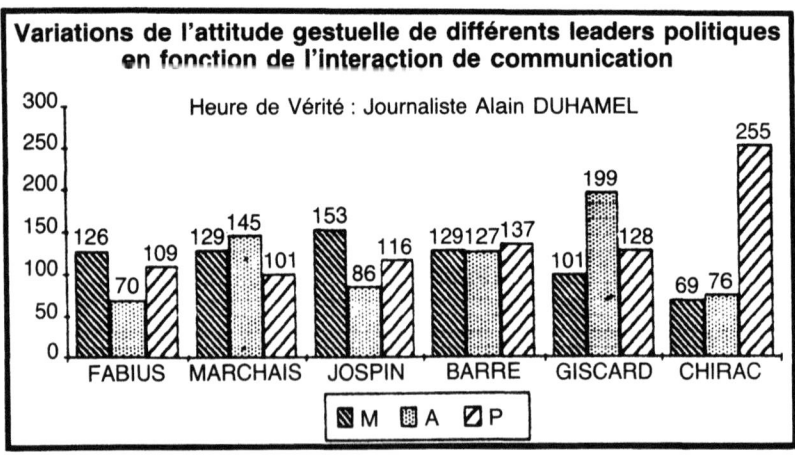

Tableau 17.

Pour le second montage, les conclusions sont également intéressantes.

«Seul un tiers des personnes interrogées perçoit l'incohérence du discours dans lequel tous les thèmes sont abordés pêle-mêle. Pour les trois quarts des interviewés, il s'agit du quart d'heure *le plus varié, le plus complet* et *le plus exhaustif*» (p. 128).

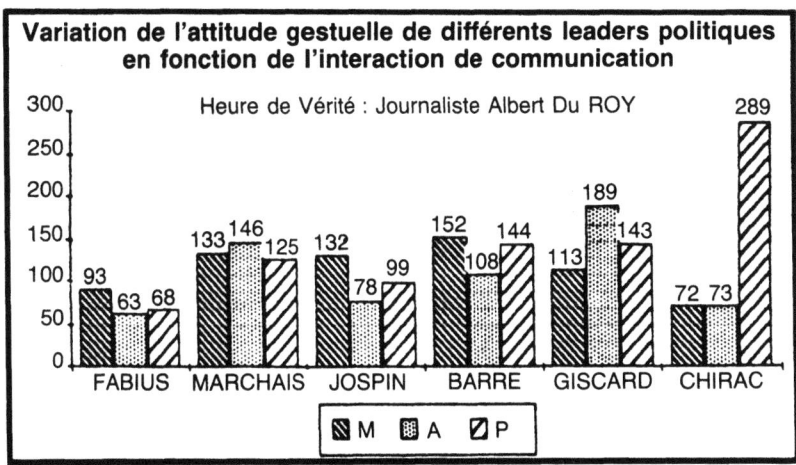

Tableau 18.

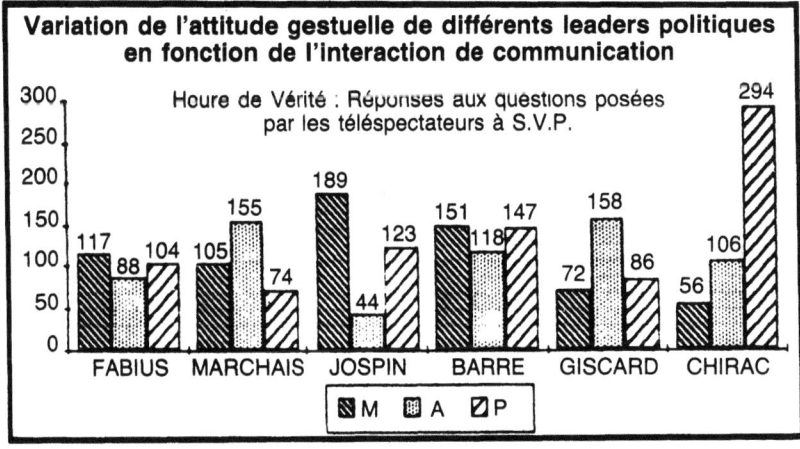

Tableau 19.

Il semblerait donc que ce qui importe c'est davantage la façon de donner que ce que l'on donne[47], compte tenu de la prééminence que l'image et l'action exercent sur la parole dans le domaine audio-visuel (que l'on devrait plus judicieusement baptiser vidéo-oral).

En considérant le tableau 17, il apparaît manifeste que pour chaque homme politique, en interaction de communication avec un même journaliste, l'attitude gestuelle — c'est-à-dire la manière dont il approprie les registres gestuels — correspond à une stratégie directement liée à la rhétorique du discours (registres **M** et **P**) comme on le verra plus avant d'une part, ainsi qu'à une tentative de maîtrise de l'environnement, au sens large, en particulier de l'interaction discursive (registre **A**). On constate ainsi que Fabius, Chirac et Jospin parviennent à dominer cette dernière convenablement ; Barre et Marchais nettement moins bien et enfin Giscard très difficilement.

Le tableau 18 révèle *des dispositions identiques pour tous les registres, et tous les orateurs, face à un autre journaliste.*

Les valeurs d'indices différentes traduisent l'interaction qui a lieu dans la communication avec un autre interlocuteur, tandis que la structuration identique des registres atteste d'une attitude du locuteur face à la gestualité de communication. Pour ce qui concerne l'attitude gestuelle de Barre, on y reviendra lorsque l'on analysera l'utilisation des registres de la gestualité de communication par chaque orateur.

Dans le tableau 19, la notion d'attitude est également confirmée, bien que les orateurs soient confrontés à une situation de communication dont l'interlocuteur est absent. On notera généralement un creusement dans les variations des indices de fréquence, dû à l'absence d'interaction avec un interlocuteur présent et identifié, ce qui entraîne une attitude plus marquée, particulièrement pour Chirac. Simultanément, et logiquement, il se révèle moins à l'aise dans cette situation, comme Marchais, ce qui est souvent le cas des «débateurs». Au contraire, Jospin est très «relax» et Giscard se détend, ce qui semble pour le moins normal de la part de l'initiateur des «causeries au coin du feu», accoutumé à ce genre de prestation.

Si, comme on a pu le voir, les discours sont interchangeables les gestes ne le sont pas.

5.4.3. La mise en œuvre des registres gestuels : une logistique du discours

Les tableaux 17, 18 et 19 ont permis de mettre en évidence une continuité dans la mise en œuvre de la gestualité associée à la parole dans ce que l'on pourrait appeler, la logistique du discours, le but de la logistique étant de permettre l'accomplissement d'une mission dans les meilleures conditions d'efficacité. Si l'on procède à un décryptage complet de la gestualité de communication produite dans une interaction de communication, suivie d'un comptage registre par registre, on obtient une image globale et précise de la tactique développée ayant pour objet d'assurer la logistique du discours. Chaque registre gestuel y apporte son concours dans le cadre de la stratégie discursive visant à atteindre son objectif.

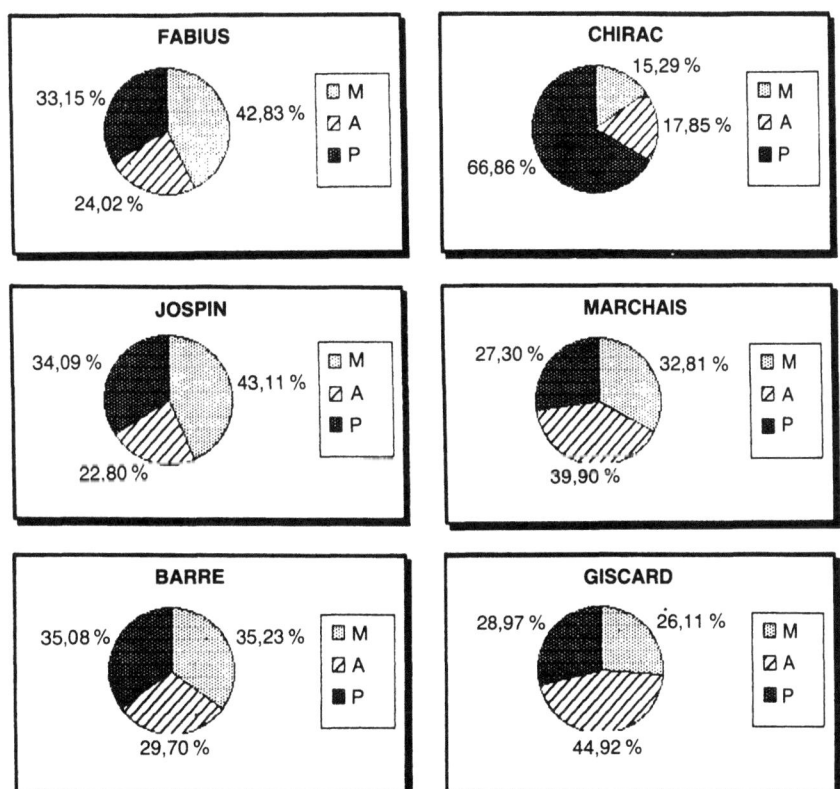

Figure 13.

Afin de rendre l'analyse plus lisible, on a converti les résultats enregistrés dans chaque registre en pourcentage de la totalité de la production gestuelle pour chaque orateur; c'est l'ensemble regroupé que l'on présente dans la figure 13. Ce regroupement a pour mérite supplémentaire de faire percevoir immédiatement les grandes lignes de force et les différences de structuration de la gestualité de communication de chaque homme politique, en fonction des registres gestuels, et font ressortir les similitudes ou les oppositions.

C'est ainsi que l'on ne peut s'empêcher d'être frappé par la très grande similitude de mise en œuvre des registres gestuels opérée par Fabius et Jospin, aussi bien au plan de la gestualité liée au discours (**M** et **P**) qu'au plan de la gestualité liée à l'interaction (**A**) avec une nette prépondérance du registre **M** qui assure la logistique d'un discours essentiellement démonstratif.

On note chez Barre une distribution des registres répartie à peu près en tiers. On retrouve là encore, une logistique conforme à la stratégie discursive de celui qui ne se réclame d'aucune option politique autre que la sienne et qui affirme autant qu'il explique.

La distribution des registres gestuels mis en œuvre par Chirac est tout à fait conforme à sa tactique discursive consistant le plus souvent à affirmer avec force ou à rejeter en bloc (le registre **P** représente plus des deux tiers de la gestualité...) et à expliquer assez peu. Par ailleurs, corrélativement, c'est de loin celui qui prête le moins d'attention à l'environnement, uniquement centré sur un discours autoréférent.

Pour ce qui concerne Marchais et Giscard, bien que soutenant des idéologies opposées, il existe entre eux des points communs dans la mise en œuvre des registres gestuels. Chacun conserve la production préférentielle du registre dominant qui spécifie la catégorie socio-culturelle dans laquelle il a été socialisé. Les différences sont cependant écrasées par la place très importante occupée par la gestualité liée à l'environnement, ce qui s'explique aisément si l'on se souvient qu'à cette période leur cote de popularité était au plus bas dans les sondages.

En définitive, ces quelques exemples d'analyse de la gestualité de communication montrent que sur la scène politique, bien que l'on se situe dans le domaine du dire, c'est le faire qui est mis en scène...

NOTES

[1] Pour une revue de questions détaillée, cf. Argentin (1983).
[2] On a vu dans la première partie ce qu'il en était de la gestualité dans un contexte culturel.
[3] Cf. infra 4.2.
[4] Pour plus de détails sur ces classifications, voir Argentin (1986).
[5] Facial Affect Scoring Technique.
[6] Pour des raisons identiques, MAX, la technique de mesures faciale d'Izard (1979) — système de codage similaire au F.A.S.T — ne semble pas susceptible de différencier les expressions émotionnelles authentiques des expressions simulées.
[7] Facial Action Coding System.
[8] Il convient de préciser que ce raisonnement par analogie n'apporte rien au plan du mécanisme de construction de la signification, ce que fait par contre Jakobson (1956) lorsqu'il identifie les axes paradigmatique et syntagmatique.
[9] *Cinq psychanalyses*, P.U.F. (1975).
[10] C'est nous qui soulignons...
[11] On ouvrira une parenthèse concernant l'étude de l'expression des émotions pour confirmer l'analyse qu'en fait Winkin (1988, p. 95) «Ekman utilise des photographies de visages exprimant des émotions ‹pures›, qu'il fait reconnaître à des sujets de différentes cultures. Les photographies totalement décontextualisées ne sont pas différentes dans leurs fonctions des dessins de Le Brun (1668) ou de Giraudet (1895)».
[12] Fonction implicite dans les «répertoires de gestes» ou «langage du corps» qui renvoient de façon univoque à une signification particulière et exclusive.
[13] C'est nous qui soulignons.
[14] C'est nous qui soulignons.
[15] On notera l'ambiguïté du terme sujet qui recouvre à la fois le thème et l'interlocuteur.
[16] Cf. infra 4.1.3.
[17] Cf. R. Ghiglione, 1983.
[18] La communication n'est-elle pas un ajustement, une adaptation de l'individu utilisant l'objet-langue et/ou l'objet-gestuel pour se rendre d'une situation à une autre, d'une expérience à une autre à travers le temps?
[19] Cet emprunt à Jakobson renvoyant évidemment à l'axe des substitutions (paradigmatique) et à l'axe des contiguïtés (syntagmatique).
[20] Cf. ARGENTIN, G., GHIGLIONE R., *Le système de communication* in Ghiglione et al. (1986).
[21] En étudiant la méthodologie développée au cours des deux dernières décennies, on peut constater que la sophistication des moyens utilisés par la recherche a conduit à perdre de vue l'essentiel (la synthèse) pour ne se consacrer qu'à une analyse de plus en plus pointue...
[22] Selon la spécification de Davitz (1964).
[23] Incluant la délimitation, l'appropriation et l'utilisation de l'espace.
[24] Depuis 9 ans (1980/1988).
[25] Fiable doit être pris ici dans son sens étymologique : à qui on peut se fier.
[26] La 1re fois pour la reconstitution du contexte, nécessaire à la compréhension ; la 2° pour effectuer le classement.
[27] Pour les détails de la procédure et les comptes rendus expérimentaux, cf. Argentin (1985).
[28] Cf. Beauvois, J.L., Ghiglione, R. (1981).
[29] Pour les résultats et analyses détaillés, cf. Argentin (1985).

[30] Cf. Argentin (1984).
[31] Cf. Argentin (1984).
[32] Cf. Argentin (1988).
[33] Cf. Beauvois, J.L., Ghiglione, R. (1981).
[34] On considérera cette situation d'interlocution comme groupe contrôle.
[35] Cité par Mounin, G. (1974).
[36] ARGENTIN, G., PRINTEMPS, G., FUEYO, V., KELLER, F., BRIE, B., *Communication monologique et gestualité*, U.E.R. de Psychologie. Université de Paris VIII, ronéo, juin 1986.
[36bis] La déclaration des droits de l'homme et du citoyen.
[37] ARGENTIN, G., ROUSSEAU, J.-B., DESCAT, S. et ARMENGOL, A., *Influence du contexte sur la gestualité de communication*, U.E.R. de Psychologie, Université de Paris VIII, ronéo, février 1986.
[38] Au sens de la gestalt théorie c'est-à-dire la prédominance d'une forme privilégiée, plus stable et plus fréquente parmi toutes les autres possibles.
[39] Cf. Argentin (1988).
[40] Cf. infra 4.3.3.
[41] Au sens photographique, processus qui permet de rendre visible une image latente.
[42] ARGENTIN, *La gestualité de communication dans le discours politique*. (A paraître).
[43] L'absence de Monsieur ainsi que de prénom devant le patronyme des hommes politiques cités ne correspond ni à une marque de mépris, ni à un manque de courtoisie, mais à une économie de répétitions fastidieuses...
[44] Schéma à valeur explicative représentant la structure d'un phénomène complexe.
[45] In *Revue Française du Marketing*, n° 106, 1986.1.
[46] C'est nous qui soulignons.
[47] Phénomène bien connu du théâtre où une pièce médiocre peut être sauvée par de bons acteurs.

Conclusion

Parvenu au terme de cet ouvrage, qu'il nous soit permis de jeter un regard en arrière pour évaluer le chemin parcouru, bien que cet exercice ne nous soit pas familier car la recherche va rarement dans ce sens...

Depuis les temps les plus reculés, l'homme a cherché à communiquer avec ses congénères. On peut considérer les peintures rupestres comme la première trace de communication non-verbale pictographique, ce qui n'exclut nullement la possibilité de coexistence d'une communication orale dont cependant on ne peut rien savoir car aucun signe ne nous en est parvenu.

Au fil des siècles, des cultures, des religions s'est manifesté puis perpétué une rivalité, un procès d'influence au sein des sociétés, entre verbal et non-verbal dont l'enjeu est la prépondérance dans la communication.

Dans la tradition philosophique, l'homme est conçu comme un esprit enfermé dans un corps, émettant des pensées sous forme de succession de mots. L'étude doit donc partir de la vision «naïve» de l'historien naturel, selon l'acception du XVIIIe siècle, c'est-à-dire de l'observation du comportement naturel. On a pu voir depuis Darwin que cette description naturaliste peut se développer presque à l'infini pour tenter d'organiser l'observable en comportements de communication puis en catégories, en classes, en genres sans que pour autant ce travail puisse jamais s'achever...

L'organisation de comportements communicatifs en « langage » corporel ou gestuel implique que chaque posture ou chaque geste renvoie de façon univoque à une signification intrinsèque.

Posant que le corps offre une expression plus primitive — donc plus naturelle et plus vraie — que le langage dans les états émotionnels, nombre d'auteurs se sont évertués à tenter de spécifier des systèmes de codage ou de répertoire du comportement non-verbal (tels Ekman *et al.*).

Pendant très longtemps, la communication est restée une « vache sacrée » — selon le mot de Higham (1953) — et son étude, uniquement linguistique. L'opposition saussurienne langue/parole semble avoir eu pour conséquence de créer un quasi-monopole de l'étude de la langue, phénomène social, au détriment de celle de la parole, activité de l'individu. Si, par la suite, Chomsky réintroduit un sujet parlant dans l'étude linguistique, on observe cependant qu'il s'agit d'un locuteur-auditeur idéal, non d'un sujet communiquant.

Jusqu'à ce jour, le plus souvent, l'approche de la communication s'est effectuée sur le versant culturel, or il semble que dans ce courant culturel d'études et de recherches se soit produite une confusion qui n'est pas sans importance, entre structure et processus.

Cette confusion pourrait provenir de l'origine culturelle — au sens social — de la notion de comportement car il est évident que dans la culture l'accentuation porte sur la structure. Cette approche structurelle justifierait les nombreuses tentatives d'élaboration de systèmes et de règles fonctionnellement adaptées à la communication.

De la sorte, de nombreux chercheurs, et non des moindres, ont été amenés à considérer le non-verbal comme un comportement-type produit par un sujet, — indépendamment de toute interaction produite par l'environnement au sens le plus général — c'est-à-dire hors de tout contexte.

Dans ces conditions, comment s'étonner que système de pensée, système linguistique, système gestuel, système paraverbal, système proxémique, étudiés séparément, aboutissent à un éclatement, un éparpillement de la recherche...

L'étude de ces diverses recherches fait apparaître deux éléments principaux :

– la notion de comportement produit des recherches décontextualisées ;

– l'interaction des divers éléments ou sous-systèmes qui composent la communication est rarement prise en compte.

Ces absences pourraient être la conséquence soit d'analogies trop poussées avec d'autres systèmes de signes existants, soit de «l'importation» de théories générales mal adaptées à ce champ d'étude, pour autant que l'on accepte l'idée que les comportements non-verbaux sont des comportements communicatifs et qu'à ce titre ils sont en relation avec d'autres systèmes de signes (verbal, paraverbal, proxémique) généralement considérés comme participant à la communication interindividuelle.

Cela étant dit, notre démarche peut se résumer en quelques idées force :

– l'observation d'un phénomène ne permet pas d'en inférer des règles de production, même si l'on en multiplie les descriptions ;

– l'approche de la gestualité de communication implique un changement de paradigme ;

– il est nécessaire d'élaborer et de bâtir un corpus théorique indispensable à toute recherche fondamentale ;

– un corpus théorique doit comporter une méthodologie de la preuve, expérimentale, destinée à démontrer la fiabilité du modèle proposé.

C'est pourquoi, sortant du champ habituellement exploré par nombre de chercheurs, et remettant en cause une approche uniquement descriptive — souvent associée à la notion de comportement fréquemment limitée à l'investigation, l'expression et la discrimination des affects et généreusement baptisée non-verbale[1] — on a bâti un concept de gestualité de communication.

Ce faisant, s'agissait-il d'un simple époussetage, du dépoussiérage d'une ancienne notion simplement rebaptisée ?

Ainsi qu'on l'a montré, il n'en est rien.

En réalité on a procédé à une modification, à un renversement épistémologique en réintroduisant le sujet dans un contexte — dont il était absent — le resituant ainsi au sein de l'interaction qu'entraîne la communication.

On a vu que les recherches précédemment entreprises portent généralement sur l'utilité — la fonction interprétative de la gestualité — d'un système structuré et considéré comme autonome et capable de produire du sens, de confirmer ou d'infirmer la production verbale.

Pour ce qui nous concerne, on a considéré la gestualité dans la communication non comme une structure définitive mais comme un processus, en ce qu'elle a de mouvant, de négociable, de transactionnel, d'interactif, de contextuel, de social...

L'utilisation du concept de gestualité de communication a permis de mettre en lumière l'existence de relations de différents types entre éléments verbaux et non-verbaux.

On s'est ensuite centré sur la relation interactive — système de signes verbal/système de signes non-verbal gestuel — produite par des sujets en situation d'interlocution.

Dans cette perspective, on a repris certains éléments de différentes études antérieures, en tentant d'établir entre eux une liaison cohérente. C'est ainsi qu'a germé l'idée d'une approche beaucoup plus systémique visant à spécifier et à développer un ensemble unifiant permettant d'inscrire la gestualité de communication dans un schéma global de communication interpersonnelle.

C'est cette idée qui nous a conduit à élaborer un système gestuel simple, facile à mettre en œuvre, composé de trois registres distincts, dont deux ont un rapport direct au verbal, le troisième un rapport indirect.

Le corpus théorique qui en est issu proposait que l'acquisition, l'appropriation et la mise en œuvre de la gestuelle par le sujet communiquant ne soient pas sous la dépendance d'un hypothétique code gestuel non-verbal[2] mais soient le fait d'une attitude du sujet face à «l'objet-gestuelle» analogue à celle présentée face à «l'objet-langue» débouchant sur une théorie interactive de la gestualité de communication.

Une méthodologie de la preuve par expérimentation successive des différentes hypothèses présentées a permis de vérifier et de valider le cadre théorique général proposé, dans son ensemble.

Notre tâche n'est pas pour autant achevée ; la recherche se poursuit dans la voie que nous avons ouverte.

Les études actuellement en cours sont prometteuses et il semble que la théorie du système M.A.P. puisse être étendue avec profit aux domaines de la proxémique et du paraverbal (cf. Bouvron, Argentin, Jakobi, 1986) et permette de déboucher sur un modèle unificateur et global du non-verbal, intégré à la communciation interpersonnelle.

NOTES

[1] Ce qui n'est pas faux, mais une condition nécessaire n'est pas obligatoirement une condition suffisante...
[2] Qui ressemble étrangement au monstre du Loch Ness... dont tout le monde parle mais dont nul n'a jamais pu démontrer irréfutablement l'existence...

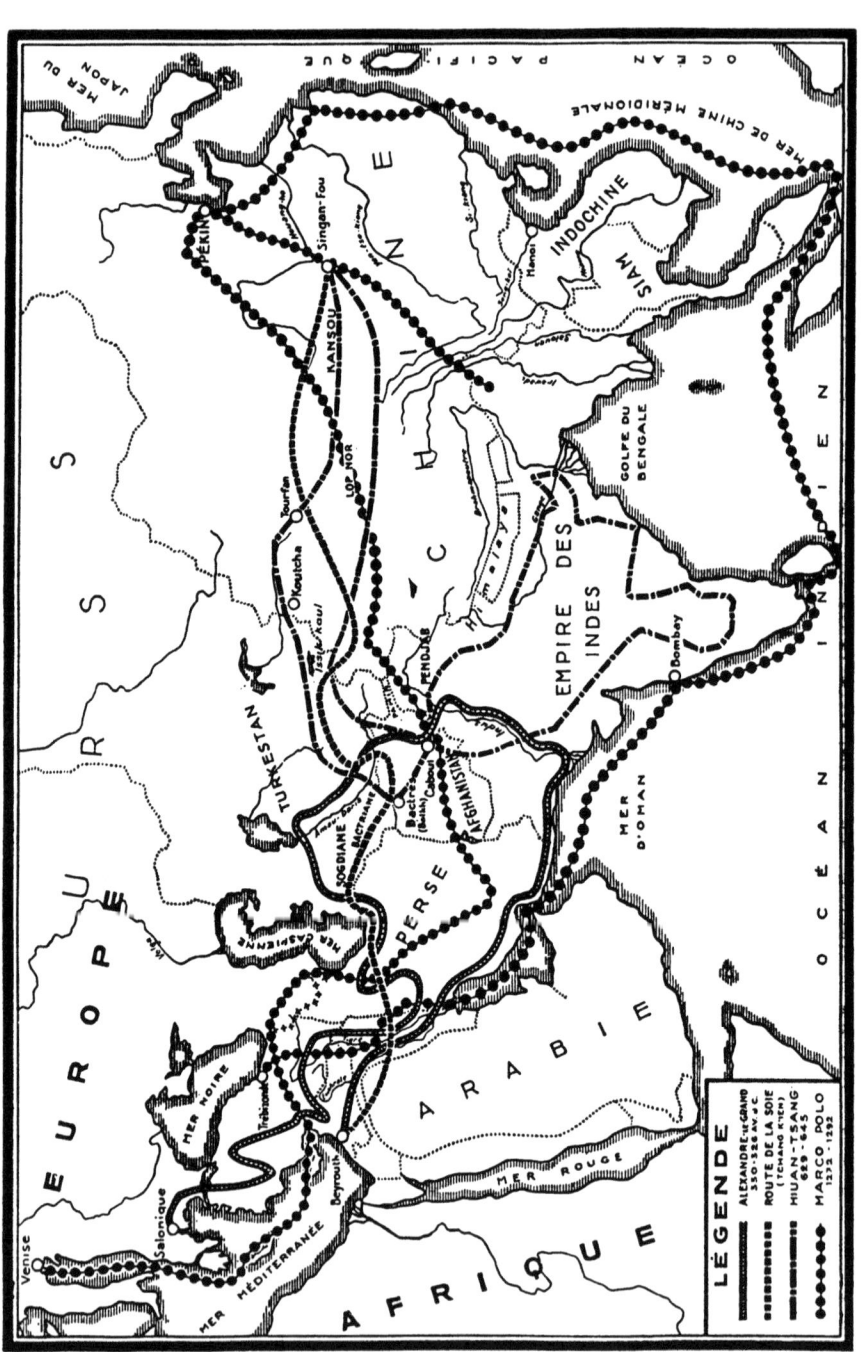

Notes

La route de la soie

Partant de la côte syrienne, elle franchissait l'Euphrate et le Tigre, passait au sud de la mer Caspienne puis atteignait la Bactriane et débouchait au Turkestan chinois. De là, elle gagnait le Kansou dans la Chine occidentale et aboutissait à Singanfou. Elle nous est connue d'une part par les textes chinois, de l'autre par des rapports recueillis vers l'an 100 de notre ère par Marin de Tyr et qui ont été conservés par la géographie de Ptolémée, postérieure d'un demi-siècle.

Hiuan-Tsang

Le plus important des pèlerins chinois ainsi qu'un des principaux traducteurs de textes hindous. Parti de Chine en 629 par Hami (Qomoul), Tourfan, Karachar, Koutcha, il longea l'Issik-köl, traversa le Turkestan russe, l'Afghanistan et arriva dans l'Inde, qu'il parcourut presque entièrement. Au retour, il passa par les Pamirs, Khotan, le sud du Lop nor et fut accueilli triomphalement à Singanfou en 645. Ses Mémoires sur les Contrées occidentales sont une des principales sources de la connaissance de l'Inde ancienne.

Tchang-K'Ien

Le général Tchang-K'Ien, envoyé par l'empereur de Chine auprès des Yue-tché, les trouve en Sogdiane et en Bactriane. Il revint en Chine après 15 ans d'absence, en 126 av. J.C.

Annexes

*ª Woodworth, 1938; Schlosberg, 1954; Plutchik, 1962; Birdwhistell, 1963; Frijda, 1969.
*ᵇ Mehrabian, 1971; Knapp, Hart, Dennis, 1974; Krauss, Geller, Olson, 1976; Hemsley, 1977; Finkelstein, 1987; Kraut, 1978; Hocking, Leathers, 1980; Kraut, Poe, 1980; O'Hair, Cody, Mac Laughlin, 1981.
*ᶜ Exline, 1972; Schutz, 1974; Coutts, Ledden, 1977.
*ᵈ Mehrabian, 1969, 1972; Exline, 1972; Ricci Bitti, Giovannini, Palmonari, 1974; Thorne, Henley, 1975; Argyle, Cook, 1976; etc.
*ᵉ Taguri, 1958; Exline, 1961; Argyle et Dean, 1965; Mac Bride, King, James, 1965; Exline, Winters, 1966; Argyle, Kendon, 1967; Duncan, 1967; Mehrabian, 1968; Strongman, Champness, 1968; Argyle, 1969; Argyle, Williams, 1969; Mehrabian, 1971; Kleinke, Pohlen, 1971; Gale, Lucas, Nissim, Harpham, 1972; Argyle, Lefevre, Cook, 1974; Tofalo, 1975; Mac Mahan, 1976; Patterson, 1976; Middlemist, Knowles, Matter, 1976; Schneiden, 1977; Ellyson et al., 1980; Argyle, 1982.
*ᶠ Exline, 1961; Reece, Whitman, 1962; Nummenmaa, 1964; Yarbos, 1967; Clore, 1969; Argyle, 1970; Modigliani, 1971; Creek, Watkins, 1972; Freedman, 1972; Hobson, Strongman, Bull, Craig, 1973; Patterson, 1973; Argyle, Cook, 1974; Beebe, 1976; Coutts, Ledden, 1977; Exline, Fehr, 1978; Edelmann, Hampson, 1980.
*ᵍ Goldberg, 1969; Patterson, Sechrest, 1970; Aiello, 1972; Breed, 1972; Patterson, 1973; Stephenson, Rutter, Dore, 1973; Patterson, Stewart, 1983; Nevil, 1974; Schutz, 1984; Argyle, Graham, 1976.
*ʰ Argyle, Dean, 1965; Efran, Broughton, 1966; Rutter, Stephenson, 1967; Kendon, 1967; Mobbs, 1968; Mehrabian, 1968; Mehrabian, Friar, 1969; Argyle, Williams, 1969; Goldberg, Kiesler, Collins, 1969; Coss, 1970; Rubbin, 1970; Richards, 1971; Exline, Long, 1971; Argyle, Ingham, 1972; Burroughs, Schutz, Autrey, 1973; Russo, 1975; Argyle, Cook, 1976; Exline, Feyr, 1978.

*ʲ Woodworth, 1938; Schlosberg, 1954; Plutchik, 1962; Birdwhistell, 1963; Frijda, 1969. Puis viennent de nombreuses études sur l'interprétation des émotions et leur traduction : Silvermann, 1966; Lewis, Weil, 1968; Friesen, 1969; Krauss, 1970; S.G. Watson, 1972; Buck, Savin, Miller et Caul, 1972; Cunningham, 1977; Feldman, Donohoe, 1978.
On fera une place particulière à Ekman, 1957; 1964; 1965; 1968; 1971; 1972; 1973; 1976; 1977; 1978; 1979; 1980; 1981; 1982; 1983; pour l'ensemble de ses travaux, seul ou avec : Friesen, 1968; 1969 a et b, 1971; 1972; 1974; 1975; 1976; 1978 a et b; Sorenson, 1969; Tomkins, 1971; Ellsworth, 1972; Brattesani, O'Sullivan, Friesen, 1979; Oster, 1979; Friesen, Ancoli, 1980; Friesen, O'Sullivan, Scherer, 1980; Hager, 1981; Scherer, 1976; 1982.

*ᵏ Davitz, 1964; Dimitrovsky, 1964; Zaidel, Mehrabian, 1969; Zuckerman, Lipets, Koivumaki, Rosenthal, 1975.

*ˡ Drag, Shaw, 1967; Lanzetta, Kleck, 1970; Hall, 1978.

*ᵐ Ainsi au moment où le locuteur devient auditeur, Bucci, Freedman (1971) notent un attouchement de la main systématique. Pour Barrosso (1972) les mouvements de mains indiquent une attitude centrée sur l'écoute.
Kendon (1972) classe les mouvements de mains et doigts sur les bras parmi les mécanismes de feedback autogénéré.
Pour Gleser (1969) les mouvements discrets et continus des mains sur le corps, les mouvements brefs, ou ceux liés à l'ajustement d'un vêtement ou d'un accessoire vestimentaire révèlent des interactions mentales complexes.
Pour Paivio (1971) ils sont un facilitateur du décodage ou du codage de l'information.
Pour Freedman et al. (1972) les mouvements centrés sur le corps sous l'effet de l'hémisphère cérébral non dominant sont synergiques de la concentration de l'attention.
Pour Wolf (1952) les mouvements du corps, des mains, de la tête, des pieds sont des manifestations physiques des processus cognitifs mis en jeu dans la communication.
Barrosso, Freedman (1970); Bucci, Grand, Werner (1972) constatent l'étendue du registre corporel : mouvements rythmiques, changement de posture, attouchement du corps par les mains, rebondissement du pied, hochements de tête, etc. qui constituent autant d'indicateurs d'écoute. La tête en extension avant, la poitrine en avant ou les mains sur les hanches renvoient à une attitude de domination (Argyle, Lefevre, Cook, 1974).
Pour Barrosso, déjà cité, les mouvements manifestent l'effort de l'individu pour élargir ou rétrécir le champ de son attention. Pour Watzlawick, Beavin, Jackson (1967) les mouvements du corps varient selon la nature de l'information à transmettre.
Pour Freedman (1967); Blass, Rifkin, Quitkin (1968) l'absence de mouvement atteste la présence d'une hostilité non exprimée.
Pour Hoffman (1967); Mahl (1968); Dittman, Llewllyn (1969) les mouvements anticipent ce qui n'est pas encore verbalisé, et le comportement kinésique ne met pas seulement en évidence l'interaction sociale mais également la transformation de la pensée à travers les mots, etc.

*ⁿ Pour Argyle, Dean (1965); Kendon (1967); La France, Mayo (1976) les tours de parole seraient régis par le regard. C'est pourquoi Schegloff (1968); Cook, Lalljee (1972); Rutter, Stephenson (1977) ont tenté de mettre en évidence des indices sonores substitutifs lors de communications téléphoniques.
Pour Ducan (1972) ce synchronisme serait le fait de l'action conjuguée et/ou simultanée d'indices verbaux, para-verbaux et non-verbaux, ce qui lui permet d'étendre ce concept à la synchronisation de la continuation de la parole par le même locuteur. Ces indices sont émis en séquences par le parleur et l'auditeur.

Le comportement kinésique de l'auditeur est différent de celui du locuteur chez les enfants (Sander, 1977; Stern, Beebe, 1977).
Pour Montagner (1978) l'attitude kinésique d'écoute chez les enfants est constituée d'un assemblage de séquences variables en fonction du contenu du message. Mahl, dans une étude sur la gestuelle des autistes, conclut que leurs gestes peuvent être considérés comme précurseurs d'une verbalisation ultérieure; ce qui revient à dire que la gestuelle autistique peut être interprétée comme l'émergence d'une anticipation non-verbale spontanée du verbal (1968, p. 323).
*p Ekman, Sorenson, Friesen (1969); Izard (1971)... pensent que l'expression des émotions est sujette à évolution. En outre, Levitt (1964); Rosenthal (1966); Mehrabian, Ferris (1967); Bugental, Kaswan, Love (1970); Marwit (1976); Van Hoof (1978); constatent l'existence de quelques expressions similaires chez certains animaux.

Propositions théoriques relatives aux éléments non-verbaux gestuels M.A.P. du système de communication

P1. Certains éléments gestuels du système de communication (SYCO) entretiennent des rapports de contiguïté et de substitution avec les éléments verbaux de SYCO (Registres M et P).

P2. Certains éléments gestuels du SYCO ont des fonctions d'adaptation aux variables de situation, fonctions qui excluent le rapport aux éléments verbaux du SYCO (Registre A).

P3. La fréquence d'apparition des gestes A est directement proportionnelle aux tensions adaptatives auxquelles les représentations du sujet le conduisent lorsqu'il est confronté à l'apparition de nouveaux paramètres situationnels.

P4. Les attitudes gestuelles ont pour objet les éléments gestuels en interaction avec les éléments verbaux (Registres M et P).

P5. Les attitudes gestuelles sont formées eu égard aux déterminismes sociologiques des individus et plus particulièrement aux variables de situation affectant les pratiques communicatives (statut et modalités de l'acte de communication) dans lesquelles sont impliqués les individus au cours de leur socialisation.

P6. Les attitudes gestuelles sont actualisées par une dynamique datée et signifiante des registres de gestes M et P.

P7. Les attitudes gestuelles participent de deux familles attitudinelles se différenciant quant à la centration qu'elles opèrent sur l'une ou l'autre des deux métafonctions que constituent :
a) la fonction descriptive procédant par anticipation, substitution ou redoublement d'une parole (soumise à autorisation dans le cas du modèle C1);
b) la fonction modalisatrice procédant par renforcement de l'insertion discursive produite dans une parole non soumise à autorisation (modèle Cn).

P8. Le déterminisme situationnel des attitudes gestuelles rend compte des différences observables entre groupes sociaux différents, c'est-à-dire entre groupes sociaux ayant été socialisés dans des modèles de communication différents (C1 vs Cn).

P9. Une situation de communication définie par sa référence à un seul canal de communication ouvert (C1) entraînera :
- une diminution dans la mise en œuvre des registres gestuels M et P pour les sujets ayant été socialisés dans un modèle différent de communication (Cn) ;
- une mise en œuvre stable — conforme à leur AGO (M>P) — des registres gestuels M et P pour les sujets ayant été socialisés dans ce modèle de communication (C1).

P10. Une situation de communication définie par sa référence à deux ou à n canaux ouverts (Cn) entraînera :
- une augmentation dans la mise en œuvre des registres gestuels M et P pour les sujets ayant été socialisés dans un modèle différent de communication (C1) ;
- une mise en œuvre stable — conforme à leur AGO (P>M) — des registres gestuels M et P pour les sujets ayant été socialisés dans ce modèle de communication (Cn).

P11. Ces distributions préférentielles des registres M et P — le registre A étant égal par ailleurs — entraîneront des zones de convergence et de divergence entre l'émetteur et le récepteur.

P12. Ces zones de convergence ou de divergence entraîneront des effets sur l'efficace de la communication à différents niveaux (possibilité d'établir un contrat de communication, de le poursuivre ; effets d'influence et changements d'attitudes, etc.).

Bibliographie

ALEXANDER F., *Psychosomatic Medicine*, New York, Norton, 1950.
ARGENTIN G., *Les manipulations thérapeutiques*, Paris, Presses médicales européennes, 1978, 422 pages.
ARGENTIN G., «Le système de gestes», *Champs Educatifs*, 1983, 4, 45-82.
ARGENTIN G., «Le système gestuel», *Bulletin de Psychologie*, 1984, XXXVII, 365, 575-583.
ARGENTIN G., «Système gestuel et communication», *Psychologie Française*, 1985, 30, 1, 11-23.
ARGENTIN G., GHIGLIONE R., «Le système de communication», in GHIGLIONE R., *L'homme communiquant*, Paris, A. Colin, 1986, 171-195.
ARGYLE M., *Bodily communication*, London, Methuen, 1975.
ARISTOTE, *Ethique à Nicomaque*, Paris, Flammarion, 1965, 310 pages.
ATTILI G., RICCI BITTI P.E. (eds), *Comunicare senza parole*, Roma, Bulzoni, 1983.
AUSTIN G., *Chironomia : or a treatise on rhetorical delivery...*, London, 1806. Reprint by Southern Illinois University Press, 1966.
AUSTIN J.L., *Quand dire c'est faire*, Paris, Seuil, 1970. Trad. fr. de *How to do things with words*, Harvard University Press, 1955, 167 pages.
BACON F., *The advancement of learning*, Chicago, Encyclopedia Britannica Inc., vol. 30, 1952 (orig. publ. 1605).
BARAKAT R.A., «Arabic gestures», *Journal of popular culture*, 1973, 6, 749-787.
BEATTIE G.W., «The skilled art of conversational interaction, in SINGLETON W.T. et al., *The analysis of social skills*, N.Y. Plenum Press, 1980, 193-211.
BEAUVOIS J.L., GHIGLIONE R., *Langage-objet et théorie des attitudes langagières*, Paris, E.H.E.S.S. Thèse d'Etat, 1978, 774 pages.
BEAUVOIS J.L., GHIGLIONE R., *L'homme et son langage : attitudes et enjeux sociaux*, Paris, P.U.F., 1982, 277 pages.
BEIGEL H.C., «The influence of body position on mental processes», *Journal of clinical psychology*, 1952, 8, 193-199.

BELLUGI U., KLIMA E.S., «Aspects of sign language and its structure», in KAVANAGH J., CUTTING J. (eds), *The role of speech in language*, Cambridge, M.I.T. Press, 1975.
BELLUGI U., KLIMA E.S., «Two faces of sign : iconic and abstract», in *Annals of the New York Academy of Sciences*, 1976, 280, 514-538.
BERNARD M., *L'expressivité du corps*, Paris, J.P. Delarge, 1976, 417 pages.
BERTALANFFY L. Von, *General System Theory*, New York, Braziller, 1968, trad. fr., *Théorie générale des systèmes*, Paris, Dunod, 1973.
BIRDWHISTELL R.L., *Introduction to kinesics. An annotation system for analysis of body motion and gesture*. Louisville, University of Louisville Press, 1952, 75 pages.
BIRDWHISTELL R.L., *Kinesics and context : essays on body motion communication*, Philadelphia, Univ. of Pennsylvania Press, 1970, 338 pages.
BIRDWHISTELL R.L., «The language of the body : The natural environment of words», in SILVERSTEIN A. (ed.), *Human communication : Theoretical explorations*, Hillsdale, N.J., Lawrence-Erlbaum, 1974, 203-220.
BIRREN F., *Light, color and environment : a thorough presentation of facts on the biological and psychological effects of color*, N.Y. Van Nostrand Reinhold, 1969, 131 pages.
BOBBITT R.A., GOUREVITCH V.P., MILLER L.E. et JENSEN G.D., «The dynamics of social interactive behavior», *Psychological Bulletin*, 1969, 71, 110-121.
BOUVRON A.M., ARGENTIN G., JAKOBI J.M., «Subordination et insubordination», in GHIGLIONE R., *L'homme communiquant*, Paris, A. Colin, 1986, 113-169.
BULWER J., *Chirologia : or the natural language of the hand. Chironomia : or the art of manual rhetoric*, Cleary J.W. (ed.), Edwardsville, Southern Illinois University Press, 1974 (publ. orig. 1644).
CAMUS W., *Mes ancêtres les Peaux-Rouges*, Ed. La Farandole, 1973.
CARPITELLA D., «Expérience de démokinésique en Italie», *Geste et Image*, numéro spécial 1982, J.E. 420025 CNRS, 83-90.
CHANG CHENG-MING, *L'écriture chinoise et le geste humain*, Variétés sinologiques n° 64, Paris, A. Maisonneuve, 1937, 205 pages.
CLEARY J.W., «Bulwer : Renaissance communicationnist, *Quarterly journal of speech*, 1959, 45, 391-398.
COLLETT P., «Training Englishmen in the Nonverbal behavior of Arabs : An experiment on Intercultural Communication», *International Journal of Psychology*, 1971, 209-215.
CONDON W.S., OOSTON W.D., «Sound film analysis of normal and pathological behavior patterns, *Journal of nervous and mental disease*, 1966, 143, 4, 338-347.
CONTARELLO A., *Differenze ed uniformità culturali nel comportamento e nella comunicazione non verbale*, Bologna, Pàtron, 1980, 105 pages.
CORRAZE J., *Les communications non verbales*, Paris, P.U.F., 1980, 206 pages.
COSNIER J., «Communication et langages gestuels», dans COSNIER J., BERRENDONNER A., COULON J., ORECCHIONI C., *Les voies du langage*, Paris, Dunod, 1982, 255-322.
COSNIER J., BROSSARD A., «Communication non verbale : co-texte ou contexte ?», dans COSNIER, BROSSARD et al., *La communication non verbale*, Neuchatel, Delachaux et Niestlé, 1984, 1-29.
COY (de) R.H., *The Nigger Bible*, Los Angeles, Holloway House, 1967.

DANTZIG T., *Number : the language of science : A critical survey written for the cultured non-mathematician*, N.Y. 1930, 340 pages.
DAVIS M., SKUPIEN J., *Body movement and Nonverbal communication*, Bloomington, Indiana University Press, 1982, 294 pages.
DENIS M., *Les images mentales*, Paris, P.U.F., 1979.

DESCAMPS M.A., *Psychosociologie de la mode*, Paris, P.U.F., 1979, 212 pages.
DITTMAN A.T., «The relationship between body movements and moods in interviews», *Journal of Consulting Psychology*, 1962, 26, 5, 480.
DITTMAN A.T., LLEWLLYN L.G., «The phonemic clause as a unit of speech decoding», *Journal of Personality and Social Psychology*, 1967, 6, 3, 341-349.
DITTMAN A.T., LLEWLLYN L.G., «Body movements and speech rythm in social conversation, *Journal of Personality and Social Psychology*, 1969, 11, 98-106.
DOOB L.W., *Communication in Africa. A search for boundaries*, Yale University Press, 1961.
DORNA A., *A propos de stratégies discursives*, Saint-Denis, document interne G.R.P. ronéo, 1980, 20 pages.
DUBOIS P., WINKIN Y., *Rhétoriques du corps*, Bruxelles, De Boeck-Wesmael, 1988.
DUNCAN S. Jr., «Nonverbal communication», *Psychological Bulletin*, 1969, 72, 118-137.
EBIN V., *Corps décorés*, Paris, Ed. du Chêne, 1979, 96 pages.
ECO U., *La structure absente*, Paris, Mercure de France, 1972, 447 pages.
ECO U., *Trattato di semiotica generale*, Milano, Bompiani, 1975.
ECO U., *Il nomme de la rosa*, Milano, Bompiani, 1980, trad. fr. *Le nom de la rose*, Paris, 1982.
EFRON D., *Gesture and environment*, N.Y. King's crown press, 1941, 184 pages, rééd. sous le titre *Gesture, race and culture*. The Hague, Mouton, 1972, 226 pages.
EKMAN P., FRIESEN W.V., «The repertoire of nonverbal behavior : Categories, origins, usage and coding, *Semiotica*, 1969, 1, 49-97.
EKMAN P. (ed.), *Darwin and facial expression : a century of research in review*, New York, Academic Press, 1973, 273 pages.
ENJOY (d') P., «Le rôle de la main dans les gestes de responsabilité», *Revue Scientifique*, 1900, 4, 14, 81-83.
EINSTEIN A., *Out of my later years*, N.Y., Philosophical Library, 1950.
FARIS J., *Nuba personnal art*, London, Duckworth & Co, 1972.
FEYEREISEN P., de LANNOY J.-D., *Psychologie du geste*, Bruxelles, Mardaga, 1985.
FLACK M.J., «Communicable and uncommunicable aspects in personal international relationship», *Journal of communication*, 1966, 16, 3, 283-290.
FOUTS R.S., «Man-chimpanzee communication», in SEBEOK T.A. (ed.), *How animals communicate*, Bloomington, Indiana University Press, 1977.
FOUTS R.S., BUDD R.L., «Artificial human language acquisition in the chimpanzee», in HAMBURG et Mc COWN (eds), *The great Apes*, N.Y., Benjamin Cummings Publ., 1979.
FRASER C., «Communication in interaction», in TAJFEL H., FRASER C. (eds), *Introducing Social Psychology* Harmondsworth, Penguin, 1978.
FREEDMAN N., HOFFMAN S.P., «Kinetic behavior in altered clinical states», *Perceptual and motor skills*, 1967, 24, 527-539.
FREUD S., *Abrégé de Psychanalyse*, Paris, P.U.F., 1975 (1ᵉ éd. 1949).
FREY S., *Die nonverbale Kommunikation*, Stuttgart, SEL-Stiftung, 1984.
FREY S., HIRSBRUNNER H.P., FLORIN A.M., DAW W., CRAWFORD R., «Analyse intégrée du comportement non verbal et verbal dans le domaine de la communication», dans COSNIER, BROSSARD *et al.*, *La communication non verbale*, Neuchâtel, Delachaux et Niestlé, 1984, 145-227.
GARDNER A.R., GARDNER B.T., «Teaching sign language to a chimpanzee», *Science*, 1969, 165, 664-672.
GARDNER A.R., GARDNER B.T., «Two-way communication with an infant chimpanzee», in SCHRIER A.M., HARLOW H.F., STOLLNITZ F. (eds), *Behavior of non human primate*, New York, Academic Press, 1971, IV, 3.

GARDNER A.R., GARDNER B.T., «Early sings of language in child and chimpanzee», *Science*, 1975, 187, 752-753.
GARWOOD R., GUIRORA A.Z. et KALTER N., «Manifest anxiety and perception of micromomentary expression», *Studies in language and language behavior*, 1970, 6, 1-7.
GENTIS, R., *Leçons du corps*, Paris, Flammarion, 1980, 229 pages.
GHIGLIONE R., «Le contrat de communication : Théories et expérimentations. Systèmes de communication. Contrats de communication», *Champs Educatifs*, 1983, 4, 9-25.
GHIGLIONE R., *L'homme communiquant*, Paris, A. Colin, 1986, 272 pages.
GLASERSFELD E. (Von), «Les chimpanzés et le langage», *La Recherche*, 1978, 92, 725-732.
GOODLAND R., *A bibliography of sex rites and customs : An annotated record of books, articles and illustrations in all languages*, London, G. Routledge and Sons, 1931, 752 pages.
GUMPERZ J., «On the ethnology of linguistic change», in BRIGHT W. (ed.), *Sociolinguistics*, The Hague, Mouton, 1966.
HACKS Ch., *Le geste*, Paris, Flammarion, 1892, 492 pages.
HAGGARD E.A. et ISAACS K.S., «Micromomentary facial expressions as indicators of ego mechanisms in psychotherapy», in GOTTSCHALK L.A., AUERBACH A.H. (eds), *Methods of research in psychotherapy*, N.Y., Appleton Century Crofts, 1966, 154-165.
HALL E.T., *La dimension cachée*, Paris, Seuil, 1971, trad. *The hidden dimension*, N.Y., 1966.
HALL E.T., *Au-delà de la culture*, Paris, Seuil, 1979, trad. de *Beyond Culture*, N.Y., 1976.
JAKOBSON R., *Essais de linguistique générale*, Paris, Ed. Minuit, t. 1, 1963.
JANOV A., *Le cri primal*, Paris, Flammarion, 1975, 479 pages, trad. de *The Primal Scream*, N.Y., Putnam's Sons Inc., 1970.
JEU B., *Le sport, la mort et la violence*, Paris, Ed. Univ., 1972, 204 pages.
JOURARD S.M., «An exploratory study of body-accessibility», *British journal of social and clinical psychology*, 1966, 5, 221-231.
KENDON A., «Some functions of gaze-direction in social interaction», *Acta Psychologica*, 1967, 26, 22-63.
KENDON A., «Geography of gesture», *Semiotica*, 1981, 37, 129-163.
KENDON A., «The organisation of behavior in face-to-face interaction : observations on the development of a methodology», in SCHERER K.R., EKMAN P. (eds), *Handbook of methods in nonverbal behavior research*, Cambridge Univ. Press, 1982, 440-505.
KENDON A., «Did gesture escape to the curse of Babel?» in WOLFGANG A. (ed.), *Nonverbal behavior*, Toronto, Hogrefe, 1984, 75-114.
KEY M.R., *Paralanguage and Kinesics*, Metuchen N.J., Scarecrow Press, 1975, 246 pages.
KEY M.R., *Nonverbal communication*, Metuchen N.J., Scarec, Pr., 1977, 439 pages.
KILEY D., *Le syndrome de Peter Pan*, Paris, R. Laffont, 1985.
KLIMA E.S., «Sound and its absence in the linguistic symbol» in KAVANAGH J. et CUTTING J. (eds), *The role of speech in language*, Cambridge, M.I.T. Press, 1975.
KLIMA E.S., BELLUGI U., *The signs of language*, Harvard University Press, 1979, 417 pages.
LACAN J., *Ecrits*, Paris, Seuil, 1966.
LA MERI (RUSSEL MERIWEATHER H.), *The gesture of the Hindu dance*, N.Y., Bejamin Blom, 1964.

LAWICK-GOODALL J., « The behavior of free-living chimpanzees in the Gombe stream reserve », *Animal behavior monographs*, 1968, 1, 161-311.
LEIBNIZ G.G., *Opera Omnia*, vol. 6, part. 2, Genève, 1768.
LEMOINE M., *La physionomie et la parole*, Paris, 1865.
LEONARD de VINCI, *Le traité de la peinture*, Paris, J. de Bonnot, 1977, 478 pages, rééd. intégrale de l'édition de 1651.
LEROI-GOURHAN A., *Le geste et la parole*, 2 vol., Paris, Albin Michel, 1965.
LEYBURN J.G., *The Scotch-Irish. A social history*, Chapel Hill, University of North-Carolina Press, 1962.
LORELLE Y., *L'expression corporelle*, Renaissance du livre, 1974.
LOWEN A., *Le corps bafoué*, Paris, Tchou, 1976, 273 pages, trad. *The betrayal of the body*, 1967.
LOWEN A., *La Bio-Energie*, Paris, Tchou, 1976, 310 pages, trad. de *Bioenergetics*, N.Y., 1975.
LOWEN A., *Le langage du corps*, Paris, Tchou, 1977, 334 pages, trad. de *Physical Dynamics of Character Structure*, N.Y., 1958.

MAHL G.F., « Gestures and body movements in interviews », in SCHLIEN J. (ed.), *Research in psychotherapy*, vol. 3, Washington, D.C., American Psychological Association, 1968, 295-346.
MAISONNEUVE J., « Modèles du corps et goûts esthétiques », *Psychologie Française*, 1985, 30, 1, 79-87.
MAREY E.T., *Le mouvement*, Paris, Masson, 1894.
MENNINGER K., *Theory of psychoanalytic technique*, N.Y., Basic Books, 1958.
MERLEAU-PONTY M., *Phénoménologie de la perception*, Paris, Gallimard (TEL), 1978, 531 pages (rééd. de la première éd. 1945).
MERMET G., *Francoscopie*, Paris, Larousse, 1985, 428 pages.
MONTAGU A., *Touching : The human significance of the skin*, Columbia University Press, 1971, 338 pages.
MORRIS Ch., *Signs, language and behavior*, New York, Prentice-Hall, 1946.
MORRIS D., *Manwatching. A field guide to human behavior*, London, J. Cape, 1977, trad. fr. *La clé des gestes*, Paris, Grasset, 1978.
MORRIS D., *La magie du corps*, Paris, Grasset, 1986, 256 pages.
MORRIS D., COLLETT P., MARSH P., O'SHAUGHNESSY M., *Gestures : Their origins and distribution*, London, J. Cape et N.Y., Stein and Day, 1979, 296 pages.
MOUNIN G., *Introduction à la sémiologie*, Paris, Ed. de Minuit, 1970, 248 pages.
MOUNIN G., *Dictionnaire de la linguistique*, Paris, P.U.F., 1974, 340 pages.

NEWTSON D., ENGQUIST G. et BOIS J., « The objective basis of behavior units », *Journal of personality and social psychology*, 1977, 35, 847-862.

OLERON P., *Eléments de répertoire du langage gestuel des sourds-muets*, Paris, C.N.R.S., 1974.
OLERON P., *Le langage des sourds : syntaxe et communication*, Paris, C.N.R.S., 1978, 152 pages.

PANDEYA, GAYANACHARYA A., *The art of Kathakali*, Allahabad, Kitabistan, 1943, 163 pages.
PARDOE T.E., « Language of the body », *Quarterly journal of speech education*, 1923, 9, 252-258.
PARTRIDGE E., *Swift's polite conversation*, Oxford University Press, 1963.
PASCAL B., *Pensées*, Paris, 1670/1982, rééd. J. de Bonnot.
PELICIER Y., « Narcisse peut-il vieillir ? », *Science et Vie Trimestriel*, 1986, 155, 105-111.
PERLS F.S., *Rêves et existence en Gestalt thérapie*, Paris, Ed. Epi, 1972.

PREMACK D., PREMACK A.J., «Teaching visual language to apes and language-deficient person», in SCHIEFELBUSCH R.L., LLOYD L.L. (eds), *Language perspectives : Acquisition, retardation and intervention*, Baltimore, University Park Press, 1974.
PREMACK D., PREMACK A.J., «Le pouvoir du mot chez le chimpanzé», *La Recherche*, 1975, 61, 918-925.
PREMACK D., PREMACK A.J., *Intelligence in Ape and Man*, Hillsdale, N.J., L. Erlbaum, 1976.
PREMACK D., «On the abstractness of human concepts», in HULSE *et al.* (eds), *Cognitive processes in animal behavior*, Hillsdale, N.J., L. Erlbaum, 1978.
PROUST M., *Du côté de chez Swann*, Paris, Gallimard, 1954.
REICH W., *L'analyse caractérielle*, Paris, Payot, 1971, trad. de Charakteranalyse, 1961.
RICCI BITTI P.E., «Communication by gestures in South and North Italians», *Italian Journal of Psychology*, 1976, 1, 117-125.
RICCI BITTI P.E., CORTESI S., *Comportamento non verbale e comunicazione*, Bologna, Il Mulino, 1977.
RICCI BITTI P.E. *et al.*, *Comunicare senza parole*, Roma, Bulzoni, 1983.
RICCI BITTI P.E., «Communication et gestualité», *Bulletin de Psychologie*, 1984, XXXVII, 365, 559-564.
RIME B., «Langage et communication» dans MOSCOVICI S. *et al.*, *Psychologie Sociale*, Paris, P.U.F., 1984, 415-446.
ROSENFELD H.M., «Instrumental affiliative functions of facial and gestural expressions», *Journal of personnality and social psychology*, 1966, 4, 65-72.
ROSENFELD H.M., «Measurement of body motion and orientation», in SCHERER K.R. et EKMAN P. (eds), *Handbook of methods in nonverbal behavior research*, Cambridge Univ. Press, 1982, 199-286.
ROSNAY J. de, *Le macroscope*, Paris, Seuil, 1975.
RUITENBEEK H.M., *Les nouveaux groupes de thérapie*, Paris, Ed. Epi, 1973, 187 pages.
SAINT-EXUPERY A. de, *Vol de nuit*, Paris, Gallimard, 1931.
SAINT-EXUPERY A. de, *Pilote de guerre*, Paris, Gallimard, 1942.
SAITZ R.L., CERVENKA E.J., *Handbook of gestures : Columbia and the United States*, The Hague, Mouton, 1972.
SCHEFLEN A.E., «The significance of posture in communication systems», *Psychiatry*, 1964, 27, 4, 316-331.
SCHERER K.R., EKMAN P., «Methodological issues in studying nonverbal behavior», in SCHERER K.R. et EKMAN P. (eds), *Handbook of methods in nonverbal behavior research*, Cambridge University Press, 1982, 1-44, 593 pages.
SELYE H., *The stress of life*, New York, Mc Graw-Hill, 1956.
SEBEOK T.A., HAYES A.S., BATESON M.C. (eds), *Approaches to semiotics*, La Haye, Mouton, 1964.
SHIMODA K., ARGYLE M., RICCI BITTI P.E., «The intercultural recognition of emotional expressions by three national racial groups : English, Italian and Japanese», *European Journal of Social Psychology*, 1978, 2, 169-179.
SPIEGEL J., MACHOTKA P., *Messages of the body*, New York, The Free Press, 1974, 440 pages.
TOCQUEVILLE A. de, *La démocratie en Amérique*, Paris, 1836, réed. Gallimard, 1951.
TOMKINS W., *Indians signs language*, New York, Dover Public, 1969, 108 pages, reprint from San Diego ed., 1929, 99 pages.
TURNER E.S., *A history of courting*, England, Gresham Press, 1954.
TYLOR E.B., *Researches into the early history of mankind*, London, John Murray, 1878, and Chicago, Phœnix Books, 1964, 295 pages.
VANDERBILT A., «Bad manners in America», in *The Annals of the American Academy of Political and Social Sciences*, 1968, 378, 90-98.

VIREL A., *Histoire de notre image*, Paris, Ed. Mont Blanc, 1965.
VIVEKANANDA SWAMI, *Works*, Advaita Ashrama, vol. 27, 1946.
VON CRANACH M., «Introduction», in VON CRANACH M., VINE I. (eds), *Social communication and movement*, N.Y. Academic pr., 1973, 489 pages.
WARREN R.M., «Les illusions verbales», *La Recherche*, 1977, 79, 8, 538-543.
WATZLAWICK P., BEAVIN J.H., JACKSON D.D., *Pragmatics of human communication*, A study of interactional patterns, pathologies, and paradoxes, New-York, Norton, 1967, 296 pages.
WIEGER L., *Caractères chinois*, Taïwan, Kuangchi Press, 1972, 943 pages.
WIENER M., DEVOE S., RUBINOW S., GELLER J., «Nonverbal behavior and non verbal communication, *Psychological Review*, 1972, 79, 3, 185-214.
WILIE L., *Beaux gestes : A guide to French body talk*, Cambridge, MA. The Undergraduate press, 1977.
WINKIN Y. (ed.), *La nouvelle communication*, Paris, Seuil, 1981, 372 pages.
WINKIN Y., «La communication non verbale ou la physiognomonie légitime», dans DUBOIS P., WINKIN Y., *Rhétoriques du corps*, Bruxelles, De Boeck-Wesmael, 1988, 76-98.
WOLFGANG A. (ed.), *Nonverbal behavior*, Toronto, Hogrefe Inc., 1984, 487 pages.
WUNDT W., *The language of gestures*, The Hague, Mouton, 1973, 149 pages, trad. de *Völkerpsychologie : Eine Untersuchung der Entwicklungsgesetze von Sprache, Mithus und Sitte*, vol. 1, 4e éd., 1re partie, chap. 2, Stuttgart, A. Kröner, 1921.
YONNET P., «Jogging et marathoniens», *Le Débat*, 1982/2, 19, 77-94.

Table des matières

Avant-Propos 7

Introduction 9

PREMIERE PARTIE. – LA COMMUNICATION
DANS SES COMPOSANTES VERBALES ET NON-VERBALES :
UNE APPROCHE CULTURELLE 15

Chapitre I. – **Le rapport de force des systèmes de représentations
selon les cultures** 17
1.1. Le rapport de force verbal/non-verbal : un rappel historique 18
    1.1.1. La Grèce antique et l'Occident 19
    1.1.2. L'Inde et le Bouddhisme 23
    1.1.3. La Chine et le Taoïsme 25
    1.1.4. La Renaissance 29
    1.1.5. L'Epoque moderne 31
1.2. Les signes non-verbaux de la communication selon les cultures 32
    1.2.1. L'Ornementation corporelle et ses fonctions :
    esthétique, symbolique et sociale 33
1.3. Les systèmes culturels non-verbaux substitutifs du langage 38
    1.3.1. Le Khatakali 38
    1.3.2. Le langage des sourds-muets 40
    1.3.3. Mime, mimique, pantomime et mimétisme 43
    1.3.4. Le système inter-espèces 44
    1.3.5. Les systèmes de télé-communication 46

Chapitre II. – **Sémiologie du corps comme comportement non-verbal** 51
2.1. Corps et représentations du corps 51
    2.1.1. Les représentations et leurs influences 55
        2.1.1.1. Influences des individus sur les représentations sociales . . . 55
        2.1.1.2. Influence sociale sur les représentations individuelles 59
    2.1.2. Les représentations du corps : archétype ou stéréotype ? 60
2.2. Corps et communication 61
    2.2.1. Un système de signes intemporel : l'écriture 62
    2.2.2. Les systèmes de signes : l'empire des sens 64
    2.2.3. Les systèmes de signes sociaux 68
2.3. Corps enjeu et corps en jeu 72
    2.3.1. Socio-économie du corps 73
    2.3.2. Le corps : enjeu économique 75
    2.3.3. Le corps en jeu : un retour à la nature 77

Chapitre III. – **Langage du corps : mythe ou réalité ?** 81
3.1. Les discours du corps : psychosomatique et thérapies 82
    3.1.1. Corps du discours ou discours du corps ? 83
    3.1.2. Psychosomatique : les réponses du corps aux problèmes de l'esprit . 84
3.2. Les thérapies analytiques : dire ses faires 87
    3.2.1. Le corps réceptacle 89
    3.2.2. Dire, c'est faire ; ne pas faire, c'est dire 91
3.3. Les thérapies corporelles : faire ses dires 95
    3.3.1. La ré-intégration corps/esprit 97
    3.3.2. La recherche de l'unicité 100

DEUXIEME PARTIE. – **LA COMMUNICATION
DANS SES COMPOSANTES VERBALES ET NON-VERBALES :
UNE APPROCHE SCIENTIFIQUE** 107

Chapitre IV. – **Comportement non-verbal gestuel
ou gestualité de communication : un problème de contexte** 109
4.1. L'interaction culture/comportement ou l'imbroglio du non-verbal 109
    4.1.1. Code gestuel : culture ou comportement ? 112
    4.1.2. Les tentatives de définition 116
    4.1.3. L'interaction culture/comportement 118
    4.1.4. Gestualité et acquis culturels 122
4.2. L'approche du non-verbal à travers la notion de comportement
ou une absence de contexte 127
    4.2.1. Les principales recherches 128
    4.2.2. Les classifications 131
    4.2.3. Une variable souvent négligée : le contexte 135
4.3. La gestualité de communication : un changement de paradigme
ou la réinsertion dans un contexte 140
    4.3.1. Importance du contexte 140
    4.3.2. La signification des gestes : une herméneutique 144
    4.3.3. La gestualité des hommes politiques et leur interprétation 146
    4.3.4. Un changement de paradigme 151

Chapitre V. – **Gestualité et communication interpersonnelle :**
les interactions verbal/non-verbal 157
5.1. La gestualité : une fonction interprétative ou une fonction structurelle ? . . 158
    5.1.1. Le système non-verbal 159
    5.1.2. La communication non-verbale 165
    5.1.3. Une approche différente 170
5.2. Une théorie interactive de la gestualité de communication :
le système M.A.P. 172
    5.2.1. Les prémices 173
    5.2.2. Les relations interactives du système de signes non-verbal gestuel . . 176
    5.2.3. Les bases théoriques 179
5.3. Le système M.A.P. : une probation expérimentale 181
    5.3.1. Première série expérimentale 181
    5.3.2. Deuxième série expérimentale 184
    5.3.3. Troisième série expérimentale 187
    5.3.4. Quatrième série expérimentale 191
    5.3.5. Cinquième série expérimentale 201
    5.3.6. Sixième série expérimentale 203
5.4. Quelques exemples d'analyse de la gestualité de communication :
le discours politique 212
    5.4.1. Les éléments structurels 213
    5.4.2. Deux éléments d'analyse : l'attitude gestuelle et
    la fréquence gestuelle 215
    5.4.3. La mise en œuvre des registres gestuels : une logistique du discours . 223

Conclusion 227

Notes 233

Annexes 235

Bibliographie 239

CHEZ LE MEME EDITEUR

PSYCHOLOGIE ET SCIENCES HUMAINES
collection publiée sous la direction de MARC RICHELLE

1 Dr Paul Chauchard: LA MAITRISE DE SOI, 9ᵉ éd.
5 François Duyckaerts: LA FORMATION DU LIEN SEXUEL, 9ᵉ éd.
7 Paul-A. Osterrieth: FAIRE DES ADULTES, 16ᵉ éd.
9 Daniel Widlöcher: L'INTERPRETATION DES DESSINS D'ENFANTS, 9ᵉ éd.
11 Berthe Reymond-Rivier: LE DEVELOPPEMENT SOCIAL
   DE L'ENFANT ET DE L'ADOLESCENT, 9ᵉ éd.
12 Maurice Dongier: NEVROSES ET TROUBLES PSYCHOSOMATIQUES, 7ᵉ éd.
15 Roger Mucchielli: INTRODUCTION A LA PSYCHOLOGIE STRUCTURALE, 3ᵉ éd.
16 Claude Köhler: JEUNES DEFICIENTS MENTAUX, 4ᵉ éd.
21 Dr P. Geissmann et Dr R. Durand: LES METHODES DE RELAXATION, 4ᵉ éd.
22 H. T. Klinkhamer-Steketée: PSYCHOTHERAPIE PAR LE JEU, 3ᵉ éd.
23 Louis Corman: L'EXAMEN PSYCHOLOGIQUE D'UN ENFANT, 3ᵉ éd.
24 Marc Richelle: POURQUOI LES PSYCHOLOGUES?, 6ᵉ éd.
25 Lucien Israel: LE MEDECIN FACE AU MALADE, 5ᵉ éd.
26 Francine Robaye-Geelen: L'ENFANT AU CERVEAU BLESSE, 2ᵉ éd.
27 B.F. Skinner: LA REVOLUTION SCIENTIFIQUE DE L'ENSEIGNEMENT, 3ᵉ éd.
28 Colette Durieu: LA REEDUCATION DES APHASIQUES
29 J.C. Ruwet: ETHOLOGIE: BIOLOGIE DU COMPORTEMENT, 3ᵉ éd.
30 Eugénie De Keyser: ART ET MESURE DE L'ESPACE
32 Ernest Natalis: CARREFOURS PSYCHOPEDAGOGIQUES
33 E. Hartmann: BIOLOGIE DU REVE
34 Georges Bastin: DICTIONNAIRE DE LA PSYCHOLOGIE SEXUELLE
35 Louis Corman: PSYCHO-PATHOLOGIE DE LA RIVALITE FRATERNELLE
36 Dr G. Varenne: L'ABUS DES DROGUES
37 Christian Debuyst, Julienne Joos: L'ENFANT ET L'ADOLESCENT VOLEURS
38 B.-F. Skinner: L'ANALYSE EXPERIMENTALE DU COMPORTEMENT, 2ᵉ éd.
39 D.J. West: HOMOSEXUALITE
40 R. Droz et M. Rahmy: LIRE PIAGET, 3ᵉ éd.
41 José M.R. Delgado: LE CONDITIONNEMENT DU CERVEAU
   ET LA LIBERTE DE L'ESPRIT
42 Denis Szabo, Denis Gagné, Alice Parizeau: L'ADOLESCENT ET LA SOCIETE, 2ᵉ éd.
43 Pierre Oléron: LANGAGE ET DEVELOPPEMENT MENTAL, 2ᵉ éd.
44 Roger Mucchielli: ANALYSE EXISTENTIELLE
   ET PSYCHOTHERAPIE PHENOMENO-STRUCTURALE
45 Gertrud L. Wyatt: LA RELATION MERE-ENFANT
   ET L'ACQUISITION DU LANGAGE, 2ᵉ éd.
46 Dr Etienne De Greeff: AMOUR ET CRIMES D'AMOUR
47 Louis Corman: L'EDUCATION ECLAIREE PAR LA PSYCHANALYSE
48 Jean-Claude Benoit et Mario Berta: L'ACTIVATION PSYCHOTHERAPIQUE
49 T. Ayllon et N. Azrin: TRAITEMENT COMPORTEMENTAL
   EN INSTITUTION PSYCHIATRIQUE
50 G. Rucquoy: LA CONSULTATION CONJUGALE
51 R. Titone: LE BILINGUISME PRECOCE
52 G. Kellens: BANQUEROUTE ET BANQUEROUTIERS
53 François Duyckaerts: CONSCIENCE ET PRISE DE CONSCIENCE
54 Jacques Launay, Jacques Levine et Gilbert Maurey:
   LE REVE EVEILLE-DIRIGE ET L'INCONSCIENT
55 Alain Lieury: LA MEMOIRE
56 Louis Corman: NARCISSISME ET FRUSTRATION D'AMOUR
57 E. Hartmann: LES FONCTIONS DU SOMMEIL

58 Jean-Marie Paisse: L'UNIVERS SYMBOLIQUE DE L'ENFANT ARRIERE MENTAL
59 Jacques Van Rillaer: L'AGRESSIVITE HUMAINE
60 Georges Mounin: LINGUISTIQUE ET TRADUCTION
61 Jérôme Kagan: COMPRENDRE L'ENFANT
62 Michael S. Gazzaniga: LE CERVEAU DEDOUBLE
63 Paul Cazayus: L'APHASIE
64 X. Seron, J.L. Lambert, M. Van der Linden: LA MODIFICATION DU COMPORTEMENT
65 W. Huber: INTRODUCTION A LA PSYCHOLOGIE DE LA PERSONNALITE, 2e éd.
66 Emile Meurice: PSYCHIATRIE ET VIE SOCIALE
67 J. Château, H. Gratiot-Alphandéry, R. Doron et P. Cazayus: LES GRANDES PSYCHOLOGIES MODERNES
68 P. Sifnéos: PSYCHOTHERAPIE BREVE ET CRISE EMOTIONNELLE
69 Marc Richelle: B.F. SKINNER OU LE PERIL BEHAVIORISTE
70 J.P. Bronckart: THEORIES DU LANGAGE
71 Anika Lemaire: JACQUES LACAN, 2e éd. revue et augmentée
72 J.L. Lambert: INTRODUCTION A L'ARRIERATION MENTALE
73 T.G.R. Bower: DEVELOPPEMENT PSYCHOLOGIQUE DE LA PREMIERE ENFANCE
74 J. Rondal: LANGAGE ET EDUCATION
75 Sheila Kitzinger: PREPARER A L'ACCOUCHEMENT
76 Ovide Fontaine: INTRODUCTION AUX THERAPIES COMPORTEMENTALES
77 Jacques-Philippe Leyens: PSYCHOLOGIE SOCIALE, 2e éd.
78 Jean Rondal: VOTRE ENFANT APPREND A PARLER
79 Michel Legrand: LE TEST DE SZONDI
80 H.J. Eysenck: LA NEVROSE ET VOUS
81 Albert Demaret: ETHOLOGIE ET PSYCHIATRIE
82 Jean-Luc Lambert et Jean A. Rondal: LE MONGOLISME
83 Albert Bandura: L'APPRENTISSAGE SOCIAL
84 Xavier Seron: APHASIE ET NEUROPSYCHOLOGIE
85 Roger Rondeau: LES GROUPES EN CRISE?
86 J. Danset-Léger: L'ENFANT ET LES IMAGES DE LA LITTERATURE ENFANTINE
87 Herbert S. Terrace: NIM, UN CHIMPANZE QUI A APPRIS LE LANGAGE GESTUEL
88 Roger Gilbert: BON POUR ENSEIGNER?
89 Wing, Cooper et Sartorius: GUIDE POUR UN EXAMEN PSYCHIATRIQUE
90 Jean Costermans: PSYCHOLOGIE DU LANGAGE
91 Françoise Macar: LE TEMPS, PERSPECTIVES PSYCHOPHYSIOLOGIQUES
92 Jacques Van Rillaer: LES ILLUSIONS DE LA PSYCHANALYSE, 2e éd.
93 Alain Lieury: LES PROCEDES MNEMOTECHNIQUES
94 Georges Thinès: PHENOMENOLOGIE ET SCIENCE DU COMPORTEMENT
95 Rudolph Schaffer: COMPORTEMENT MATERNEL
96 Daniel Stern: MERE ET ENFANT, LES PREMIERES RELATIONS
97 R. Kempe & C. Kempe: L'ENFANCE TORTUREE
98 Jean-Luc Lambert: ENSEIGNEMENT SPECIAL ET HANDICAP MENTAL
99 Jean Morval: INTRODUCTION A LA PSYCHOLOGIE DE L'ENVIRONNEMENT
100 Pierre Oleron et al.: SAVOIRS ET SAVOIR-FAIRE PSYCHOLOGIQUES CHEZ L'ENFANT
101 Bernard I. Murstein: STYLES DE VIE INTIME
102 Rondal/Lambert/Chipman: PSYCHOLINGUISTIQUE ET HANDICAP MENTAL
103 Brédart/Rondal: L'ANALYSE DU LANGAGE CHEZ L'ENFANT
104 David Malan: PSYCHODYNAMIQUE ET PSYCHOTHERAPIE INDIVIDUELLE
105 Philippe Muller: WAGNER PAR SES REVES
106 John Eccles: LE MYSTERE HUMAIN
107 Xavier Seron: REEDUQUER LE CERVEAU
108 Moreau/Richelle: L'ACQUISITION DU LANGAGE
109 Georges Nizard: ANALYSE TRANSACTIONNELLE ET SOIN INFIRMIER

110 Howard Gardner: GRIBOUILLAGES ET DESSINS D'ENFANTS, LEUR SIGNIFICATION
111 Wilson/Otto: LA FEMME MODERNE ET L'ALCOOL
112 Edwards: DESSINER GRACE AU CERVEAU DROIT
113 Rondal: L'INTERACTION ADULTE-ENFANT
114 Blancheteau: L'APPRENTISSAGE CHEZ L'ANIMAL
115 Boutin: FORMATION ET DEVELOPPEMENTS
116 Húsen: L'ECOLE EN QUESTION
117 Ferrero/Besse: L'ENFANT ET SES COMPLEXES
118 R. Bruyer: LE VISAGE ET L'EXPRESSION FACIALE
119 J.P. Leyens: SOMMES-NOUS TOUS DES PSYCHOLOGUES?
120 J. Château: L'INTELLIGENCE OU LES INTELLIGENCES?
121 M. Claes: L'EXPERIENCE ADOLESCENTE
122 J. Hayes et P. Nutman: COMPRENDRE LES CHOMEURS
123 S. Sturdivant: LES FEMMES ET LA PSYCHOTHERAPIE
124 A. Pomerleau et G. Malcuit: L'ENFANT ET SON ENVIRONNEMENT
125 A. Van Hout et X. Seron: L'APHASIE DE L'ENFANT
126 A. Vergote: RELIGION, FOI, INCROYANCE
127 Sivadon/Fernandez-Zoïla: TEMPS DE TRAVAIL, TEMPS DE VIVRE
128 Born: JEUNES DEVIANTS OU DELINQUANTS JUVENILES?
129 Hamers/Blanc: BILINGUALITE ET BILINGUISME
130 Legrand: PSYCHANALYSE, SCIENCE, SOCIETE
131 Le Camus: PRATIQUES PSYCHOMOTRICES
132 Lars Fredén: ASPECTS PSYCHOSOCIAUX DE LA DEPRESSION
133 Mount: LA FAMILLE SUBVERSIVE
134 Magerotte: MANUEL D'EDUCATION COMPORTEMENTALE CLINIQUE
135 Dailly/Moscato: LATERALISATION ET LATERALITE CHEZ L'ENFANT
136 Bonnet/Tamine-Gardes: QUAND L'ENFANT PARLE DU LANGAGE
137 Bruyer: LES SCIENCES HUMAINES ET LES DROITS DE L'HOMME
138 Taulelle: L'ENFANT A LA RENCONTRE DU LANGAGE
139 de Boucaud: PSYCHOLOGIE DE L'ENFANT ASTHMATIQUE
140 Duruz: NARCISSE EN QUETE DE SOI
141 Feyereisen/de Lannoy: PSYCHOLOGIE DU GESTE
142 Florin et al.: LE LANGAGE A L'ECOLE MATERNELLE
143 Debuyst: MODELE ETHOLOGIQUE ET CRIMINOLOGIE
144 Ashton/Stepney: FUMER
145 Winkel et al.: L'IMAGE DE LA FEMME DANS LES LIVRES SCOLAIRES
146 Bideaud/Richelle: PSYCHOLOGIE DEVELOPPEMENTALE
147 Schmid-Kitsikis: THEORIE CLINIQUE ET FONCTIONNEMENT MENTAL
148 Guggenbühl/Craig: POUVOIR ET RELATION D'AIDE
149 Rondal: LANGAGE ET COMMUNICATION CHEZ LES HANDICAPES MENTAUX
150 Moscato et al.: FONCTIONNEMENT COGNITIF ET INDIVIDUALITE
151 Château: L'HUMANISATION OU LES PREMIERS PAS DES VALEURS IIUMAINES
152 Avery/Litwack: NEE TROP TOT
153 Rondal: LE DEVELOPPEMENT DU LANGAGE CHEZ L'ENFANT TRISOMIQUE 21
154 Kellens: QU'AS-TU FAIT DE TON FRERE?
155 Rondal/Henrot: LE LANGAGE DES SIGNES
156 Lafontaine: LE PARTI PRIS DES MOTS
157 Bonnet/Hoc/Tiberghien: AUTOMATIQUE, INTELLIGENCE ARTIFICIELLE ET PSYCHOLOGIE
158 Giovannini et al.: PSYCHOLOGIE ET SANTE
159 Wilmotte et al.: LE SUICIDE
160 Giurgea: L'HERITAGE DE PAVLOV
161 Ionescu: MANUEL D'INTERVENTION EN DEFICIENCE MENTALE
163 Pieraut-Le Bonniec: CONNAITRE ET LE DIRE

164 Huber: PSYCHOLOGIE CLINIQUE AUJOURD'HUI
165 Rondal et al.: PROBLEMES DE PSYCHOLINGUISTIQUE
166 Slukin: LE LIEN MATERNEL
167 Baudour: L'AMOUR CONDAMNE
168 Wilwerth: VISAGES DE LA LITTERATURE FEMININE
169 Edwards: VISION, DESSIN, CREATIVITE
170 Lutte: LIBERER L'ADOLESCENCE
171 Defays: L'ESPRIT EN FRICHE
172 Broome Walace: PSYCHOLOGIE ET PROBLEMES GYNECOLOGIQUES
173 Aimard: LES BEBES DE L'HUMOUR
174 Perruchet: LES AUTOMATISMES COGNITIFS
175 Bawin-Legros: FAMILLES, MARIAGE, DIVORCE
176 Pourtois/Desmet: EPISTEMOLOGIE ET INSTRUMENTATION
    EN SCIENCES HUMAINES
177 Sloboda: L'ESPRIT MUSICIEN
178 Fraisse: POUR LA PSYCHOLOGIE SCIENTIFIQUE
179 Ruffiot: PSYCHOLOGIE DU SIDA
180 McAdams/Deliège : LA MUSIQUE ET LES SCIENCES COGNITIVES

Hors collection

    Paisse: PSYCHOPEDAGOGIE DE LA LUCIDITE
    Paisse: ESSENCE DU PLATONISME
    Collectif: SYSTEME AMDP
    Boulangé/Lambert: LES AUTRES, L'EXPRESSION ARTISTIQUE
    CHEZ LES HANDICAPES MENTAUX

Manuels et Traités

  2 Thinès: PSYCHOLOGIE DES ANIMAUX
  3 Paulus: LA FONCTION SYMBOLIQUE ET LE LANGAGE
  4 Richelle: L'ACQUISITION DU LANGAGE
  5 Paulus: REFLEXES-EMOTIONS-INSTINCTS
    Droz-Richelle: MANUEL DE PSYCHOLOGIE
    Hurtig-Rondal: MANUEL DE PSYCHOLOGIE DE L'ENFANT (Tome 1)
    Hurtig-Rondal: MANUEL DE PSYCHOLOGIE DE L'ENFANT (Tome 2)
    Hurtig-Rondal: MANUEL DE PSYCHOLOGIE DE L'ENFANT (Tome 3)
    Rondal-Seron: LES TROUBLES DU LANGAGE
    (DIAGNOSTIC ET REEDUCATION)
    Fontaine/Cottraux/Ladouceur: CLINIQUES DE THERAPIE COMPORTEMENTALE
    Godefroid : LES CHEMINS DE LA PSYCHOLOGIE